Oscar Louis Tesdorpf

Mitteilungen über das Tesdorpfsche Geschlecht

Oscar Louis Tesdorpf

Mitteilungen über das Tesdorpfsche Geschlecht

ISBN/EAN: 9783744682503

Hergestellt in Europa, USA, Kanada, Australien, Japan

Cover: Foto ©ninafisch / pixelio.de

Weitere Bücher finden Sie auf **www.hansebooks.com**

Ornamentik und Druck von Knorr & Hirth in München.

Inhalts-Verzeichniß.

Vorwort.

Erster Theil. Vom Ursprung und von den drei ältesten, gemeinschaftlichen Vorvätern des ganzen Tesdorpf'schen Geschlechts.

1. Peter Tesdorp, um 1550—1628, Befehlshaber der Insel Neuwerk vor der Elbe ... 5
   Sein Diensteid vom Jahre 1608 ... 7
   Brief seines Sohnes Evert Teßdorp an Bürgermeister und Rath von Hamburg vom Jahre 1628 ... 8
2. Johann Teßdorff, 1598—1651, erzbischöflich bremischer und bischöflich lübeck'scher Amtsschreiber des Amtes Kaltenhof bei Lübeck ... 14
   Umständlicher Diensteid desselben vom Jahre 1634 ... 16
   Belehnung mit einem Hofe bei Rensefeld ... 19
   Reise nach dem Erzstift Bremen, dem Lande Hadeln und dem Amte Rigebüttel im Jahre 1638 ... 20
3. Peter Hinrich Tesdorpf, 1648—1723, Kaufmann, Rathsherr und Bürgermeister zu Lübeck ... 21
   Das Handelshaus de la Fontaine, Vos und Tesdorpf ... 24
   Der Wahlspruch: Pie, Honeste, Temperanter ... 31
   Das jetzige Geschlechtswappen ... 32
   Grabkapelle in St. Marien zu Lübeck ... 41
   Grabdenkmal Peter Hinrich's daselbst ... 41
   Letzter Wille und Geheimbuch ... 42
   Familienstiftung von 1712 für Wittwen und Waisen ... 43

Zweiter Theil. Von der ersten Theilung des Geschlechts in zwei und später in fünf Linien bis zum Jahre 1806 (Erstürmung Lübeck's).

Bezeichnung der fünf Linien der Gegenwart mit den Namen Tesdorpf-Roeck, Tesdorpf-von Schröder, Tesdorpf-Hamlin, Tesdorpf-Rücker und Tesdorpf-Meyer ... 47
Kurze Uebersichtstafel der fünf Linien, welche sich im Mannesstamme bis auf die Gegenwart fortgepflanzt haben ... 47
Ludwig Tesdorpf, 1683—1744, Kaufmann in Lissabon, später in Lübeck ... 48

	Seite
Johann Christoph Tesdorpf, 1680—1755, Prediger zu Neuengamme	49
Stiftung desselben zur Unterstützung eines Hochschülers der Gottesgelahrtheit	50
Hans Jürgen Tesdorpf, 1684—1719, Kaufmann in Lübeck	51
Peter Hinrich Tesdorpf (Linien Tesdorpf-Rücker und -Meyer), 1681—1721, Kaufmann in Lübeck	51
Jacob Tesdorpf, 1718—1795, Kaufmann in Lübeck	53
Johann Christoph Tesdorpf, 1720—1791, Kaufmann in Lübeck	53
Peter Hinrich Tesdorpf (Linien Tesdorpf-Rücker und -Meyer), 1712—1718, Kaufmann in Lübeck	54
Derselbe als Sammler „natürlicher Seltenheiten"	59
Derselbe als Verfasser des Lehrgedichtes: „Versuch einer Beschreibung vom allerschönsten und bey nahe allerkleinsten Vogel, der unter dem Nahmen Colibrit bekannt ist." (Lübeck, 1753, bei Green.)	64
Johann Hinrich Tesdorpf (Linien Tesdorpf-Roeck, -von Schröder und -Hamlin), 1684—1754, Weinhändler in Lübeck	75
Franz Bernhard Tesdorpf, 1743—1791, Kaufmann in Lissabon, später Rentner in Lübeck	76
Peter Hinrich Tesdorpf (Linien Tesdorpf-Roeck, -von Schröder und -Hamlin), 1748—1811, Weinhändler in Bordeaux, später in Lübeck	76
Seine Flucht aus Frankreich im Jahre 1793	77
Johann Matthäus Tesdorpf, 1749—1824, Rathsschreiber, später Rathsherr und Bürgermeister von Lübeck (erster Theil)	78
Peter Hinrich Tesdorpf (Linien Tesdorpf-Rücker und -Meyer), Kaufmann, Rathsherr und Bürgermeister in Lübeck (erster Theil)	84

Dritter Theil. Vom Jahre 1806 (Erstürmung Lübeck's) bis zur Mitte des Jahrhunderts.

Die Schicksale der gesammten Familie in den Jahren 1806—1815	101
Peter Hinrich Tesdorpf (Linie Tesdorpf-von Schröder) in den Reihen der hanseatischen Legion	113
Johann Matthäus Tesdorpf, 1749—1824, Bürgermeister von Lübeck (zweiter Theil)	122
Das Fest zur Feier seiner 50jährigen Amtsthätigkeit	123
Die Denkmünze	125
Das Denkmal zu St. Marien	127
Ludwig Tesdorpf, 1788—1826, Landwirth	128
Peter Hinrich Tesdorpf (Linien Tesdorpf-Rücker und -Meyer), 1751—1832, Kaufmann, Rathsherr und Bürgermeister in Lübeck (zweiter Theil)	128
Die vier Brüder Franz Bernhard Tesdorpf (Linie Tesdorpf-Roeck), 1784—1855, Weinhändler, später Travenvogt und schließlich Zoll- und Accise-Einnehmer in Lübeck, Johann Hinrich Tesdorpf, 1787—1826, Weinhändler in Bordeaux, Peter Hinrich Tesdorpf (Linie Tesdorpf-von Schröder), 1793—1859, Weinhändler in Lübeck und Johann Jacob Tesdorpf (Linie Tesdorpf-Hamlin), 1799—1853, Weinhändler in Nörrköping in Schweden	132
Die beiden Brüder Friedrich Jacob Tesdorpf (Linie Tesdorpf-Rücker), 1781—1852, Kaufmann und Oberalter in Hamburg und Johann Christoph (Linie Tesdorpf-Meyer), 1785—1857, Landwirth in Holstein	135

Seite

Vierter Theil. Kurze Mittheilungen über die weitere Nachfolge in den fünf Linien bis auf die Gegenwart.

Linie Tesdorpf-Roeck 147
Linie Tesdorpf-von Schröder 152
Linie Tesdorpf-Hamlin 155
Linie Tesdorpf-Rücker 155
Linie Tesdorpf Meyer 161
Albert Charles Tesdorpf, 1852—1870. Portepee-Fähnrich der königl. preuß. Garde-Artillerie, gefallen in der Schlacht bei Sedan 164
Schlußworte 174

Anhang.

I. Ueber die verschiedene Schreibweise unseres Geschlechtsnamens 175
II. Ueber andere Familien gleichen Namens 175
III. Nachweis, daß Evert, Hartwig und Johann Brüder waren, beziehungsweise daß Peter Tesdorp unser Vorfahre ist 175
IV. Urkunde vom Jahre 1548, betreffend die Belehnung des Amtschreibers Johann Teßdorff mit einem Hofe bei Kensefeld durch Bischof Johann von Lübeck . . 177
V. Empfehlungsbrief des Bischofs Johann von Lübeck für den Amtschreiber zum Kaltenhof Johann Teßdorff „an den Greven im Lande Hadeln" von 1538 . . 177
VI. Ueber die verschiedenen Darstellungsweisen unseres Geschlechtswappens 178
VII. Urkunde vom Jahre 1714, betreffend den Kauf der Familien-Grabkapelle in St. Marien zu Lübeck 178
VIII. Ein Brief von Johann Matthaus Tesdorpf an den Dichter G. A. Bürger (1773
IX. Dreizehnter und vierzehnter Auftritt aus: „Traum und Würklichkeit, allegorische Dichtung mit Gesang, von Ludwig Hiepe. Zur Feyer des 50jährigen Amts-jubiläums Sr. Magnifizenz des dirigirenden Bürgermeisters Johann Matthäus Tesdorpf". (Lübeck, 1823, bei Borchers.) 179
X. Handschriftentafel.

Stammtafel des ganzen Tesdorpf'schen Geschlechtes.

I. Von Peter Tesdorp bis zur ersten Theilung des Geschlechts.
II. Die Nachkommenschaft des Peter Hinrich Tesdorpf, 1681—1721, und seiner Ehefrau Catharina, geborene Hübens, bis zur Abzweigung der Linien Tes-dorpf-Rücker und Tesdorpf-Meyer.
III. Die Nachkommenschaft des Johann Hinrich Tesdorpf, 1697—1754, und seiner Ehefrau Catharina Elisabeth, geborene Rodde, bis zur Abzweigung der Linien Tesdorpf-Roeck, Tesdorpf von Schröder und Tesdorpf-Hamlin.
IV. Die Linie Tesdorpf-Rücker.
V. Die Linie Tesdorpf-Meyer.
VI. Die Linie Tesdorpf-Roeck.
VII. Die Linie Tesdorpf von Schröder.

Vorwort.

Wol kan it so maken, berichte mi.
Dat it allemann to danke si?
(Spruch an der großen Uhr in
St. Marien.)

Den ersten Anlaß zum Nachforschen über die Geschichte unseres Geschlechtes gab ein gelegentlicher Besuch der Sankt Marien Kirche in Lübeck. Betritt man das Innere dieser herrlichen Kirche durch die Thür, welche nach den „engen Krambuden" führt, so fesselt den Blick gleich zur Rechten ein marmornes Grabdenkmal, welches den breiten Wandpfeiler durchbricht. Der schöne figürliche Schmuck verräth die Hand eines italienischen Meisters. Dieses Grabdenkmal ist dem Bürgermeister Peter Hinrich Tesdorpf errichtet, welcher im Jahre des westphälischen Friedens geboren ward und eines gott seligen Todes verblich im Jahre 1723.

Etwas weiter zur Rechten öffnet sich die Mauer zu einer kleinen Kapelle. In ihr hat das Denkmal einen Platz gefunden, welches die dankbare Stadt Lübeck dem Gedächtniß des Bürgermeisters Johann Matthäus Tesdorpf errichtet hat, dem „edlen, weisen und festen" Führer des kleinen Staats schiffs in schwerer, sturmbewegter Zeit (vor und nach der Franzosenzeit).

Vor diese beiden Denkmäler trat ich einst an der Seite meines Vaters. Der gleiche Geschlechtsname warf die Frage auf, ob und in welchem Zusammenhange die beiden Männer zu uns ständen. Mein Vater wußte aber nicht viel mehr zu berichten, als daß sein Großvater auch Peter Hinrich geheißen und im Rath der Stadt Lübeck gesessen habe. — Fünfzehn Jahre später brachte der Zufall ein Exemplar der schönen Denkmünze in meinen Besitz, welche die Stadt Lübeck auf die 50jährige Amts-Feier des Bürgermeisters Johann Matthäus Tesdorpf schlagen ließ. Meine Wißbegierde wurde dadurch von Neuem angeregt. Ich unterrichtete mich über die Zeit des so gefeierten Mannes, las in der „Lübeckischen Chronik" (Aschenfeldt 1842) die auf Seite 438 geschilderte Begebenheit der Wiedereinsetzung des Raths nach Abzug der Franzosen und faßte nunmehr den Entschluß, dem Ursprung und der Verzweigung des ganzen Geschlechtes nachzuforschen. Das war mir anfangs eine ungewohnte Arbeit; aber je mehr ich mich in dieselbe vertiefte, je ernster ich nachforschte, desto anziehender, lohnender wurde dieselbe. Verhältnißmäßig schnell häufte sich unter meinen Händen der umfangreiche Stoff auf, welcher dieser Schrift zu Grunde liegt. Es gelang mir, zahlreiche Urkunden, Druckschriften, handschriftliche und mündliche Mittheilungen aller Art herbeizuschaffen, welche ein genaues Bild des Lebens und Treibens unseres ganzen Geschlechtes während der letzten 300 Jahren geben.

In meinen Bemühungen wurde ich von allen Familien-Angehörigen kräftig unterstützt, und ich danke ihnen allen hier nochmals für ihre Beihülfe. Besonders aber danke ich Herrn Krafft Tesdorpf in Lübeck, welcher meine Arbeit dadurch wesentlich förderte und erleichterte, daß er mir gleich anfangs seine umfangreichen Stammbaum-Aufzeichnungen zur freien Benutzung aushändigte.

War es vorerst nicht meine Absicht gewesen, die gesammelten Nachrichten zu veröffentlichen, so empfand ich es bald als eine Pflicht, wenigstens das Wesentlichste daraus zum Gemeingut aller Geschlechts-Angehörigen zu machen. Mit einem einfachen Abdruck der Urkunden und des übrigen Gefundenen war es nicht gethan. Ich mußte die vielen einzelnen Stücke zu einer fortlaufenden, leichten Kette zusammenfügen, wollte ich nicht die mühselige Arbeit in die Reihe der nutzlosen, weil nie gelesenen Schriften eingereiht wissen. So habe ich denn als ehrlicher Schmied die Stücke in möglichst wörtlicher Wiedergabe zu einem Ganzen geschweißt, und nur hie und da etwas Zeit- und Sittengeschichte eingefügt, wo es das bessere Verständniß erforderte.

Diese Schrift bietet keine erschöpfende Geschichte unseres Geschlechtes. Es liegt noch manches Wissenswerthe in Urkunden- und Büchersammlungen verborgen; das zu heben, mag einem Anderen vorbehalten bleiben. Eingedenk dessen, daß es besser ist, etwas zu besitzen als gar nichts, biete ich dies Wenige und empfehle es der Nachsicht der Familien-Angehörigen.

Der Zweck dieser Schrift ist einestheils, das fast erloschene Gefühl der Zusammengehörigkeit in der Familie neu zu beleben, anderntheils, der heranwachsenden Tesdorpf'schen Jugend das Leben und Treiben der Vorfahren in wahrheitsgetreuer Schilderung vorzuführen. Möge dieselbe daraus Belehrung ziehen!

Hamburg, im Mai 1887.

Oscar L. Tesdorpf.

Erster Theil.

Vom Ursprung und von den drei ältesten gemeinschaftlichen Vorvätern des ganzen Tesdorpf'schen Geschlechts.

Vor etwa 350 bis 400 Jahren mag es gewesen sein, als ein Bewohner eines mit unserem jetzigen Geschlechtsnamen gleichlautenden Ortes die Heimat verließ und einem anderen Orte zuwanderte, um daselbst sein Glück zu versuchen. In dem fremden Dorf oder der fremden Stadt nach Namen und Herkunft befragt, nannte er folgerichtig seinen Rufnamen mit Hinzufügung von „van Tesdörp". Dem damaligen Gebrauche gemäß blieb ihm von nun ab während seines ganzen Lebens die genauere Bezeichnung des „Peter (oder wie er sonst geheißen haben mag) van Tesdörp"[1] anhaften. Als er sich verheirathet hatte und ihm ein Sohn geboren war, übertrug sich auf diesen ebenfalls die Bezeichnung „Tesdörp", natürlich ohne das „van"[2], welches bei dem Sohne keine Bedeutung mehr hatte. Durch weitere Uebertragung von Sohn auf Enkel, Urenkel u. s. w. wurde dann der ursprüngliche Ortsname zum Geschlechtsnamen. So mag der einfache Hergang bei der Entstehung unseres Geschlechtsnamens gewesen sein; ihn urkundlich zu beweisen, wird niemals gelingen.

Mit unserem Geschlechtsnamen gleichlautender Orte gibt es in der Nordwest-Ecke Deutschlands fünf: Zunächst ein Dorf Thesdorf bei Pinneberg in Holstein, welches um 1600 auch Tesdorp oder Testörp geschrieben wurde[3]; dann einen Hof Testorf bei Grevismühlen und ein Dorf Tesdorf bei Wittenburg, beide in mecklenburg-schwerin'schem Gebiet. Ferner gibt es bei Eutin einen Hof Testorf, welcher 1475 Testorp geschrieben wurde[4] und endlich ein Dorf Testorf in der Provinz Hannover, Kreis Uelzen.

Das Dorf Thesdorf bei Pinneberg, früher auch Tesdorp oder Tescorp geschrieben, ist vorangesetzt, weil Manches dafür spricht, daß der Ursprung unseres Geschlechtsnamens auf dieses Dorf zurückzuführen sei.

[1] Alle älteren Namenslisten weisen eine große Anzahl von Geschlechtsnamen mit „van" auf, welche auf solche Weise entstanden sind und durchaus nicht die Bedeutung des Adels haben.
[2] Die Lübeck'sche Karbelinie nennt: „1385 Goscalus van Warendorpe, ser Bruns sone und 1411 Bruno Warendorp, der Jüngere."
[3] Daniel Frese's Karte vom Schowenborch Comitat, 1602 und C. Danckwerth's Neue Landes Beschreibung von Schleswig-Holstein, 1652.
[4] Schleswig-Holsteinisch-Lauenburgisches Urkundenbuch Bd. IV, S. 457.

Es war nämlich um die Mitte des 17. Jahrhunderts nachweisbar eine Familie Testorff⁵) im Pinnebergischen ansässig⁶), während im Hadeln'schen, in welchem Lande unser ältester Vorfahre im Anfange des 17. Jahrhunderts zuerst auftaucht, weder früher noch später eine festhafte Familie gleichen Namens vorkommt. Die Vermuthung, daß unser ältester, bekannter Vorfahre von dem rechtsseitig der Elbe gelegenen pinnebergischen Gebiet in das linksseitig, nahe der Elbemündung gelegene Land Hadeln wanderte, gewinnt noch ganz bedeutend an Wahrscheinlichkeit, wenn man die engen Beziehungen betrachtet, in welchen einerseits die Grafschaft Pinneberg und Hamburg, anderseits wiederum Hamburg und das Land Hadeln zu einander standen. Die Grafschaft Pinneberg, welche unmittelbar bis an das hamburgische Gebiet reichte, gehörte zu Ende des 16. Jahrhunderts der nordelbischen Linie der Grafen von Schauenburg an. Erst spät fand die Reformation daselbst Eingang⁷). Als Graf Otto V. im Jahre 1558 zur evangelisch lutherischen Lehre übertrat, war die Landbevölkerung noch meist katholisch, und die Einführung der neuen Lehre brachte Zank und Hader. Aber die Bewohner der Grafschaft hatten auch sonst Ursache unzufrieden zu sein. Strenge Gesetze und drückende Steuern lasteten knechtend auf der Bevölkerung, und dänische Kriegsvölker beunruhigten oft das Land und brachten vielen Schaden. Ja wegen dieser Letzteren kam es im Jahre 1577 zu so heftigem Streit zwischen dem Grafen und Dänemark, daß eine ernste Fehde zu befürchten stand. Das waren alles Gründe genug zum Auswandern.

Nur zwei Meilen entfernt lag die freie Reichsstadt Hamburg. Die große, blühende, arbeitsreiche Stadt zog den Auswanderungslustigen naturgemäß an. Fand er in ihr auch kein bleibendes Unterkommen, so boten doch die ausgedehnten Handelsverbindungen der glücklichen Stadt vielfache Gelegenheit zu weiterem Fortkommen und, wie es noch heutigen Tages der Fall ist, so blieben auch damals viele der Eingewanderten haften, viele aber wanderten weiter.

Von Alters her waren die Beziehungen zwischen Hamburg und dem Lande Hadeln außerordentlich vielseitige⁸). Schon im 13. Jahrhundert kommt in Hamburg ein „Hadeler Thor" vor; im 15. Jahrhundert war dann das ganze Land eine lange Reihe von Jahren an Hamburg verpfändet, und noch im Jahre 1581 waren die Handelsverbindungen so lebhaft, daß der damalige Herrscher im Lande Hadeln, der Erzbischof Heinrich III.⁹) die allzu kühne Stadt, welche sich erlaubt hatte, ein Schiff mit 21 Freibeutern von Freiburg a. d. Elbe aufzubringen, dadurch empfindlich strafen konnte, daß er das „Hamburger Bier und die Commercia" für einige Zeit im Lande gänzlich verbieten ließ.

Das Land Hadeln¹⁰), zu welchem in früheren Zeiten auch das hamburgische Amt Ritzebüttel gehörte, liegt an der nordwestlichen Ecke der

---

⁵) Die verschiedene Schreibart besagt nichts, wie im Anhang unter I nachgewiesen ist.
⁶) Im Jahre 1643 wurde zu Quickborn bei Pinneberg ein Christian Testorff geboren, wie die Kirchenbücher ergeben. Sein 1682 zu Quickborn geborener Sohn wurde Kirchenjurat und Dingvogt. Derselbe ist der Vorfahre der jetzt in Hamburg lebenden Brüder Julius Testorff Lehrer und John Testorff Postsecretär. (Die pinnebergische Ding- d. i. Gerichts stätte lag in nächster Nähe des Dorfes Thesdorf beim Schlosse Pinneberg.) Ueber andere Familien Testorf siehe Anhang II.
⁷) Versammlungsche Studien Bd. II S. 151. ⁸) Lappenberg Lorich's Urkarte. ⁹) Herzog von Sachsen-Lauenburg. ¹⁰) Chronik des Landes Hadeln, Otterndorf 1843.

Provinz Hannover, an der Südseite der Elbe, nicht weit von ihrem Ausflusse. Es war bewohnt von einem reichen, kräftigen und stolzen Bauernstand, dessen Zugehörige aber nicht Bauern sondern „Hausleute" genannt sein wollten. Landadel gab es nicht. Die Verfassung war eine ungewöhnlich freie. Ueber das, was dem Lande dienlich sei, wurde unter freiem Himmel auf dem sogenannten Warningsacker zwischen Altenbruch und Otterndorf in öffentlicher Versammlung aller Stände entschieden.

Die Landesherren, die friedliebenden Herzöge von Sachsen-Lauenburg, herrschten mit Milde und thaten den Freiheiten keinen Zwang an. Schon 1525 war die Reformation überall im Lande eingeführt, und bereits zu Ende des 16. Jahrhunderts genoß dasselbe die Vortheile einer wohlgeordneten Kirchenverfassung. Ein solches glückliches Land war ganz dazu angethan, den Strom der Auswanderung anzulocken und den Eingewanderten dauernd zu fesseln.

Peter Tesdorp um 1560—1628.

Es muß im letzten Viertel des 16. Jahrhunderts gewesen sein, als Peter Tesdorp, unser ältester, bekannter Vorfahre, in das Land Hadeln einwanderte und dort seßhaft wurde. Daselbst wurde ihm im Jahre 1598 ein Sohn[1]) geboren.

Die Einwanderung Peter Tesdorp's in das Land Hadeln kann, wie schon vorstehend erwähnt wurde, als zweifellos angesehen werden. Es gab weder, noch giebt es im Lande Hadeln einen mit unserem Geschlechtsnamen ähnlichen oder gleichlautenden Ortsnamen. Auch kommt ein solcher Name nirgends im Lande als Geschlechtsname vor, weder in früherer Zeit noch in der Gegenwart.

Wann Peter Tesdorp in das Land Hadeln einwanderte, läßt sich indessen ebenso wenig urkundlich nachweisen wie seine Herkunft und sein ursprünglicher Beruf. Daß er nicht derjenige war, welcher nach seinem Heimathsdorfe benannt wurde, erhellt daraus, daß das „van" fehle. Seinen Vater, Großvater u. s. w. zu finden, wird aber wohl schwerlich jemals gelingen; denn wo die Kirchenbücher[2]) und sonstigen Namensverzeichnisse aufhören, ist das Finden älterer Vorfahren ein rein zufälliges, wenn sie sich nicht etwa durch gute That oder Unthat auszeichneten und dadurch der Vergessenheit entzogen wurden.[3])

Das Land Hadeln war schon zu Peter Tesdorp's Zeiten durch große Fruchtbarkeit ausgezeichnet; sein Reichthum an Getreide, Obst und Vieh war weit über die Grenzen des Landes hinaus bekannt. Die Witterungsverhältnisse waren den Ernten meist günstig mit gelindem Winter, kaltem Frühling, gemäßigtem Sommer und warmem Herbst. Zwar sauft der Sturm oft über's Land, zwar reißt die brandende Fluth oft tiefe Furchen

---

[1]) Johann, der spätere bischöfliche Amtsschreiber des Amtes Kaltenhof bei Lübeck.
[2]) Die älteste Kirche im Pinnenbergischen ist die zu Rellingen. Die Urkunden der Kirche sind zu Anfang des 18. Jahrhunderts ein Raub der Flammen geworden; die zu Quickborn wurden 1645 von Kriegsvölkern entwendet, siehe Joh. Adr. Bolten's historische Kirchen-Nachrichten von der Stadt Altona, von Pinneberg und Ranzau. Altona 1791. Im Lande Hadeln wurden alle älteren Kirchenbücher durch die Tilly'schen Horden vernichtet.
[3]) Im umfangreichen Altenbrucher Geschlechterbuch ist nur ein einziger Tesdorff genannt. Evert, Peter Tesdorp's Sohn, welcher eine Altenbrucherin heirathete.

in den schützenden Deich; aber dieser beständige Kampf mit den Naturkräften machte das Hadler Volk frühzeitig stark im Widerstande, beharrlich und ausdauernd.")

Ueberall im Lande zeichneten sich die Dörfer durch Wohlhabenheit und Reinlichkeit aus. Die Häuser waren von Holz und Lehm gebaut, das Holz braunroth angestrichen, in der Lieblingsfarbe des Hadelers. Die Stuben waren gefüllt mit schönem Hausgeräth, geschnitzten Tischen und Bänken; auf der Diele standen die mächtigen, eisenbeschlagenen, bunte bemalten Truhen, „in denen das feinste Bolzleinen neben ererbtem Silbergeräth und harten Thalern lag". Die alten Sitten und Gebräuche wurden in hohen Ehren gehalten, und zu diesen gehörte vor Allem ein schlicht und einfaches häusliches Leben. Schlicht und einfach war auch die Kleidung des Hadelers. Nur an Gürtel und Dolch zeigte er seine Wohlhabenheit, und beide waren nicht selten von edlem Silber gefertigt.") Die Frauen legten Werth auf grüne, seidene Gewandung. Auf dem Haupte trugen sie rauhe Hüllen, sogenannte Hoicken, welche in einem Mantel ausliefen, der die „von Gott reichlich gegebene Gestalt gar ungebührlich verhüllte".") Das Maßhalten war nicht immer Sache des Hadelers; denn es begab sich oft beim Bier — das hamburgische war das beliebteste — daß „Brüder, nahe Verwandte und die besten Freunde sich vermeinigten und im Reden überliefen." Ja es ward sogar eine Verordnung erlassen, welche „denen Frauen und Jungfrauen den übermäßigen Genuß dieses Getränkes untersagte.") Eine andere Verordnung beschränkte die Hochzeiten auf acht Tage. Es durften dabei nicht mehr als 4 Essen aufgetragen werden, und nur den Reichen war es gestattet, überdies noch Butter und Käse aufzusetzen.

Wir sind zu der Annahme berechtigt, daß Peter Tesdorp eine Hadelerin heirathete; denn wanderte man auch zu damaliger Zeit weit mehr und weiter, als heutigen Tages gemeiniglich angenommen wird, so waren es doch meist nur die Ledigen, welche die Heimath verließen, während man mit Weib und Kind nur in den seltensten Fällen und nur nothgedrungen auswanderte. Die Bewohner Hadelns waren damals rein niedersächsischen Stammes, hochgeschossene, schlanke Gestalten mit schmalen, scharf geschnittenen Gesichtern. „Sie sind ein immer rühriges, lebendiges Volk, erfüllt von dem regsten Fortschrittsgeist und dem lebendigsten Streben nach Bildung."⁵) Paßt nun dies im Allgemeinen auf unser ganzes Geschlecht, so zeigen die erhaltenen Bildnisse des Sohnes und des Enkels des Peter Tesdorp ganz und gar den sächsischen Gesichtsschnitt.

Der Ort im Lande Hadeln, in welchem Peter Tesdorp ansässig war, hat sich nicht feststellen lassen. Zieht man aber die Verhältnisse des Landes und den Umstand in Betracht, daß Peter in der Folge Befehlshaber der hamburgischen Insel Neuwerk vor der Elbe wurde, so ist die Vermuthung berechtigt, daß unser Vorfahre in der Nähe der hadeln-hamburgischen Grenze ansässig gewesen sei. Unterstützt wird diese Annahme durch die Thatsache, daß die Grenze mehrere Ortschaften durchschneidet, so z. B. das Dorf Groden,

---

¹⁴) Pilkau's Hadeleriologia Historica von 1722. ¹⁵) Allmer's Marschenbuch
¹⁶) F. Grandauer's Gedenkbuch des hamburgischen Amtes Ritzebüttel

Die Insel Neuwerk vor der Elbe mit dem alten Thurm in Wart zur Ebbezeit

welches zwischen Altenbruch und der Stadt Ritzebüttel liegt. War unser Vorfahre in Groden ansässig, so stand er naturgemäß zu beiden Ländern in nahen Beziehungen, welchen er dann seine Ernennung zum Befehlshaber Neuwerks verdankte. Ueber seinen früheren Beruf im Lande Hadeln ist nichts bekannt; es scheint aber der von einem Befehlshaber Neuwerks geforderte bessere Bildungsgrad mehr auf einen Kirchen- oder Schulbeamten, als auf einen Bauern hinzudeuten, wobei bemerkt werden muß, daß erstere in der Landwirthschaft meist ebenso bewandert waren, wie in ihrem eigentlichen Beruf, wie sie auch meist das ihnen zugewiesene oder ihnen gehörige Land selbst bebauten. Es war sicherlich nicht Unzufriedenheit mit den Zuständen, welche Peter Tesdorp dazu trieb, das Land Hadeln zu verlassen und sich um die Ernennung zum „Befelhabern des Neuenwerckes Toren", wie der Name urkundlich lautet, zu bewerben; sondern es waren wahrscheinlich die reichen Einnahmequellen der Insel und vielleicht auch die selbstständige Stellung, welche ihn lockten. [16]

Die Insel Neuwerk liegt an der linken Seite der Elbmündung gegenüber dem Amte Ritzebüttel. Bereits 1296 hatten die Hamburger die Insel in Besitz genommen, theils um der argen Seeräuberei zu steuern, theils um den Schiffbrüchigen eine Zuflucht zu gewähren. [17] Zu diesem Zwecke ward frühzeitig ein burgartiger, fester Thurm auf der Insel erbaut und mit einer kleinen Besatzung belegt, welche den Befehlen eines Rathsherrn, dem „Hauptmann von Neuwerk" unterstellt war. Man unterhielt von da ab ein Leuchtfeuer auf der Insel und bewachte und vervollkommnete die Betonnung der Elbe. Das machte nun vielfache Kosten und um diese wiederum einzudecken, wurden die einfahrenden Schiffe mit einem Zoll, dem sogenannten „Warktollen", belegt, welcher auf Neuwerk erhoben wurde. Aber das Fahrwasser veränderte sich; das Landen auf Neuwerk wurde gefährlicher und beschwerlicher, und bald mußte man die Erhebung des Zolles nach Hamburg verlegen. Das that der Insel bedeutenden Abbruch. Man schickte in der Folge auch nicht mehr Rathsherren als Hauptleute nach Neuwerk, sondern man stellte untergeordnete Beamte als „Befelhaber" an, und ein solcher Befehlshaber war unser Vorfahre.

Peter Tesdorp leistete vor dem Rath zu Hamburg [18] folgenden Diensteid: [1]

„Ick lave vnd schwere Tho Godt dem Almechtigen, dat ick eynem Erbaren Rade vnd düsser Stadt wil trow vnd holt sin, mit ehrem besten vmbgahn, vnd ehren schaden nha hogesten vormogen vorboden, vnd dat Ick den mir hiermit befahlenen Torn des Newen werckes mit aller fri hoch vnd gerechtigkeitt, mit minem live vnd gude wil bewahren, vnd mines vtersten vormogens vorbidden vnd beschutten, vnd ock Nemande, der einem Erbaren Rade mit bürgerlichenn Eiden vnd pflichte nicht vorwandt, ohne vthdrücklichem befehl wil vp den Torn darsulnest kahmen laten, sondern densulven Torn sorgfoldiges flites getrewelich in achte hebben, vnd mi darup lebendig vnd todt finden laten, So veel mir ock van den Diken darsulvest in reparation tho vnderholden tho minem andeel gebueren

---

[17] Siehe Dr. Otto Beneke's hamburgische Geschichte und Denkwürdigkeiten Bernd Beseke's Glück und Unglück
[18] Hamburgisches Staatsarchiv

wertt, solches dermaten flitig wachten, dat aller sorglichen schade moge vorboedet blinen, dath Ick ock bi dem drifftigen vnd gestrandeten guede, wo solckes bewantt, wil getrewlich handelen vnd daruan ygrichtig bescheidt inbringen.
Hoc juramentum praestitit
Petrus Tesdorp 3. Octob. A°· 1608.

Die Anstellung des Befehlshabers von Neuwerk war damals eine solche, bei welcher die Gegenleistung nicht sowohl in Gehalt als in Ueberlassung von Acker, Wiesen und Weideland gegen billige Pacht bestand. Das dem Befehlshaber[1]) oder Vogt zugemessene Land betrug 26 Morgen.[2]) Das eingedeichte Land der ganzen Insel betrug „67 Morgen 267 Rode 13 Foote."[2]) Vor dem Deich lagen ausgedehnte, kräftige, saftige Fettweiden, welche den werthvollsten Theil der Insel ausmachten. Von diesen Außenweiden hatte der Befehlshaber die Hälfte in Pacht.

Die hauptsächlichste Einnahme der Inselbewohner floß aber aus dem vielen Strandgut, welches jeder Sturm antrieb. Der Befehlshaber hatte das Vorrecht, alles Angetriebene „auf dem halben Strand von der Hundebalje bis an die Kinderbalje" als Eigenthum zu behalten, der andere halbe Strand gehörte der ihm unterstellten Wachtmannschaft, den Feuerleuten. Man nahm es aber mit der Grenze nicht so genau, und auch ein ansehnlicher Theil des übrigen Strandgutes fiel in die Taschen der Inselbewohner. Das wog denn die Entbehrungen des Insellebens einigermaßen auf.

In der Urkundensammlung auf dem Schlosse zu Ritzebüttel ist ein Schriftstück aufbewahrt, welches uns noch einiges Nähere über Peter Tesdorp und seine Anstellung mittheilt. Es ist dies ein Brief von Peters Sohn Evert an Bürgermeister und Rath von Hamburg. Derselbe lautet:

„Edle treueste Groeßachtpare Hoch vnnd Wollweyse groeßgünstige gepietende liebe Herrn B. vnnd R. Kan ich hiemit erbeischen der notturfft nach zu ersuchen vnnd zu errinnern nicht geübrigt seinn, wie daß E. Hoch- vnnd Wollweisheiten gewesener Diener vnnd Voigt des Neuen werks mein leiblicher Vater Peter Testorff Jüngst dieser Tage Sehl. todt verplichen vnnd nicht allein verhoeffentlich bey lebensi Zeiten in solchen seinem Dienst Zwantzige Jahr sich also getrew vnnd fleißig verhalten, wie einem Diener und Voigt woll anstehet, auch solches seine pflicht erfordert, vnnde die der Zeit gewesene Herrn Ambtverweser sich wiedrigen Verhaltensi versehen nicht werden zu beschuldigen habenn, sondern auch in newlichen Dreyen Jahren vor seinem Tedtlichen hintritt durch eingefallene Ungewitter vnnd überstürtzung deß Gewässers dabey über 1000 Rthlr. zugesetzt vnnd schad erlitten.

Wan dan nun gepietende Groeßgunstige Herrn ich von Jugentlichen Jahren hero deß orts ertzogenn, zum Teichwerck von meinem Vatter Sehl. gepraucht und gehalten worden. Vnnde dann sotane Vacirende Vogt geschäfft dero Vermuetung nach schier balde mochte wieder mit einer andern person ersetzet werden. Als gelanget hiemit an E. Hoch- vnnd Wollweiß-

---

[1]) Grandauer und Evert Tesdorp nennen ihn: Vogt, siehe weiter unten. Ueber dem Eid dagegen steht „Eidt des befehlhabern des Neeuwerckes Thoren".
[2]) Aus der Urkunde des Balthasar von Nieuwen von 1574, siehe Grandauer

heiten mein vnderthenigeſt pitliches ſuchen, die geruhen groeſigunſtig in obiger betrachtung meines Vatters S. getrewe 20 Jährige Dienſte auch deß erlittenen vnnd auf uns Erben außgebenden ſchadens auſſ ſondern gunſten vnnd gnade mich mit verleyhung ſotaner erledigten ſtelle wiederumb zu beneficiren vnnd anzuſehen.

Hinwiederumb bin ich nicht allein die gebürende Jährliche pension gleich andern meinen Vorweſerne danckbarlich abzurichten erbetigh, Sondern auch ſolchem Ambt nach allem Vergnügen getrew, vnnd vnuerweiſſliches Fleiſſes vorzuſein Vnderthanig ſo gefliſſen als ſchuldig.

Verſehe zu E. E., Hochw. mich gewirig groeſigünſtiger resolution, vnd thue dieſelbe zu beſtendiger langer frewlicher Leibesfriſtung vnndt gedeylichen friedtſähtigen auſnehmen Gottes des höchſten gnadenreichen protection trew Embſig empfehlen,

    Hamburg, den 21. 8 bris A⁰. 1628   E. E. B. & R.
                                          Hoch vnnd Wollw.
                               Vnderthäniger vnnd gehorſahmer
                                          Diener
Aufſchrift.)   Ewerd Teſdorp.

    Denn Edlen Treueſten Groeſſachtbaren
Hoch vnnd Wollweiſen Herrn Bürgermeiſtern
vnnd Rath der löblichen Stadt Hamburg
    Meinen Inſonders groeſigünſtigen
    Hochgepietenden lieben Herren.

Aus dieſem Briefe geht zunächſt hervor, daß unſer Vorfahre Peter Tesdorp oder Teſtoerff, wie Evert ſchreibt [21], ein für damalige Zeit wohl habender Mann war; denn nur ein ſolcher konnte einen Schaden von der angegebenen Höhe erleiden. Auch ſcheint unſer Vorfahre ein ſehr gewiſſenhafter, achtbarer und getreuer Beamter geweſen zu ſein.

Die am Ende des Briefes erwähnte Penſion beſtand in einer zu leiſtenden Abgabe an Nahrſtoffen. So bekam u. A. der Bürgermeiſter, der Syndicus und der Phyſicus je einen „Hammel mit Sülze" [22]. Nun entſprachen die Neuwerker Hammel aber nicht immer den an ſie geſtellten Anſprüchen und Bürgermeiſter, Syndicus und Phyſicus klagten wiederholt in umſtändlichen Briefen über die Mängel, ſei es, daß die Hammel zu jung oder zu alt, mit zu viel oder zu wenig Sülze geliefert waren. So wurden die guten Thiere denn zu Streithammeln im wahrſten Sinne des Wortes.

Die Pflichten, welche Peter Tesdorp als Befehlshaber oder Vogt von Neuwerk oblagen, waren ſehr vielſeitige. Da galt es zunächſt den Thurm zu bewachen und vor feindlichen Ueberfällen zu ſichern. Es war zu damaliger Zeit durchaus nicht geheuer an der Elbemündung. Seeräuber und feindliche Kriegsflotten ſtatteten der kleinen Inſel gern einen Beſuch ab, um ſich aus ihrem Viehſtand koſtenlos zu verpflegen. Die Bewohner hatten mit derartigem Raubgeſindel vielfache Kämpfe zu beſtehen. Sie waren deshalb

---

[21] Siehe Anmerkung 6.   [22] Urkundenſammlung zu Ritzebüttel.

auch insgesammt wohlbewaffnet und leisteten dem Vogt und seinen Feuerleuten kräftige Hülfe bei der Abwehr. Wurde ihnen allen aber gar zu heiß zugesetzt, oder fielen plötzlich übermächtige Banden über die Insel her, so bot der mächtige, feste Thurm eine sichere Zufluchtsstätte. In ihm wurde eine tüchtige Menge „Kraut und Loth" (Pulver und Blei) gehalten, und den fremden Eindringlingen flog ein unheimlicher Gruß aus Feuerschlünden entgegen, wenn sie es wagten, sich an der Stärke des Thurmes zu versuchen.

Eine andere ernste und schwere Pflicht war es, den Schiffbrüchigen rettende Hand zu reichen. Bei Nebel oder schwerem Sturm geschah es gar oft, daß das eine oder andere Schiff auf die Sände gesetzt wurde, dem rettungslosen Untergang preisgegeben. Aber so wenig wie heute gebrach es damals den Küstenbewohnern an Muth, wenn es galt, den aufgeregten Naturkräften hülfeflehende Seelen abzutrotzen.

Sturm und Unwetter brachten noch mannigfache andere Sorgen. Von seinen Feuerleuten begleitet, mußte der Vogt die schützenden Dämme und Deiche begehen und pflichtgetreu bewachen. Die gefährdeten Stellen mußten ausgebessert und den andrängenden Wogen neue Hindernisse in den Weg geworfen werden, wenn sich die vorhandenen als zu schwach erwiesen. Das Wohl und Wehe der ganzen Insel und ihrer Bewohner hing von der Güte der Deiche ab. Die Instandhaltung derselben unterlag der Aufsicht des Vogtes. Die Kosten trugen die Bewohner antheilgemäß. Des Vogtes Deichantheil betrug 336 Rode, 10 Fuß (die Rode zu 16 Fuß).

Dem Vogt lag auch die Pflicht ob, den Thurm mit genügenden Lebensmitteln für die lange Winterszeit zu versorgen sowie die Wasserleitung der Insel in Stand zu halten, von welcher wiederum viel abhing, weil alles Trinkwasser für Menschen und Vieh aus dem Regen aufgefangen und in einen großen Brunnen geleitet werden mußte. Im Uebrigen war es seine Amtspflicht, die Feuerbake zu unterhalten, die Hamburger Tonnen an der Elbmündung zu überwachen und das dem Staate zukommende Strandgut zu bergen und zu verzeichnen.

So ging denn das Leben hin in Erfüllung der vielseitigen Pflichten des Amtes, in Arbeit auf Wiesen und Feldern, gelegentlich auch mit Fischfang und Jagd und im traulichen Verkehr mit den übrigen Einwohnern der Insel. Die kleine Gemeinde, welche aus nicht mehr als fünf Feuerstellen bestand, schloß sich eng aneinander an. Der Vogt bildete ihr Haupt. Wenn Sonntags das Wetter eine Ueberfahrt nach der Döser Kirche nicht gestattete, so versammelte sich die kleine Gemeinde um ihn, führte mit ihm fromme Gespräche oder ließ sich aus der Bibel Worte des Trostes und der Erbauung vorlesen*). Die Wohnhäuser und Wirthschaftsgebäude der Insel lagerten sich um den Thurm herum, in welchem der Vogt wohnte. Der mächtige Bau von 45 Fuß im Geviert und 100 Fuß Höhe ist aus rothen Ziegelsteinen mit Unterlage schwerer Granitblöcke aufgeführt. Nur wenige Oeffnungen unterbrachen die breiten Mauerflächen zum Durchlassen des nöthigen Lichtes. Der Eingang war in beträchtlicher Höhe über dem Erdboden. Die hinabführende hölzerne Treppe wurde des Nachts und bei Gefahr aufgezogen. Finster und trotzig blickte der burgartige Bau über das weite Meer; aber sein Inneres war wohnlich und behaglich; die gewölbten Räume bargen viel altes Geräth. Sie waren warm in der Winterszeit, kühl im Sommer. Die Wohnräume des Vogtes waren vierzig Fuß hoch über dem Erdboden gelegen; in ihnen war Platz genug für eine nicht zu große Familie.

Mehr als 20 Jahre horstete unser alter Vorfahre in der luftigen Höhe. Blickte er durch die schmalen Fenster hinab, so bot sich seinem Auge ein mannigfacher Wechsel dar. Nach Osten grüßte die blaue Küste des Festlandes; nach Westen dehnte sich das unendliche Meer. Als ein kleiner schwarzer Punkt tauchte die Insel Helgoland am fernen Sehkreis auf. Stolz und ruhig fuhren die großen plumpleibigen Kauffahrteischiffe mit dem mächtigen Hinterdeck unter der Insel vorüber; über den Sänden kreuzten die breitbauchigen Küstenfahrzeuge. Aber das Bild verändert sich; die Ebbe tritt ein, und nun taucht aus den Fluthen ringsum ein meilen weites, grauglänzendes Wattengebiet hervor, unterbrochen von vielarmigen Prielen, den Abflüssen des Wassers.*) Mit dem Hervortreten der Sände entwickelt sich ein buntes wirres Leben von tausenden herbeiziehenden Seevögeln, Möwen, Enten, Gänsen aller Art, welche gierig die in den Tümpeln zurückgebliebenen Seethiere auflesen, flattern und schreien, ein wildes Durcheinander. Dann wagt sich auch wohl der vorsichtige Seehund aus den Fluthen hervor und wälzt sich auf das glänzende Watt, um im wärmenden Sonnenschein ein Schläfchen zu halten.

Zur Ebbezeit erscheint die weite Fläche, welche Neuwerk von dem Amte Ritzebüttel trennt, wie festes Land, und, des Weges kundig, kann man die einundeinhalb Meilen zu Fuß oder zu Wagen zurücklegen. Dann gleichen die hohen Deiche der Insel den Wällen einer starken Festung. Eine solche ist Neuwerk auch; eine Festung gegen den mächtigen, wilden Feind, das Meer. Das „lebendige" Meer grollt und zürnt ob der ihm geraubten Fläche, die Dämme und Deiche müssen seine Wuth entgelten, und bei Sturmfluthen gelingt es ihm oft, dieselben zu bezwingen.

Feierlich ruhig liegt das erhabene Meer. In heiterem Blau wölbt sich darüber des Himmels Dom. Da flattern am fernsten Sehkreis kleine weiße Wölkchen auf. Eine weiße brausende Barre schwebt über dem glatten Spiegel des Meeres. Finstere Wolken überziehen das Firmament, der Tag wird zur Nacht, und nun saust das Unwetter heran mit Allem Vernichtung drohender Gewalt. Heulend und pfeifend fegt der Sturm über die Insel und rüttelt am Thurm. Das Meer hebt sich zu unheilverkündender Höhe. Donnernd rollen die Wogen gegen den erzitternden Deich. Höher und höher schwingen sie sich. Da wälzt sich eine brausende Riesenwoge über den Kamm; ihr folgt eine zweite, eine dritte. Das Erdreich erweicht; der Deich bricht ab; eine Bresche entsteht, und wildgierig stürzen sich die wirbelnden Wasser über Wiesen und Felder, alles durchwühlend, fortreißend, vernichtend. — Das wilde Getobe währt seine Zeit; dann tritt das Meer in sein Bett zurück; ruhiger, gleichmäßiger rollen die Wogen, bis sie wieder wie vorher mit sanftem Kräuseln die Insel umschmeicheln, der sie ihre furchtbare Kraft gezeigt haben. — In finsterem trotzigem Schmerze

---

*) S. A. Becker, Cuxhaven und das Amt Ritzebüttel

sieht der Inselbewohner den Untergang seines Besitzthums. Die mühsame Arbeit langer Jahre ist dahin; aber unverzagt geht er wieder an die harte Arbeit des Wiederherstellens der Deiche, des Reinigens der Felder vom aufgeschwemmten Sande, des Ersetzens des Weggeschwemmten, und in verhältnißmäßig kurzer Zeit sind die Spuren der Verwüstung verwischt.

Solcher schweren Zeiten hatte unser alter Vorfahre mehrere durchzumachen. Im Jahre 1612 und wiederum 1615 verheerten Stürme und hohe Fluthen die Insel; aber das Jahr 1625 schien der kleinen Insel völlig den Untergang bereiten zu wollen. Am 21. Januar stieg die Fluth zu erschreckender Höhe. Die Deiche erwiesen sich als zu niedrig, und die Fluth ging über die ganze Insel. Ein Theil des Viehes und viele Vorräthe wurden ein Opfer der Wogen. Kaum hatte man sich von diesem Schrecken erholt, als am 15. und abermals am 26. Februar bei schwerem Eisgang auf's Neue Sturmfluthen losbrachen. Sie gehören zu dem Schlimmsten, was die Insel überhaupt je erduldete, und diese Fluth war es, welche Evert in seinem Brief erwähnt, und welche seinem Vater über 1000 Rthlr. Schaden verursachte.

Die Hadeleriologia historica sagt über diese Sturmfluth:

„Im Jahre 1625, den 15. Februar ist ein großes Erdbeben nebst einem schröcklichen Sturmwind entstanden, wodurch viele Thürme, Gebäude und Windmühlen niedergerissen; unter anderen ist auch der berühmte Thurm zu Nordlede, in gleichen der Thurm zum Groden und zu Cappeln im Lande Wursten vom Mauerwerk herunter geworffen. Den 26. Februar erhub sich abermal ein überaus großer Sturm, wodurch das Wasser so geschwollen, daß es Tonnen hoch über den Seeband gangen und sind die Kirchspiele Altenbruch und Otterndorf meist ganz unter Wasser gesetzet; zu Altenbruch hat man in der Kahnen über den Markt-Platz fahren können. Damals ist der neue Teich zum Ritzebüttelschen Neuen Felde mehrentheils wieder eingerissen. Man pflegt die Fluth insgemein die Fastnachts-Fluth zu nennen." Hiernach kann man sich vorstellen, wie es auf der kleinen, der Riesenmacht der wilden Meereswogen ausgesetzten Insel Neuwerk hergegangen ist.

Aber die Sturmfluthen waren es nicht allein, welche Peter Tesdorp's Besitzthum arg schädigten. Auch Kriegshorden suchten die Insel heim. Der Markgraf Christian Wilhelm von Brandenburg war Ende Juli 1626 mit seiner kleinen Raubschaar freundschaftlich in das Amt Ritzebüttel eingezogen, hatte dann aber das Blatt gewendet, den hamburgischen Amtmann Schaffshausen gefangen und das Schloß durch List genommen. Am 30. Juli rückte er plötzlich über das Watt nach Neuwerk, plünderte die Insel aus und zog wieder ab, nachdem er den Thurm mehrmals vergeblich berannt hatte. Unser alter Vorfahre setzte sich kräftig zur Wehr. Von da ab blieb die abgelegene Insel von den Schrecknissen des nunmehr ausgebrochenen 30jährigen Krieges leidlich verschont. Nicht so das Amt Ritzebüttel. Die wilden Schaaren der Generäle Tilly und Pappenheim durchzogen im Januar des Jahres 1628 das Land, plündernd und raubend, was sie vorfanden, und hierbei wird der Hof, welchen Peter Tesdorp zu Döse besessen haben muß, wie weiter unten nachgewiesen werden wird, nicht verschont geblieben sein.

Das Stadt Archiv zu Hamburg bewahret nachfolgenden Brief des Peter Teszdorp
an den Bürgermeister Vogeler vom 6. Septbr. 1628.

    Achtbare erentfeste ock hochgelarte heren burgemeister vnd rade! vnderlaten moeth ick nicht, mine mechtigen beforderes an tho melden, wat gelegenheit vorfalt van de krigeslude, so vmme Ritzebuttell her liggenn: dat alsso de graue vann Tillo is tho Ritzebuttell gewest vnde hefft sick willenn nach dem Nienwarcke begeuenn.
    Do he ouerst tho Dune is gekamen, do kumpt ein dacke; do ferde he wedder nach Ritzebuttell. van dar is he nach Atterndorp getrockenn; ouerst vmme 14 dage will he wedderkamen vnd drowet, noch na dem Nienwarcke tho kamen. ick werth ouerst nicht wo ick jdt mit em schall holdenn. ick will em nicht by den torun laten kamenn; ick moeth doenn wat ick vormach, so lange alsse ick krude vnd kulenn hebbe; ick hebbe de 2 bussenschuttenn ock by my. Ick moeth senn, wat der Excellentie van Tillo wil.
    Ock mine mechtigen beforderers willenn mi schicken 25 gude furen delenn tho behoff der munitionn, tho bedde vnder de Stucke vnd wor ick se sus nodich hebbe. Nach dem dat jdt so wunderlik tho geidt, dat ick dar nicht darff kamen, so willen mine heren my eine Kulle tho stellen, dar ick my kan na richten, vmme de bussilude tho reigerenn vmme dicke vnd ock damme tho vnderhaltenn, wente jdt is nodich. Schal ick erst na Ritzebuttell reisen, dat kan ick ouell doenn, derhaluen bidde ick vmme eine Kulle tho hebbenn. went nu tho Ritzebuttell tho liggenn vnd vp dat gerichte tho wachtenn, dat kan ick nicht doenn, so lange alsse dat krigesfolck dar licht; se hebben my tho fell gedrouwet. de lutenante hefft de soldaten ein nie klede gelauet, dat se my scholenn gefangen em bringen edder miner sone einen. wen ick ouerst de Rullen mochte hebbenn, de konde ick mine nabers vorlesenn, so mosten ze dickenn, dar jdt nodich were. dieth alles willen mine heren sick gefallenn laten. geschreuenn vp dat Niewarck den 6. September 1628.

                                              Peter Teszdorp
                                              J. v. d. d.

Dem achtbaren erentfesten vnd ock hoch-
gelarten hern borgermeister h. Jeronimuß
Fageler, ock borgermeister vnd rade der
Stadt Hamburch fr. ges.

                                                            lect. in Senat 15. Sept. 1628.

__Uebersetzung.__

Achtbare, ehrenfeste, auch hochgelehrte Herren Bürgermeister und Rath! Unterlassen darf ich nicht, meinen mächtigen Beförderern anzumelden, welche Gelegenheit vorfällt von den Kriegsleuten, die um Ritzebüttel her liegen: daß nämlich der Graf von Tilly zu Ritzebüttel gewesen ist und sich nach dem Neuenwerke hat begeben wollen.

Da er aber zu Duhnen gekommen ist, da kommt ein Nebel; da kehrt er wieder nach Ritzebüttel. Von da ist er nach Otterndorf gezogen. Aber in 14 Tagen will er wiederkommen und droht, noch nach dem Neuenwerke zu kommen. Ich weiß aber nicht, wie ich es mit ihm halten soll. Ich will ihn nicht zum Thurm kommen lassen. Ich muß thun, was ich vermag, so lange als ich Kraut (Pulver) und Kugeln habe; ich habe die zwei Büchsenschützen auch bei mir. Ich muß sehn, was der Excellenz von Tilly will.

Auch wollen meine mächtigen Beförderer mir schicken 25 gute föhrene Dielen zum Behuf der Befestigung; als Betten (Unterlagen) unter die Stücke (Geschütze und wo ich sie sonst nötig habe. Nachdem daß es so wunderlich zugeht, daß ich nicht hin kommen darf, so wollen meine Herren mir eine Rolle (Verhaltungsbefehl) zustellen, wonach ich mich richten kann um die Hausleute (Besatzungs=Mannschaft des Thurmes) zu regieren, um Deiche und auch Dämme zu unterhalten (sie thaten sonst nur Wachtdienst im Thurm und beim Strandgut; sie leisteten den Schiffbrüchigen Hülfe und schützten sie vor Seeräubern); denn es ist nötig. Soll ich erst nach Ritzebüttel reisen, das kann ich schwerlich thun, deshalb bitte ich um eine Rolle. Denn jetzt zu Ritzebüttel liegen und auf das Gericht warten (also: die ungehorsamen Hausleute vor's Gericht bringen), das kann ich nicht thun, solange das Kriegsvolk dort liegt; sie haben mir zu viel gedroht.

Der Leutnant hat den Soldaten einen neuen Rock gelobt, damit sie mich ihm sollten gefangen bringen oder einen meiner Söhne. Wenn ich aber die Rolle haben dürfte, so könnte ich die meinen Nachbarn (Hausleuten) vorlesen, so müßten sie deichen, wo es nötig wäre. Dies Alles wollen sich meine Herren gefallen lassen.

Geschrieben auf dem Neuwerke den 6. September 1628

Peter Teszdorp
Euer unterthäniger dienstwilliger Diener.

__Aufschrift:__
Dem achtbaren, ehrenfesten und auch hoch
gelehrten Herrn Bürgermeister Herrn Hierony-
mus Fageler (Vogeler) auch Bürgermeister
und Rath der Stadt Hamburg freundlich
geschrieben.

Im October dieses Jahres (1628) schloß der alte Peter Tesdorp für immer die Augen. Er wurde in der friedlichen, baumumschatteten St. Gertruds-Kirche zu Döse beigesetzt[24]. Daselbst befand sich noch bis zum Frühjahr 1886 der schöne Leichenstein an der alten, hervorragenden Stelle, genau in der Mitte vor dem Altar. Der Umbau der Kirche machte das Aufheben des Steines nöthig. Derselbe ist nun auf des Schreibers Verwenden hinter dem Altar in aufrechter Stellung eingemauert. Es ist dies das älteste Familiendenkmal, welches wir besitzen. Der Stein mißt 1,2 Meter bei 92 Centimeter. Die Aufschrift lautet:

```
PETER TESDORFF VOR
   WALTER DES TOREN
    UFM NEYEN WERKE
IST GESTORBEN A° 1628
SEINE VORWALTUNG IST GEWESEN
        21 JAHR.
```

Darunter befindet sich, 2 Drittel des Steines einnehmend, ein Schnörkelschild, umgeben von einem Blätterkranz. Den Schnörkelschild füllt eine Haus- oder Hofmarke, wie dieselbe auf dem Umschlagbogen dieser Schrift dargestellt ist. Solche Marken waren vor dem 30jährigen Kriege in der ganzen nordwestlichen Gegend Deutschlands allgemein im Gebrauch. Sie entstammen den alten Runen und waren ursprünglich die zur Unterscheidung des Eigenthums angebrachten Zeichen.[25] In solcher Anwendung kommen sie in manchen Gegenden noch heutigen Tages vor. Um z. B. die Enten, welche sich gemeinschaftlich auf dem Dorfteich herumtummeln, unterscheiden zu können, ritzt man in die Schwimmhäute derartige Marken. Das Vieh, welches auf die Gemeindeweide getrieben wurde, die Kornsäcke, die Geräthschaften, die Grenzsteine erhielten solche Marken, ja man säete und mähte sie sogar in Acker und Wiesen, um vor Besitzstreitigkeiten gesichert zu sein. Meist waren sie auf den Hof bezüglich, hafteten an diesem und gingen von einem Besitzer auf den anderen über. Doch kam es auch vielfach vor, daß die Hofmarken zu Merkzeichen der Familie wurden, auf Siegeln, Kirchenstühlen und Leichensteinen auftraten und völlig die Stelle eines Familienwappens einnahmen. In dem Falle wurde die Unterscheidung mehrerer Abkommen des gleichen Stammes durch Hinzusetzen oder Fortlassen einzelner Striche oder durch Hinzufügen der Anfangsbuchstaben der Namen deutlich gemacht. Ein solcher Fall ist der vorliegende. Wir gehen sicherlich in der Annahme nicht fehl, daß die Anfangsbuchstaben hinzugefügt wurden, weil es mehrere Tesdorffe gab, welche die gleiche Marke führten, und auf Grundlage dieser Marke wird sich günstigen Falles noch ein Weiteres über die Vorfahren des Peter finden lassen. Das D (Döse) weist wahrscheinlich darauf hin, daß unser Vorfahre in Döse einen Hof besaß; derselbe mag nun gelegen haben in Döse selbst, im sogenannten

---

[24] Neuwerk war zu Döse eingepfarrt. Daselbst hörten die Inselbewohner die Predigt und nahmen das heilige Abendmahl. Auf dem Friedhof auf Neuwerk wurden nur die angetriebenen Opfer des Meeres bestattet. Ein großes, hölzernes Kreuz bezeichnete die einsame Stelle.

[25] Somerer, Haus- und Hofmarken und Dr. Wilhelm Hübbe's Aufsatz in der Zeitschrift des Vereines für Hamburgische Geschichte.

Döser Strich (zwischen Döse und Ritzebüttel) oder auf dem gerade zu Peters Zeiten im Jahre 1618 dem Meere durch Eindeichen abgerungenen Döser Antheil des Neuenfeldes, welcher in der Sturmfluth von 1625 besonders grossen Schaden litt. Daß unser Vorfahre auch zur Todeszeit noch ein wohlhabender Mann war, geht aus der Art und der Ausführung²⁴) des Leichensteins hervor. Seine hervorragende Lage vor dem Altar und der Kranz, welcher auf Leichensteinen aus der damaligen Zeit sonst nicht gewöhnlich ist, scheinen ausserdem darauf hinzuweisen, daß er ein um seine Gemeinde oder in anderer Weise verdienter Mann war.

Peter Tesdorp oder Tesdorff hatte drei Söhne, Evert (Eberhard), Hartwig und Johann.²⁵) Es war Landessitte, daß der älteste Sohn des Vaters Beruf erwählte. So wurde denn auch Evert für den Beruf eines Vogtes auf Neuwerk von seinem Vater erzogen, wie aus seinem Brief hervorgeht, und eben dieser Brief hatte zur Folge, daß er die Anstellung als Vogt und Nachfolger seines Vaters erhielt. Er leistete den bindenden Eid vor dem Rath zu Hamburg am 23. Juli 1629. Evert war verheiratet mit Margaretha Wittcke, der Tochter des Johann Wittcke zu Altenbruch, welcher einem alten, wohlbegüterten Altenbrucher Geschlechte entstammte. Die Ehe blieb kinderlos.²⁶) Es erging Evert auf Neuwerk nicht viel besser, als es seinem Vater ergangen war. Mehrfach setzten Sturmfluthen die Insel unter Wasser. Der Schaden, welchen das Unwetter im Oktober 1634 anrichtete, war so groß, daß er nach acht Jahren noch nicht ersetzt war, als schon wiederum eine neue Sturmfluth die Insel heimsuchte. Das Todesjahr Everts ist nicht bekannt; doch war er noch Vogt im Jahr 1654.²⁷) Sein jüngerer Bruder Hartwig war Kaufmann in Hamburg.²⁸) Er wurde daselbst Bürger am 14. Juni 1652²⁹) und starb zu Anfang des Jahres 1679 ohne Hinterlassung von Leibeserben, wie aus dem für seinen Neffen Peter Hinrich Tesdorpf ausgestellten Nächstenzeugniß²⁷) hervorgeht.³¹)

Das Geschlecht pflanzte sich somit nur fort durch den jüngsten der drei Brüder.

Johann Tesdorff, 1598—1651.

Johann wurde am 9. April des Jahres 1598 im Lande Hadeln geboren; er war mithin bereits 10 Jahre alt, als sein Vater nach Neuwerk übersiedelte. Aus seiner späteren Lebensstellung, welche einen besseren Bildungsgrad bekundet, läßt sich die Schlußfolgerung ziehen, daß er nicht auf die einsame Insel mitgenommen wurde, sondern auf dem Festlande verblieb und fortfuhr, eine Schule zu besuchen, in welcher er sich die für einen Schreiber, beziehungsweise Amtsschreiber, nöthigen Kenntnisse aneignen konnte. Zu diesen Kenntnissen gehörte außer Schreib- und Formgewandtheit vornehmlich eine vollständige Beherrschung der lateinischen

---

²⁴) Harter Sandstein in guter, weit vorstehender Behauung. Trotz des 250jährigen Alters sind Schrift, Hausmarke und Kranz noch vorzüglich erhalten.
²⁵) Anhang J. ²⁶) Altenbrucher Geschlechterbuch und von Seelen's Lebensbeschreibung des Bürgermeisters Peter Hinrich Tesdorpf.
²⁷) Brauauer's Gedenkbuch des hamburgischen Amtes Ritzebüttel.
²⁸) Laut den hamburgischen Bürgerlisten zahlte er 40 Mark Crt. Bürgergeld als Fremder.
²⁹) Und aus Seelen's Lebensbeschreibung des Bürgermeisters Peter Hinrich Tesdorpf.

Johann Teßdorff, 1598–1651,
erzbischöflich bremischer und bischöflich lübeckischer Amtsschreiber des
Amtes Kaltenhof bei Lübeck.

Sprache. Dieselbe zu erwerben, bot die Schule zu Altenbruch, in nächster Nähe Grodens, die beste Gelegenheit. Die Schule daselbst erfreute sich eines guten Rufes. Sie war der Aufsicht der Prediger unterstellt und mit tüchtigen Schuldienern besetzt.³²) Vielleicht gehen wir in der Annahme nicht fehl, daß Johann diese Schule besuchte; heiratete doch sein Bruder Evert eine Altenbrucherin, und sind somit Beziehungen der Familie zu Altenbruch erwiesen. Nach vollendeter Schulzeit wanderte Johann in das angrenzende Erzstift Bremen hinüber.

Dieses Land wurde beherrscht von Johann Friedrich, Herzog zu Schleswig-Holstein-Gottorp, Erzbischof zu Bremen und Bischof von Lübeck.³³) Durch Verzicht seines Vorgängers und Bruders war er frühzeitig, bereits im Jahre 1596, zur Erzbischofswürde gelangt und im Jahre 1608 in gleicher Weise auch Bischof von Lübeck geworden. In seine Dienste trat Johann Teßdorff, und von da ab ist das Leben unseres Vorfahren mit demjenigen seines Fürsten auf das Engste verknüpft.

Auf Deutschlands Thron saß damals Kaiser Rudolf der Zweite, ein zum Herrschen vollständig unfähiger Gelehrter. Seine, wie des Papstes Machtlosigkeit war so weit gediehen, daß das Bremer Domkapitel schon im Jahre 1585 hatte wagen können, einen protestantischen Fürsten zum Erzbischof zu wählen. Dieser sowohl, als auch sein ebenfalls protestantischer Nachfolger, der Erzbischof Johann Friedrich, waren üppig lebende, weltliche Fürsten, welche die Pflichten eines christlichen Seelsorgers weder erfüllen konnten noch wollten, sondern denen es nur um die reiche kirchliche Pfründe zu thun war. Anstatt des geistlichen Gewandes trugen sie Harnisch und Feldbinde; anstatt des Krummstabes führten sie das Schwert in Händen. Die Bestätigung vom Papst und die Belehnung vom Kaiser mit den weltlichen Gütern erhielten sie nicht; aber das kümmerte das Stift wenig oder gar nicht; man erachtete es für völlig genügend, daß sie recht mäßig gewählt waren und sich um die Bestätigung und Belehnung zu bemühen versprachen.

König Christian IV. von Dänemark, ein Verwandter des Erzbischofs Johann Friedrich, hatte insgeheim die im nordsächsischen Kreise gelegenen Bisthümer zur Versorgung seiner Söhne ausersehen. Als nun der entbrannte 30jährige Krieg sich immer mehr dem Norden näherte; als durch das anrückende Tilly'sche Heer, welches den Grafen Mansfeld und den Herzog Christian von Braunschweig besiegt hatte, die Lande bedroht wurden, ließ sich Christian IV. zum niedersächsischen Kreisobersten wählen und sammelte ein Heer wider Tilly. Das brachte den Erzbischof Johann Friedrich in eine üble Lage. Er versuchte parteilos zu bleiben, aber es gelang ihm nicht. Die Bedrückungen der kaiserlichen Truppen im Erzstift einerseits, anderseits das Anwachsen des dänischen Heeres und Chri-

---

³²) Ueberhaupt legten die Hadeler damals einen besonders großen Werth auf die Erziehung der Kinder, einen weit größeren, als nach dem alles zerstörenden 30jährigen Kriege. Um die Zeit ward z. B. verfügt, daß diejenigen, welche zu weit von den Kirchen wohnten, einen eigenen Schulmeister halten sollten und wenn zu viele Kinder vorhanden wären, außerdem noch einen Rechenmeister. Siehe Hadeleriologia Historica, Otterndorfer Chronik und Archiv des V. f. G. u. A. der Herzogthümer Bremen und Verden mit dem Lande Hadeln.
³³) Allgemeine deutsche Biographie, von Kobbe, Geschichte und Landesbeschreibung der Herzogthümer Bremen und Verden und Archiv des V. f. G. u. A. der gleichen Herzogthümer.

stians verschärfte Drohungen ließen ihm keine Wahl; er mußte sich gegen die Kaiserlichen erklären. Der Kaiser zürnte, ermahnte zur Umkehr, forderte Unterwerfung und schließlich sogar die Auslieferung des erzbischöflichen Wohnsitzes Vörde (= Bremervörde). Die kaiserlichen Truppen waren nicht fern; somit war eine Vergewaltigung von dieser Seite leicht möglich, während Christian IV. in Thatlosigkeit verharrte. Da wandte sich der Erzbischof wieder dem Kaiser zu. Kaum war das geschehen, so fiel König Christian am 6. Juni 1626 über den erzbischöflichen Wohnsitz her und beschlagnahmte alle zum Erzstift Bremen und Bisthum Lübeck gehörigen Lande. Johann Friedrich wurde aus dem Lande gejagt. Er floh von Vörde nach Eutin; doch des Königs Reiter ließen ihm auch hier keine Ruhe, und er mußte sich unter die Mauern Lübeck's flüchten auf seinen kleinen, abgelegenen Stiftshof Kaltenhof (Coldenhoff) bei Schwartau.[24])

Hat nun unser Vorfahre Johann Teßdorff diese Flucht auch wohl nicht gerade mitgemacht, so wurde dieselbe doch Veranlassung zu seiner Uebersiedelung nach Kaltenhof, beziehungsweise Schwartau bei Lübeck.

Alle Beamten des Erzbischofs mußten aus dem Erzstift entweichen. Da waren nur wenige, welche auch im Unglück ihren Fürsten nicht verließen. Zu diesen wenigen gehörte Johann Teßdorff. Er konnte mit der Uebersiedelung nach dem Amte Kaltenhof wohl zufrieden sein; denn das Amt blieb leidlich verschont von den Schrecken des furchtbaren Krieges, welcher jenseits der Elbe mit wechselndem Glücke hin und her wogte.

Der Sitz des nach dem Stiftshof und bischöflichen Haus benannten Amtes Kaltenhof war das „schön lübeckisch Dorff" Schwartau. Friedlich lag dieses Dorf inmitten fruchtbaren Ackerlandes und üppigen Waldesgrüns. Nicht gar fern wand sich die Trave durch die saftigen Wiesen; die stolzen Kauffahrteischiffe glitten gleichsam auf ihnen dahin; am fernen Sehkreis ragten die schlanken Thürme des schönen Lübeck's empor.

Nachdem Johann einige Jahre Schreiberdienste im Amt gethan hatte, wurde er am 27. September 1633 von seinem Fürsten zum Amtschreiber des Amtes Kaltenhof ernannt. Schon im folgenden Jahre hatte unser Vorfahre den Tod seines zwar zügellos und ausschweifend lebenden, aber gleichwohl gegen seine Umgebung und seine Beamten wohlwollenden und milden Herrn zu beklagen. Bei der nun folgenden Trennung des Erzstifts Bremen von dem Bisthum Lübeck erhielt das letztere der Herzog Johann (Hans) von Holstein, ein weiser, maßvoller, gütiger Fürst. Derselbe beließ Johann Teßdorff in seinem Amt.

Der Eid, welchen Johann seinem neuen Herrn leistete, liegt auf der Actenkammer zu Eutin. Er lautet:

Ich, Johan Teßtorff gelobe und schwöre das dem Hochwürdigen, Durchlauchtigen Hochgebornen Fürsten und Herrn, Herrn Hannßen, Erwähltem Bischoffe zu Lübeck, Erben zu Norwegen, Herzogen zu Schleswigk, Holstein, Stormarn und der Dithmarschen, Graff zu Oldenburgk und Delmenhorst, meinem gnedigen Fürsten und Herrn, Ich alß Ambtschreiber S. f. g.[30]) Ambts Kaltenhoff jederzeit in allem getrew, gehorsamb, hold

---
[24]) 2 Meilen nördlich von Lübeck. 30) = Seiner fürstlichen Gnaden.

vnd gewertigk sein, vnd J. f. g., vnd dero angehörigen Landen vnd Leuten nutzen vnd bestes zum fleißigsten befodern, suchen, vnd schaffen, schaden aber nachtheil vnd gefahr äuserstes meines Vermögens abwenden vnd verhueten, vnd was Ich in dem erfahren werde, bey Zeiten ohn einiges Dingens ansehen vnd schew J. f. g. oder dem Ambtmann gehorsämblich anmelden vnd verwarnen, Insonderheit aber schuldigk sein soll vnd wil, auff bemeltes Ambt Kaltenhoff, dessen Zubehörige Leute, gueter, Landereyen, Wischen vnd Weiden, auch Vieh, Zehenten, Holzungen, Mühlen, Jagten, Fischereien, Gräntzen, vnd allen andern pertinentien, Rechten vnd gerechtigkeiten alß ein getrewer Diener vnd fleißiger Ambtschreiber in gueter auffsicht, achtungk vnd Vorsorge halten vnd zu haben, auch angelegenes fleißes nach äusterstem Vermögen darob verpflichtet zu sein, das selbigem J. f. g. Ambt auffs nützlichste vnd erspreßlichste vorgestanden vnd obgelegen, dessen gueter, Mühlen vnd Vorwerke auch J. f. g. Meiergueth zu Offendorff in guten wesen, anhnemen vnd esse, auch behuftigen baw vnd besserungk erhalten, vnd die Vnderthanen zu einem gedeyelichen wolstande wider gerathen vnd dabey verpleiben, nicht aber zur abnemen herunter kommen vnd verderben muegen, Wie Ingleichen uff die Jagten, greutzen, jurisdictiones, oberherrlich: nutzbar: Recht vnd gerechtigkeiten, vnd was dem ferner anhangigk gesehen, das J. f. g. daran mit nichten einigerley weise von Jemanden empaß, Zugriff oder Verschmälerungk geschehe vnd zugefügt werde. Wil mir auch höchst angelegen sein lasen, d. der Ackerbaw zu rechter Zeit gebürlich bestellet, versehen vnd in acht genommen, So dan das Vieh vnd die Vieh Zucht wol gewartet, vnd zum fleißigsten auffgehoget die Teichen oder Fischwever gehörender masen vnd Zeit besezet vnd wieder abgelaßen vnd die Holzungen, so viel müglich geheget, geschonet vnd nach gelegenheit zugepflanzet, mit nichten aber zur Vngebühr verhawen, verödet vnd bestolen werden, Wie Ich dan selbsten im geringsten keinen Bawm fallen oder niederhawen lasen soll, Eß sey den J. f. g. außdrücklicher befehl vnd daneben mit dero dazu beordneten Hammern gezeichnet, das Windbruchholz aber, so vorhanden im Jahr mit Vorbewust des Herrn Ambtmanns zu Eutin zu gelde machen, Auch soll vnd wil Ich mit darauff sehen vnd achten, d. die Früchte zum besten vnd gehegsambsten eingeerndtet, vnd durch die Dröschern rein außgedroschet, auß dem Stroh abgeschlagen vnd nichts darin gelaßen werden, darnach auch das Korn auff: oder außmeßen Reymanden verstatten vnd anbetrawen Sondern allemahl selbsten dabey sein vnd verrichten, Inmasen Ichs dan auch in guter gewahrsamb zu halten vnd wol zu verschließen, damit davon nichts verunthrewet werde. Vnd ferner vber das Matten Korn, wenn J. f. g. einiges haben vnd bekommen, mit dem Müller richtige Kerbstock halten vnd dasselbe recht gebührender masen Ein vnd außmatten lasen.

Auch J. f. g. intraden vnd Jährliche Hebungen selbigen J. f. g. Ambts vnd berürten Meiergueths zu rechter Zeit, so woll die fälligk vnd betaget werden, alß die retardaten vnd Verseßene Auffstade, So viel man davon nachrichtungk haben kan, richtigk vnd völlig einfoderen, erheben vnd mihr entrichten zu laßen, vnd was eingenommen vnd wider außgegeben wirdt fleißigk verzeichnen davon gute richtige Rechnungk allemahl zu S. f. g. gnediges anfordern vnd vorbringen. Sonsten soll vnd wil Ich keine fremden Persohnen auser S. f. g. Diener auff dem Ambt Hauß nehmen oder einladen, viel weniger Gastereien darauff halten, S. f. g. Underthanen keineswegs in meinen oder meiner gefreunten eygenen sachen vnd nutzen gebrauchen, oder mit fuhren beschweren, Sondern dieselben einzigk v.: allein zum Ackerbaw vnd nothwendigen Ambtsfuhren gebrauchen, darinnen so viel müglich eine durchgehende gleicheit d. einer für dem anderen nicht aggravirt werde halten, anderst Reimande einigen Wagen geben vnd bestellen lassen, Es geschehe dan auff S. f. g. ausdrücklichen befehl vnd vorweisenden Paßzettel.

Das Zaden Holz wil Ich S. f. g. Verordnungk nach in gehorender masse, vnd nicht vber die gewönliche lenge hawen lassen, es were gleich wem es wolle verkaufft vnd hingethan, gleicher gestalt die Schäffel Fisch zuber vnd andere masse, wie die heißen mögen, in der grose vnd quantitet, wie sie von S. f. g. verordnet werden, verbleiben, darinn in gehoorender gleicheit sein lassen, vnd keine Enderungk oder gefehrlichkeit machen oder vornehmen, In Summa in allem vnd jeden mich also er werfen vnd verhalten, wie das einem getrewen gehorsamen und auffrichtigen Ambtschreiber vnd Diener eigenet vnd gebühret.

So war mihr Gott helffe zeitigk vnd ewigk

gez. Johann Tesdorff.

Die vorstehende, lange Urkunde ist von Johann Tesdorff selbst aufgesetzt; dann hat eine andere Hand, entweder diejenige des Bischofs oder diejenige des Amtmanns, Einiges abgeändert. Die werthvolle Urkunde entwickelt uns ein vollständiges, genaues Bild der Thätigkeit unseres Vorfahren, dem nur noch weniges hinzugefügt zu werden braucht.

Johann war, wie aus dieser Urkunde hervorgeht, der oberste Beamte des Bischofs im Amte Kaltenhof, welches Amt zu Klein war, um einen eigenen Amtmann zu halten. Dasselbe war dem Amtmann zu Eutin unterstellt. So war denn die Stellung eine sehr freie, großes Vertrauen erfordernde; sie erforderte aber auch einen erhöhten Bildungsgrad, und daß Johann denselben besaß, beweisen die vielen von ihm entworfenen, auf der Actenkammer zu Eutin erhaltenen Urkunden. Er war der lateinischen Sprache vollständig mächtig, und sein Deutsch ist auf der Höhe der damaligen Sprachentwickelung. Es waren die Amtschreiber überhaupt meist vielseitig gebildete Leute; ja es gab manche, welche wissenschaftliche Bildung besaßen. Sie nahmen im Volk eine Art Vertrauensstellung ein, waren geachtet und wurden in Rechtsstreitigkeiten, wie bei der Abfassung letztwilliger Verfügungen gern um Rath gebeten, wofür man sich ihnen dann wiederum dankbar bezeigte durch gelegentliche Uebersendung eines Rauchhuhns, eines Schinkens oder von sonstigem Angenehmen. Das konnte der ehrsame Amtschreiber sehr gut gebrauchen; denn sein Gehalt war nur klein und das ihm zur Bebauung freistehende Land nicht das beste. Ueber das Gehalt giebt uns die dem Diensteid beigelegte Bestallungsurkunde*) Auskunft. Darin heißt es:

---

*) Von sehr ähnlichem Inhalt wie der Diensteid, daher Abdruck unnöthig.

„Dareutgegen und für solche seine Dienstleistung haben Wir Ihm
gnädig versprochen und zugesaget, Jährlich und alle Jhar absonderlich 30 rth.
in Specie, darzu an Kostgeld Wochentlich 2 ꝗ Lubisch, Worbey Er den
an Habern und andern Accidentien, sich gleicher gestalt dessen soll zu erfreuen haben, allermaß sein nehister Vorweser solches gehabt und genossen."

Johann Tesdorff war ein sehr gewissenhafter, pflichtgetreuer Beamter.
Das erkannte sein Fürst durch Ertheilung mehrfacher Gnadenbeweise an.
Am 1. März 1646 belehnte er: „Ehrbahr Vnnsern Ambtsschreiber zum
Kaltenhoffe und lieben getrewen Johann Tesdörff, so Zeit werender Vnnser
Regierungk allemahl trew und auffwärtigk gewesen und nach bestem seinem
Vermögen gute Dienste geleistet" mit dem „wüste liegenden Hofe des Marcus
Grambstörffen [37]) bei Schwartau-Rensefeldt" und gab es ihm „auß Gnaden
frei von hove Diensten, Contributionen oder anderen Zulagen, wie die
nhamen haben, außgenomen, daß dem Pastoren zum Rensefelde sein
deputat dar von soll gereichet werden." Diese Belehnung wurde am
29. Mai 1647 „von dem Thumbcapitrul zu Lübeck großgünstiglich con-
sentiret, ratificiret, bekrefftiget und confirmiret." Bald darauf erhielt er
dann für diesen Hof und einen „Ohrt Landes mit Krughause in Schwartau
nahe an der Brücke" das „Privileg des Brauens, Müßens, Bierzapfens
und der Höcker-Nahrung."

Schon 12 Jahre früher hatte der Bischof ihm Beweise seiner Huld
zu Theil werden lassen. Als sich nämlich der jenseits der Elbe tobende
Krieg zu Ende der 30er Jahre mehr nach Süd- und Mitteldeutschland
gezogen hatte, waren wiederum geordnetere Verhältnisse in das Land Hadeln
und das angrenzende Amt Ritzebüttel eingekehrt. Im Jahre 1628 war
Johann's Vater auf Nemverk gestorben; aber der Krieg hatte die Ver-
kehrswege gestört, alle Verbindungen zwischen den Ländern aufgehoben,
alle Bande gelöst. Wahrscheinlich erfuhr Johann den Tod seines Vaters
erst nach Jahren. Nach Landesbranch lag dem ältesten Sohn die Pflicht
ob, abzutheilen, beziehungsweise des Vaters Nachlaß ordnungsgemäß aus-
einanderzusetzen. Nun war aber das einst blühende, stolze Land zu einem
verarmten, entvölkerten geworden. Freund wie Feind, Reichsheer, wie
Däne oder Schwede ohne Unterschied hatten brennend und sengend das
Land durchzogen und die einst lebensvollen, gesegneten Dorfschaften in
finstere Grabeshöhlen verwandelt. Sicherlich war das durch Sturmfluthen
schon schwer geschädigte Erbgut Peter Tesdorp's auch durch den Krieg
hart betroffen. Ueberdies war der Werth von Haus und Hof in Folge des
Krieges so gesunken, daß mehrfach Eigenthümer ihren Besitz umsonst
fortgaben, nur um von der Verpflichtung frei zu sein, die darauf lastenden
hohen Abgaben zu zahlen. Da lag es denn sehr nahe, daß Evert nicht im
Stande war, die väterlichen Besitzthümer werthseiend zu veräußern oder
eine Summe abzutheilen, welche dem einstmaligen Werthe auch nur
annähernd entsprach. Johann konnte sich andererseits schwerlich einen
richtigen Begriff von dem Zustande machen, in welchen sein unglückliches
Heimathsland durch den Krieg versetzt worden war. Er mag auch den

---

37) Urkunde auf der Actenkammer zu Eutin; im Anhang abgedruckt unter IV.

etwa erhaltenen Berichten über den Stand des väterlichen Nachlasses keinen rechten Glauben geschenkt haben, genug, kurz vor Ablauf des 19. Jahres nach dem Tode seines Vaters trat er eine Reise nach dem Lande Hadeln und dem Amte Ritzebüttel an.[37a] Zu dem Zwecke erbat er von seinem Herrn und Fürsten einen Paß, welcher in der Staatsurkundensammlung zu Oldenburg aufbewahrt ist und lautet:

Von Gottes gnaden Wir Hannß u. s. w. empieten allen vnd jeden nach Standes gebühr vnsere Dienste, freundschaffte vnd gnedigen grues, Ihnen damit zu wissen fügend, das der Ehrsamer, vnser Ambtschreiber zum Kaltenhooff vnd lieber getrewer Johann Teßdorff, seiner angelegenen verrichtungen halber nachm Lande Hadeln, Ertzstiffte Bremen, vnd dem Ambte Ritzbuttel notwendig zu verreisen, vnd damit ehr sicherer durchkommen, auch seine sachen besser aufrichten mochte, hat Vnns ehr vmb ertheilung vnsers offnen Passes vnterthanig gepeten, welchs Wir ihm nicht abzuschlagen gewust, Vnd ist demnach an alle vnd jede vnser freundlich pitten, gunstig vnd gnediges ansinnen, man wolle ihn frey, ohngehindert passiren vnd repassiren lassen, auch Vnseret halber im Ambte Ritzebuttel oder sonsten zu vorsetzung seiner sachen, vnd deren daselbst habenden Forderungen ihm die hülffliche Hand bieten. Solchs seyn Wir respective freundlich zu verdienen, Günstig vnd gnedig zu beschulden erbottig, Vhrkundlich vnsers hierunter befindlichen Handzeichens vnd auff getruckten fürstl. Cammerseeret. Geben vff vnser Residentz Eutbin den 16. Jun. Anno 1638.

Diesem Schriftstück liegt ein Brief[37b] an den „Greven im Lande Hadeln" bei, welcher ziemlich desselben Inhaltes ist, wie der Paß.

Ob diese Reise von Erfolgen begleitet war, läßt sich nicht mehr feststellen. Die guten Verhältnisse, in denen sich Johann nachweisbar später befand, sind vielleicht darauf zurückzuführen. Er hinterließ 4 einträgliche Krughäuser in Schwartau und die für damalige Zeiten nicht unbedeutende Summe von 16,000 ℔ lübisch in baarem Gelde außer dem Haus- und Hofbesitze.[38]

Das Amt Kaltenhof gehörte zum Bisthum Lübeck. Der kirchliche Sitz dieses Bisthums war das Domstift zu Lübeck, nach welchem das Bisthum auch seinen Namen hatte. Dadurch waren für Johann Teßdorff mannigfache Beziehungen zur Stadt Lübeck gegeben. Andererseits war aber auch schon damals das liebliche Dorf Schwartau, woselbst Lübeck die Mühle nebst Krug, Ackerland und Holzungen besaß, ein beliebter Ort für Sommerausflüge der sich nach ländlicher Kurzweil sehnenden Städter. Diese Beziehungen führten Johann zu einem späten und auch nur kurzen Eheglück. Er hatte bereits das 47. Lebensjahr überschritten, als er sich im Jahre 1645 mit Christina Holtermann aus Lübeck verehelichte, der Tochter des damaligen Buchhalters und späteren „ange-

---

[37a] Diese Reise, welche sich auch nach dem Erzstifte Bremen ausdehnte, fällt ferner in das Jahr, in welchem der Erzbischof Friedrich Anstalten traf, den lutherischen Gottesdienst im Bremer Dom wieder einzurichten. Der Dom war seit den Gardenbergschen Unruhen geschlossen. Die Wiedereröffnung des Gottesdienstes machte die Anstellung mehrerer Kirchenbeamten nöthig. vergleiche hiermit Johanns Bewerbung im Jahre 1643 um die Anstellung eines Schreibers am Dom zu Lübeck.
[37b] Mitgetheilt im Anhang unter V.
[38] Geheimbuch des Bürgermeisters Peter Hinrich Tesdorpf.

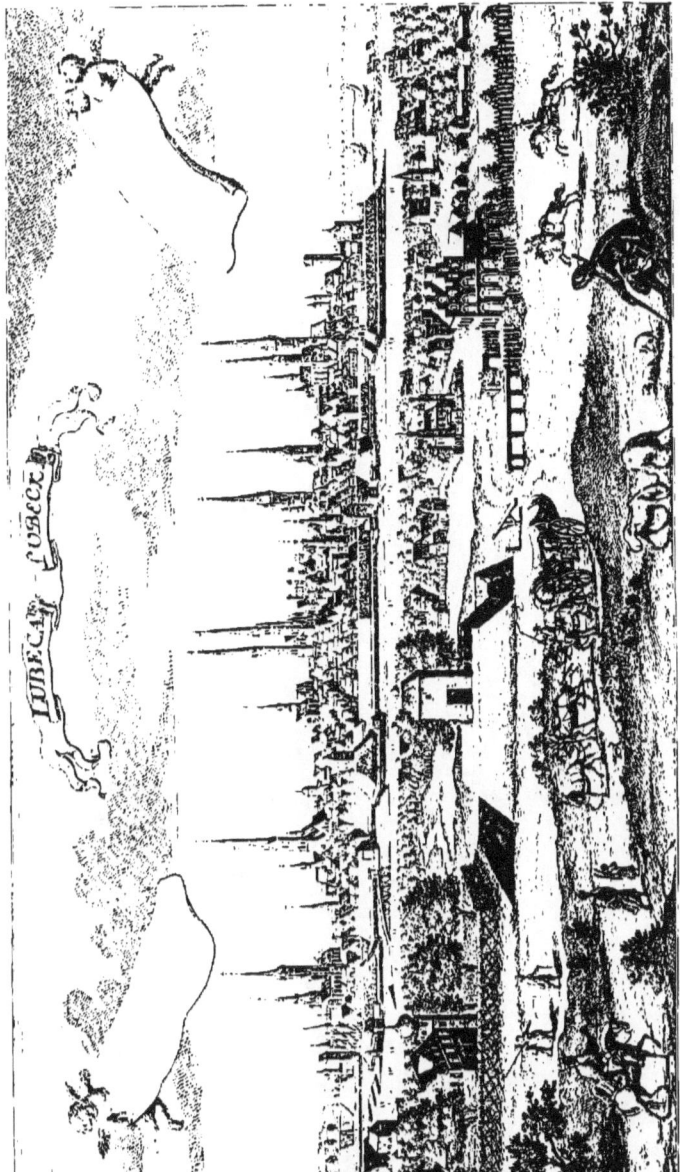

Lübeck gegen Ende des 17. Jahrhunderts.

sehenen Weinhändlers der Katharinen Kirche gegenüber" Hinrich Holtermann.³⁹)

Der Ehe entsprossen eine Tochter und ein Sohn. Erstere wurde Johanna Felicitas getauft, während der Letztere die Vornamen seiner beiden Großväter erhielt und zwar Peter nach dem Vogt auf Neuwerk und Hinrich nach seinem Großvater Holtermann. Auf diese Weise entstand die Namensverbindung Peter Hinrich, welche später so häufig wiederkehrt. Es war am 21. November des Jahres 1648, als

Peter Hinrich Tesdorpf, 1648—1723⁴⁰)

das Licht der Welt erblickte, zu Ende jenes denkwürdigen Jahres, in welchem die langersehnte Botschaft von dem wirklich geschlossenen westphälischen Frieden in allen deutschen Gauen die freudigste Erregung hervorrief. Für Peter Hinrichs Vater, Johann Tesdorff zu Kaltenhof, war dieser Friede von besonderer Wichtigkeit, wurde doch durch ihn das Bisthum Lübeck der Gefahr überhoben, in die Hände eines katholischen Bischofs zu fallen oder verweltlicht zu werden. Beides würde Johann um seine Anstellung gebracht haben. Auf die Furcht vor einem solchen Fall ist vielleicht auch die Thatsache zurückzuführen, daß Johann sich im Jahre 1648 um die Anstellung eines Schreibers am Dom zu Lübeck bewarb, wie aus den Domacten hervorgeht. Nicht lange genoß Johann die Früchte des Friedens und die Freuden des Vaterglücks. Schon am 5. Juli 1651 setzte ein frühzeitiger Tod seinem ferneren Streben ein Ziel. Er starb im 53. Jahre seines Lebens. Sechs Tage später wurde er im Dom zu Lübeck beigesetzt.⁴²)

Es ist von Johann Tesdorff ein Oelbildniß erhalten,⁴³) Dasselbe stellt unseren Vorfahren in seiner reichen Amtstracht dar mit einem Kind zur Seite, welches dem Alter und der Kleidung nach nur die Tochter Johanna Felicitas (das Glück) sein kann. Beide Köpfe des Bildes sind übermalt. Johann stützt sich auf einen Tisch; auf demselben liegt ein Brief, welcher Namen und Beruf des Dargestellten verkündet. Das Bildniß ist von einem guten Pinsel gemalt. Johanns mageres, durch scharfe Züge ausgezeichnetes Antlitz mit großer freier Stirn, tiefliegenden, etwas matten, grauen Augen und einer schmalen, ziemlich langen, mit leichtem Höcker versehenen Nase, ist umrahmt von lang herabfallenden, glatt gescheitelten, dunkelblondem Haar. Den festgeschlossenen Mund umspielen eine Reihe krankhafter Züge. Ein schmaler Schnurrbart läßt die breiten Lippen frei. Das Kinn mit kurzem Knebelbart ist gut entwickelt. Die Kleidung besteht aus einem schwarzen Wams, dessen Nähte mit schwarzen Spitzen übersetzt sind,

---

³⁹) Ihre Mutter war Christine, geborene von Nissen rectius Neiß, des Berend von Neiß Tochter, siehe Melle's Geschlechterbuch.
⁴⁰) Exequias Tristes funeri Viri Magnifici et Illustris Domini Petri Henrici Tesdorfii de Jo. Henr. a Seelen. Consules lubecenses de a Seelen. Letztes Ehren Gedächtniß des weyland Magnifici ꝛc. Herrn Peter Hinrich Tesdorffs von Jacob von Melle, Prediger an St. Marien, dem verdienten Geschichtsschreiber und Herausgeber der "Gründlichen Nachricht von Lübeck", welche in mehreren Auflagen erschien, und Verfasser der umständlichen Lübeckischen Geschlechtsbücher, u. a. m Geheimbuch des Peter Hinrich Tesdorpf. Ein Auszug aus demselben erschien 1881 in den Lübeckischen Blättern unter der Bezeichnung „Aus dem Geheimbuche eines Millionärs" Letzter Wille des Peter Hinrich Tesdorpf, Briefschaften desselben, Hochzeits- und Leichengedichte u. a. m.
⁴¹) Ueber dieselbe ein Näheres weiter unten ⁴²) Kirchenbücher zu Rensefeld. ⁴³) Im Besitze des Consuls Carl Tesdorpf in Lübeck

während am Hals und an den Handgelenken die umgeschlagenen, leinenen
Hals- und Handkrausen weit überliegen. Unterhalb der Brust steht das
Wams offen, und tritt daselbst eine weiße Spitzenkrause hervor. Eine
schwarze faltige Kniehose, zu welcher schwarze Strümpfe und Klappschuhe
gehören, vollendete den Anzug, welchem der Degen sicherlich nicht gefehlt
hat, obwohl er auf dem Bilde nicht sichtbar ist. Auf dem Tische liegt
neben dem Briefe eine schwarze runde Kappe, deren silberbesetzte Nähte
sich in der Mitte zu einem Knopf vereinigen. Dadurch gewinnt die Kappe
völlig die Gestalt und das Ansehen eines entstachelten Seeigels.

Das Kind zur Seite blickt überaus klug und ernst in die Welt. Es
ist ein flachshaariges, blauäugiges, großköpfiges Kind, welches einen Dom-
pfaff auf der Hand hält und in seiner steifen, mit breiten Schnüren
gezierten Kleidung einen etwas bedrückten Eindruck macht. Auf dem dunklen
Grunde des Bildes befindet sich ein Wappen. Dasselbe zeigt auf goldenem
Felde fünf Reihen aufgeschichteten Torfs. Die Zier des Helmes ist ein
gleicher Torfhaufen, eingeschlossen von zwei weißen Straußenfedern. Der
Helmmantel ist golden mit rothem Futter. Ueber dieses Wappen ist ein
Näheres nicht bekannt.

Als Johann im Jahre 1651 starb, zählte sein Sohn Peter Hinrich
noch nicht drei Jahre. Die hinterlassene Wittwe verblieb mit ihren Kindern
in Schwartau. Sie besaß in hohem Maße alle Tugenden, welche das
weibliche Geschlecht zieren und war eine liebe und einsichtsvolle Mutter.
Die Hinterlassenschaft ihres Gatten überhob sie aller Sorgen. So war
sie in den Stand gesetzt, Alles zu thun, was für die Erziehung ihrer
Kinder nur irgend dienlich sein konnte. Dabei wurde sie auf das Wohl-
thuendste berathen und unterstützt durch ihren zweiten Gatten, welchen
sie nach einigen Jahren der Trauer geheirathet hatte. Der zweite Gatte
war der Nachfolger Johanns im Amt, der Secretarius des nunmehrigen
Amtes Schwartau, Christoph Schierlentz. Dieser ausgezeichnete Mann,
dessen Ehe mit Christine kinderlos blieb, suchte und fand einen vollen
Ersatz für das ihm versagte Glück in seinen beiden Stiefkindern. Wie es
nur ein liebevoller Vater vermag, strebte er, die Geistes- und Herzensgaben
beider Kinder auszubilden, und er legte in den jungen Peter Hinrich den
Grundstein zu jenen hervorragenden Kenntnissen und Eigenschaften, durch
welche sich derselbe später glänzend hervorthat. Das erkannte Peter Hinrich
Zeit seines ganzen Lebens an, und noch im späten Alter gedachte er nicht
allein in zärtlichster Liebe seiner Mutter, sondern vornehmlich auch seines
zweiten Vaters. Er war des Lobes und Dankes voll für die aufopfernde
Sorgfalt, mit welcher derselbe die Erziehung geleitet hatte. Christoph
Schierlentz war ein sehr wohl unterrichteter Mann; dennoch hielt er es für
nöthig, dem öffentlichen Schulunterrichte auch noch den häuslichen Unterricht durch gute Lehrer hinzuzufügen. Dabei mußte er vielfach auf die
schwächliche Gesundheit des zarten, aber große Fähigkeiten verrathenden
Knaben Rücksicht nehmen. „Da er aber Diejenigen, welchen er den Unter-
richt des Knaben anvertraut hatte, mit Freigebigkeit bezahlte und die
Sorgfalt mit reichen Geschenken belohnte, so machte der Knabe glückliche
Fortschritte und erwarb sich vielseitige Kenntnisse." Wohl wissend und

Peter Hinrich Tesdorpf
1648 - 1725
Bürgermeister von Lübeck

erkennend, „welch' grosse Zierde die Fertigkeit in der lateinischen Sprache für einen Jeden ist, einerlei, welche Laufbahn er im Leben einschlagen mag", ließ der einsichtsvolle Mann den geliebten Sohn in dieser Sprache so gründlich unterrichten, daß derselbe sich während seines ganzen Lebens durch eine vollständige Sprach- und Schreibgewandtheit im Lateinischen auszeichnete. Während so sein Geist in einer Weise gebildet wurde, wie sie sonst nur für angehende Männer der Wissenschaft üblich war, wurde er von seiner milden Mutter zu Frömmigkeit und Tugend angehalten. Wohl dachte der Stiefvater, daß der vielversprechende Jüngling eine ehrenvolle, wissenschaftliche Laufbahn einschlagen werde; aber der Verkehr im großelterlichen, Holtermann'schen Hause in Lübeck wirkte ausschlaggebend auf die Wahl seines Berufes: er entschloß sich, den Handel zu erlernen.

Kaum 15 Jahre alt, verließ er im Jahre 1663 das elterliche Haus und das liebliche Schwartau, in welchem er glückliche Tage der Jugend verlebt hatte. Das waren nicht gerade ruhige, friedliche Tage gewesen. Mehrfach hatten schwedische und dänische Heerschaaren das Dorf durchzogen, nicht viel besser sich benehmend als herrenlose Räuberbanden, und wenn auch den Fluren das Schlachten und Schlagen fern geblieben war, so hatte sich doch die ganze Gegend dauernd in einem überall fühlbaren Zustand der Unsicherheit befunden, welcher selbst nach dem Frieden zu Oliva (im Jahre 1660) sich nur um ein Weniges besserte.

Die stolzen Thürme Lübecks, deren wohltönender Glockenklang die Träumereien seiner Jugend umgaukelt und dem sinnenden Knaben beim Streifen durch die grünenden Fluren Bilder von Reichthum und Glanz, von Macht und Manneswürde vorgezaubert hatte, grüßten von fern. Sie ermahnten ihn, die ungebundene Freiheit, das Leben am Herzen der Natur zu verlassen und einzutreten in die wallumschlossenen Mauern der ruhmreichen Stadt, in welcher der Puls des Lebens mächtig schlug. Es war eine unruhige, aufregende Zeit, in welcher Peter Hinrich in Lübeck einwanderte. Die alte strenge Gesetzmäßigkeit, die gemessene Ruhe, wie sie noch die vielen Gebäude vergangener Zeiten ausdrückten, schien völlig verloren gegangen zu sein. Rath und Bürgerschaft waren heftig wider einander im Streit. Die Bewilligung von Türkengeldern war der Ausgang, der Kasse-Vertrag von 1665 das Ende; das Volk ertrotzte in Aufruhr und Zerstörung von den allzu stolzen und herrschsüchtigen, aus alten Geschlechtern stammenden Herren des Raths die gemeinsame Verwaltung der Stadtkasse. Damit war die Gährung aber noch nicht beschwichtigt; bald platzten die erhitzten Gemüther von Neuem auf einander. Endlich, im Jahre 1669, einigten sich Rath und Bürgerschaft in einem langen Vertrag, welcher der veralteten Verfassung des kleinen Freistaats eine wesentlich neue Form gab. Durch ihn wurden die einflußreichsten der bürgerlichen Collegien als Staatsglieder anerkannt und der Bürgerschaft die Theilnahme an einzelnen Verwaltungszweigen zugestanden.

Während dieser Zeit erlernte Peter Hinrich die Handlung im Hause und im Geschäfte des damaligen Rathsherrn und späteren hochverdienten Bürgermeisters Matthäus Rodde.[44] Der damaligen Sitte gemäß wohnten

---

[44] Seine Enkelin heirathete Peter Hinrich's Sohn Johann Hinrich (Linien Tesdorpf-Kock, von Schröder und Hamlin).

die „Kontor-Jungens" im Hause ihres Geschäftsherrn und traten dadurch mit ihm und der gesammten Familie desselben in engeren, wenn auch streng ehrerbietigen Verkehr. Peter Hinrich hatte hierdurch Gelegenheit, vieles zu sehen und zu beobachten, was ihm eine tüchtige bürgerliche Erfahrung⁴) neben der geschäftlichen gab; denn es war Matthäus Rodde nicht nur ein hervorragend tüchtiger Kaufmann, sondern auch ein that kräftiger, opferwilliger Bürger. „In dieser Schule derowegen da etwas rechtes zu lernen gewesen, hat er sich gantzer 15 Jahre aufgehalten und während solcher Zeit der Handlungs Geschäffte seines Patrons mit allem Fleiß und ungemeiner Treue wahrgenommen, dadurch er sich bey demselben eine sonderbare Liebe und Hochachtung zu wege gebracht."

Es scheint, daß erst der Tod seines Geschäftsherrn und väterlichen Freundes, zu Ende des Jahres 1677, ihn veranlaßte, ein eigenes Geschäft zu gründen. Es war hierzu der Eintritt in eines der bürgerlichen Collegien erforderlich. Peter Hinrich trat der Schonenfahrergesellschaft bei, welche ihn 1678 zu ihrem „Gesellen" erwählte. Diese Schonenfahrergesellschaft nahm unter den bürgerlichen Collegien die hervorragendste Stellung ein, seitdem die Zirkelbrüderschaft schon früher und die Kaufleute-Compagnie seit 1669 ihr altes Ansehen verloren hatten. Es war ihr der Hauptantheil an der Leitung der bürgerlichen Angelegenheiten zugefallen.

Peter Hinrich trat mit den Herren de la Fontaine und Vos zu einer Handelsgesellschaft zusammen, welche unter der Namensfolge von De la Fontaine, Vos und Tesdorpf Handel betrieb.⁴) Das Geschäft, vornehmlich Weinhandel, begann seine Thätigkeit in einer traurigen, wirren, unsicheren Zeit;⁴) aber der rastlosen Thätigkeit, der Zuverlässigkeit und der Umsicht der Theilhaber gelang es, die Ungunst der Zeiten zu überwinden und das Geschäft in guten Fortgang zu bringen. Zwar waren die ausgedehnten Handelsfreiheiten seit dem Fall der Hansa nach und nach verloren gegangen, als die fremden Länder selbstständiger und selbstbewußter geworden waren und auf eigenen Schiffen ihre Erzeugnisse auszuführen lernten; zwar hatten die Engländer und Holländer durch billige Frachten den Lübeckern mehrseitig den Rang abgelaufen, während andere Länder sich durch Zollschranken absperrten; aber „es war dennoch der Wohlstand der Einzelnen ungebrochen, und es verzinsten sich die Schätze derselben auch in dem damaligen Handel noch ungemein, wenngleich nicht mehr hundert procentig, wie bei der früheren Monopolie".⁴)

Es lag außer dem Tode des würdigen Matthäus Rodde noch ein anderer Grund vor, welcher Peter Hinrich dazu trieb, ein eigenes Geschäft zu gründen. Sein Herz war nämlich in Liebe erglüht zu der zwanzigjährigen Venna Dorothea Woltersdorff, Tochter des Kaufmannes Hans Woltersdorff und Frau Margaretha, gebornen Grenan.⁴). Sie

---

⁴²) Welche ihm später, als er das Amt eines Rathsherrn und Bürgermeisters bekleidete, von großem Nutzen war.
⁴³) Winckler, Nachrichten von niedersächsischen berühmten Leuten, Band II unter Matthäus Rodde.
⁴⁴) a) „Deutschland mußte sich die Lostrennung Elsaß Lothringens gefallen laßen und konnte die Verwüstung der sonnigen Pfalz durch die ruchlosen Franzosen nicht hindern".
⁴⁵) Lübeckische Chronik Asschenfelds 1842.
⁴⁶) Ihr Halbbruder war der sehr gelehrte und verdiente Rathsverwandte Dr. jur. Laurentius Woltersdorff

brachte ihm nur 6000 Mark Lübisch in die Ehe.¹) Es scheint dieselbe somit auf Liebe beruht zu haben, entgegen dem damaligen Gebrauch in den reichen Kaufmannsfamilien, in welchen man die Ehe meist erst nach langem Abwägen der gegenseitigen Gefühle und Vortheile, bei welchen die Mitgift eine nicht unbedeutende Rolle spielte, einging. Die Hochzeit fand am 18. November 1678 statt. Sie wird in ganz derselben glanzvollen Weise verlaufen sein, wie es die damalige Sitte in Lübeck, wie überall in den Hansestädten, demjenigen vorschrieb, welcher in den ersten Kaufmannskreisen zu verkehren gewohnt war und ferner in denselben zu verkehren wünschte. Man umrahmte dieses wichtigste Ereigniß im Leben des Menschen mit vieler glanzvoller Förmlichkeit. Alles damit Zusammenhängende war genau vorgeschrieben.⁵⁾ Noch wie zu alten Zeiten vermittelte der Freiwerber zwischen den Liebenden und deren Angehörigen. War die Verbindung endlich spruchreif, so putzte sich der Liebende auf das Feinste heraus, begab sich feierlich zu der Herzallerliebsten und trug ihr seine Gefühle in sorglich durchdachter Rede vor. Sie mußte dieselbe schweigend anhören; dann aber lag ihr die schwere Pflicht ob, den Werbenden in nicht minder künstlicher Antwort abzuweisen, dabei jedoch ihre Zuneigung zart durchblicken zu lassen. Die Abweisung schreckte den Bewerber auch nicht zurück, sein Begehr in einer zweiten, wärmeren Ansprache zu wiederholen, welche dann endlich das schüchterne „Ja" den Lippen der Angebeteten entlockte, wenn nicht schon vorher ein Strom von Thränen der Qual der beiden Liebenden ein Ende gemacht hatte. Mit den heißen Gefühlen der Liebe, welche man sich gegenseitig beschwor, vertrug es sich dennoch gar wohl, daß man den Geldeswerth der Braut- und Bräutigamsgaben, welche „die Liebe contestirten", genau aufzeichnete.⁴⁾ Einer Verordnung des ehrbaren Rathes zufolge durfte der Werth derselben die Summe von 300 Mark L. nicht übersteigen.

Den Gipfel der Freuden des kurzen Brautstandes bildete die Hochzeit. Sie dauerte mehrere Tage, und es ging dabei hoch her. Da ächzte die lange Tafel unter der Last der gefüllten Schüsseln und Schalen, aus denen die Pasteten und Kuchenberge in Gestalt ganzer Gärten mit den Früchten fernster Länder oder die Wappen und Wappenthiere der gefeierten Familien hervorragten. Hatten sich die zahlreichen Gäste um den speiseduftenden Tisch gesetzt, so wurden alsobald die großen Deckelgläser herbeigebracht, welche für „eine Nothwendigkeit bey allen Mahlzeiten ehrbarer Leute" erachtet wurden, und es begann ein ungezähltes Gesundheitstrinken, wobei man „sich sorglich hütete, daß man keinen einzigen mit dem Zutrinken überhüpfete, wie man den Rang bey den Tafelgefehrten gar sorglich in acht nahm, sonsten man einen schlechten Dank verdienet haben würde". Das viele Trinken brachte aber die mächtigen Perrücken auf den Häuptern der sonst so überaus förmlichen, wohlanständigen Herren in schiefe Lagen; ja es ergoß sich der funkelnde Rheinwein auch wohl einmal über die rothen Manschettenröcke oder die zarten Halskrausen. Auch die ehrbaren Frauen vergaßen das Gezwungene und Gezierte, welches die feine, dem französischen

---

⁴⁾ Geheimbuch des Peter Hinrich. 5.) Gustav Freytag. Aus dem Jahrhundert des großen Krieges.

Hofleben nachgeäffte Sitte vorschrieb; sie athmeten freier in der ungewohnten enggeschnürten Tracht, an der es von Demanten, Kleinodien, Perlen, güldenen und silbernen Spitzen, Schnüren, Gallaunen, Vesteln und Kapenren strotzte,⁵¹) betrachteten mit Neid die funkelnden Edelgesteine an den reichlich entblößten Hälsen und den weißgepuderten Händen der Nachbarinnen oder lächelten verstohlen über die derben Witze, mit denen das junge Ehepaar gehänselt wurde,⁵² wenn nicht der Nachbar mit den neuesten Klatschgeschichten vom wüsten Hofleben König Ludwig XIV. die Aufmerksamkeit völlig in Anspruch nahm. Es war eine prunkliebende, unmäßige, vaterlandlose Zeit. Auch in Lübecks Thore war der „à la mode Teuffel" ein gezogen; in französischem Thun und Treiben sah man das mustergültige Vorbild; die Sprache wurde durchsetzt mit französischen Ausdrücken; die alten strengen Sitten wurden untergraben. Deutschland, welches im dreißigjährigen Kriege den Glauben an ein Vaterland verloren hatte, beeilte sich, für den hohlen Glanz, welcher vom Hofe Ludwigs XIV. ausstrahlte, den letzten Rest seines stolzen, gesunden Bürgerthums hinzugeben. Vorerst fand dies in Lübeck nur bei Festen und großen Gelagen seinen Ausdruck. Im täglichen Leben hielt man noch fest am Althergebrachten, Alterprobten.

Waren die Hochzeitsklänge verhallt, war das junge Paar in sein trauliches Heim eingekehrt, dann führte es ein sittsames, dem Erfüllen der Pflichten in Arbeitsamkeit und stiller Häuslichkeit geweihtes Leben, wie es die Väter gethan hatten und wie es die Kinder mit Stolz gelehrt worden war.

Peter Hinrich bezog ein einfaches Haus in der mittleren Mengstraße.⁵³) Es that sich durch nichts besonders hervor; sein Äußeres trug den Stempel der Gediegenheit, sein Inneres den anheimelnder Gemüthlichkeit. Der alte gothische Treppengiebel sah ernst und streng auf die Straße, und nur am unteren Theil des Hauses trat die neue Zeit in hohen und breiten, vielscheibigen Fenstern und dem auf die Straße hinausgebauten Erker zu Tage. Auf beiden Flügeln der mächtigen Hausthür mit dem schweren Thürgriff und dem Klopfer schwebten Engelsköpfe, welche darauf hindeuteten, daß der Eintritt in den Frieden dieses Hauses dem Eintritte in den Himmel auf Erden gleichkomme. Zur Rechten lag ein mäßig großes Gemach, die eigentliche Wohnstube der Familie. Sie machte einen gediegenen, schlichten Eindruck. Die Ausstattung war eine einfache. Im Ausbau, welcher um eine Stufe erhöht war, hatte die Hausfrau einen gemütlichen Sitz. Da saß sie gerne nach Erfüllung ihrer Pflichten in Küche und Kammer und lugte durch das kleine Seitenfenster hinaus auf das Treiben der Straße.⁵⁴) Hier ließ sich auch der Hausherr in seinen großen Armstuhl nieder, wenn er von der am Markt im Rathhause eingerichteten Börse⁵⁵) oder vom Plauderstündchen aus dem Rathskeller oder dem Hinterstübchen der Apotheke heimkehrte. Hier besprach er auch mit seiner Eheliebsten die gewichtigen Angelegenheiten, welche ihren

---

51) Lübecksche Kleiderordnung von 1688 und vorhandenes Geldbildniß der Tochter Peter Hinrichs, der Bürgermeisterin Rodde im Besitze von Herrn Krafft Tesdorpf in Lübeck.
52) Hochzeitsgedicht von 1686 anläßlich der Verbindung der ältesten Tochter Peter Hinrichs mit dem Kaufmann Nicolaus Süppert.
53) Die nachfolgende Schilderung ist entworfen unter Benutzung der vorhandenen Beschreibung, der vielfachen Angaben im Gedenkbuch und mit Hinzufügung aller, als allgemein vorhanden gewesen, unzweifelhaft nachzuweisenden Einzelheiten eines reichen lübeckischen Kaufmannshauses der damaligen Zeit.
54) Kohl, Kulturhistorische Studien Bremens.
55) 1673 eingerichtet.

Rath erheischten und theilte ihr die neuesten Weltereignisse mit, welche er auf der Post erfahren hatte, gleichwie auf diesem Platze der Abschluß eines Handels durch einen Trunk funkelnden Weines bekräftigt wurde. An dieses Vorderzimmer stieß ein kleines Gemach, welches nur ein spärliches Licht von der Diele empfing, aber dennoch als Schlafraum diente. Unmittelbar an die Schlafkammer stieß die Küche. Sie lag in der Mitte des Hauses. Von dem deutschen Herde verbreiteten sich die würzigen Düfte durch das ganze Haus. In unheimlicher Schwärze gähnte der Schornstein über dem Herde empor; die Flammen umzüngelten lustig den blinkenden Kessel und fanden einen hellen Widerschein in den vielen blendend blank gescheuerten Messingschüsseln, dem Kupfer- und Zinngeräthe,³⁶) welches von der tadellosen Reinlichkeit der Hausfrau Zeugniß ablegte. Von hier aus überschaute die Hausfrau und das Gesinde die Hausthüre, begrüßte die Fremden und geleitete sie in das Wohnzimmer oder theilte den täglich kommenden Hausarmen Suppe und Speisereste aus.

Die vorliegende, große, freie und luftige Hausdiele bildete den Hauptraum des Hauses. Sie erhielt ein genügendes Licht durch das große, über der Hofthür angebrachte Fenster, dessen viele kleine, bleigefaßte Scheiben die einfallenden Sonnenstrahlen in mannigfachem Wechsel brachen. Diese Hausdiele war der eigentliche Sammelplatz des ganzen täglichen Lebens, des Geschäfts wie des Familienlebens. Auf ihr wurden die Mahlzeiten eingenommen, unbekümmert darum, daß die Umgebung einen recht geschäftlichen Anblick gewährte. Da schwebte über dem mit Ziegelsteinen belegten Fußboden die große Waage, mit welcher die unbewachte Jugend so gern Unfug trieb; da hingen aus der Luke in der Mitte des Hauses die dicken Taue der Winde herab, an denen die Waaren durch den geräumigen Schacht zu den oberen Böden hinaufgezogen oder in den Keller hinabgelassen wurden; da lagen Weinfässer und allerhand sonstige Waaren bunt durcheinander, zwischen denen die lieben Hauskatzen ungestört Jagd auf die zahlreichen Mäuse machten. An Sonn- und Feiertagen aber sah die Diele ordentlich und sauber aus; dann bestreute die Hausmagd den Fußboden mit weißem Sand und zeichnete allerhand Zickzackformen hinein; dann lag über dem kirchenhohen Raume eine feierliche Ruhe, welche nur wenig gestört wurde. Zur Seite der Küche führte in düsteren Windungen und mehreren Absätzen die Treppe empor zum Hängewerk, dem halbhohen Wandelgang, welcher die Räume des Vorderhauses mit denen des Anbaues verband. Auf ihm standen die Leinen-, Kleider- und Geschirrschränke, welche den Stolz der Hausfrau bildeten. Vorn, gerade über dem Wohnzimmer der Hausfrau lagen die niedrigen Geschäftszimmer. Von hier aus konnte die Hausherr durch ein kleines Fenster auf die Diele hinabblicken und Befehle ertheilen. Unterhalb dieses Fensters hing an einem Tau eine Glocke und ein Korb, in welchen der Postbote die Briefschaften legte und schellte, damit sie hinaufgezogen würden. Am hinteren Ende des Wandelganges befand sich die kleine, völlig dunkle Bedientenkammer, in welche der alte Diener „Lorenz"³⁷) des Nachts kroch, um auf seinem harten Lager auch im Schlaf noch ein

---

³⁶) Geheimbuch. ³⁷) Geheimbuch.

pflichtgewohntes, wachsames Ohr zu haben auf die Vorgänge im Hause, insbesondere daß nicht etwa ein frecher Raubgeselle sich an ihm vorbei schleiche in der bösen Absicht, das Geschäftszimmer zu erbrechen, um den Herrn zu bestehlen.

Die große Thür, welche zum Anbau führte, verschloß den langen, reichausgestatteten Festsaal, in welchem die goldglänzende Bekleidung der Wände aus vielstückigem Leder mit der Pracht der schweren französischen Barockmöbel wetteiferte. Hinter dem Hause, von dem Anbau begrenzt und von dem Stallgebäude „mit Raum für 3 Pferde, Wagenschauer und Kutscher-wohnung" abgeschlossen, lag der schmale Hof, auf welchem die beiden fetten Hausschweine grunzend umherliefen und der stolze Hahn unter der Zahl seiner Getreuen würdevoll einherschritt.

Die Geschäftszimmer waren naturgemäß die Räume, in denen sich der Hausherr am meisten aufhielt. Peter Hinrich besaß deren zwei ³⁷), ein kleines und ein größeres. Die Zahl der Angestellten, „Kontor-Bedienten", wird anfangs nicht groß gewesen sein; handelte man doch damals noch meist in einfacher Weise von Mund zu Mund und sparte Dinte und Papier. ³⁸)

Das „kleine Kontor" scheint der Raum gewesen zu sein, in welchem Peter Hinrich selbst arbeitete; denn in ihm befand sich „am Fenster jener feuersichere Wandschapp", in welchem das „in grün Pergament in Folio gebundene" Geheimbuch und das „apart blau Büchlein" ³⁹) lag, welches die Jahresrechnungen, den Vermögensstand und die Hausstandskosten ent-hielt. Während das Wohnhaus ursprünglich auf dem „Gängewerk" endete und die oberen Räume nur zur Waarenlagerung dienten, wurde mit der Zeit, mit der Ausdehnung des Geschäftes und der Familie gleichen Schritt haltend, ein Stock nach dem andern in Wohn- beziehungsweise Schlaf-räume umgewandelt. Erst als auch das nicht mehr ausreichte, kaufte Peter Hinrich „ein Huß in der Mengstraten mit ein Neben Huse daßulvst och 2 Booden in der Twastraten belegen de averanjetzo in dat Neben Huß mit verbuwet worden" ⁴⁰). Dasselbe war ein „Twashaus" (Querhaus) und etwas anderer Eintheilung als das erste Wohnhaus, auch in allen Ver-hältnissen größer und prächtiger, wie es sich für einen, in den Rath der Stadtväter erwählten, reichen Bürger geziemte.

Im Allgemeinen verließ man nur nothgedrungen das Haus, in welchem man lange Jahre gewohnt und Glück und Freude erlebt hatte. Wenn nur irgend möglich baute man immer an und aus. Gerade dadurch erlangte das Haus einen um so höheren Werth für die Bewohner; denn in den An- und Ausbauten trat die ganze Entwickelung des eigenen Lebens zu Tage, und jeder Raum hatte seine Geschichte, sei es, daß er in Veranlassung vermehrten Familienglücks oder wachsenden Reichthums entstanden war. Für die Kinderwelt aber barg dieses bunte Ineinander und Aneinander eine Welt des abenteuerlichsten Zaubers. Die vielen dunklen Ecken und Winkel boten die herrlichsten Verstecke, die Fässer, Ballen und Geländer

---

³⁷) Erst nach 1624 zwang die Vielseitigkeit und Ausdehnung des Geschäftes zur beträchtlichen Vermehrung der Angestellten und endlich zur Verlegung des ganzen Geschäftes in das Eckhaus in der Mengstraße
³⁸) Nicht aufzufinden. ⁴⁰) Dem steht gegenüber, daß der Enkel Peter Hinrich, 1712–1778, Tochter der „Beschreibung vom Loldorp" „in des Herrn Großvaters Hause in der Fischstraten" gewohnt haben will. Es ist mir leider nicht gelungen, diesen Punkt aufzuklären; auch die Hausnummern habe ich nicht urkundlich feststellen können.

die schönsten Turngeräthe dar, und das ganze Haus vom Keller mit den vielen dickleibigen Lagerfässern bis hinauf zu den staubdunstenden Böden und dem Sparrwerk des Daches, wo die Dohlen nisteten und der anziehende Taubenschlag sich befand, war der Tummelplatz ihrer lustigen Streiche, während die Polterkammer mit den vielen zurückgesetzten, sonderbaren Gegenständen, die über dem Schornstein angebrachte Rauchkammer und der mullige Torfboden die unerlaubten, aber immer wieder mit Vorsicht betretenen Räume bildeten, in denen die Katzen, Mäuse und Spinnen ihr geheimnißvolles Dasein führten.

In dem ganzen, großen Getriebe [61]) des vereinigten Geschäfts- und Familienlebens herrschte Zucht und Ordnung, Behagen und Frieden. Ein Jeder that gern und freudig seine Pflicht und folgte willig den wohlüberlegten Anweisungen des Hausherrn. Seine Achtung gebietende Erscheinung war die Säule, an welcher alle Streitigkeiten zerschellten; gegen sein Urtheil wagte Niemand zu „raisonniren". Kam er bedächtigen Schrittes die Straße herab, angethan mit dem breiten Manschettenrock, der gestickten langen Weste, in den faltigen Kniehosen mit schwarzen Strümpfen und Schnallschuhen, auf dem Haupte die mächtige Allongeperrücke, unter dem Arme den kleinen Hut, den Degen an der Seite und den schweren Krückstock in der Hand, dann gaben sich die allzeit lustigen Lehrjungens, welche auf der großen Diele mit Weinverlassen und Anderem beschäftigt waren, einen vielsagenden Wink; der Gesang und die Scherze, welche die wohlwollende Hausfrau geduldet hatte, verstummten, und alle arbeiteten in Ehrbarkeit und Emsigkeit, während vom Hofe die wechselvollen, munteren Klopfweisen des Faßbinders erschallten. Dem Würdigen trat die Hausfrau freundlich entgegen, begrüßte ihn an der Hausthür und geleitete ihn in das Wohnzimmer. Mit Wohlgefallen ließ er seinen Blick auf der lieben Gestalt ruhen, welche ihm in dem schlichten Leibchen und dem dicken Faltenrock mit tadellos weißer Spitzenschürze und in dem kleinen, weißen Häubchen [62]) weit besser gefiel, als in der schweren goldstrotzenden, fremden Festkleidung.

Ueber Peter Hinrich's Häuslichkeit waltete reicher Segen. Aus seiner Ehe mit Venna Dorothea Woltersdorff waren ihm eine Tochter und vier Söhne erblüht. Doch „um den Menschen, mit dem der Herr es gut meinet vor Schwindel über sein Glück zu bewahren, strafet er ihn ab und zu mit bitterem Leide", und Peter Hinrich erfuhr dies schmerzlich durch den Tod seiner geliebten Gattin, welche ihm im Anfange des Jahres 1685 von der Seite gerissen wurde. Sie starb nach längerem Leiden an den Folgen, welche die Geburt des jüngsten Sohnes hinterlassen hatte. „Der Schmerz, den er über diesen Verlust empfand, war groß, aber ein Blick auf die Schaar seiner trefflichen Kinder, rastlose Arbeit und die Worte der heiligen Schrift gaben ihm Trost."

„Da er denn nach dreien Jahren die Verwaisung seiner Häuslichkeit fühlte und auch der Beschwerden, welche der Stand eines Wittwers mit sich bringt, müde geworden war, so trat er „nach dem Willen Gottes zum

---

[61) Der Buchhalter und die „Komtor Jungens" wohnten im Hause.
[62) De Monconys's Reise durch Lübeck 1663. Die Haube war glatt, ging bis auf die Augenbrauen hinunter, schweifte an den Schläfen um und ließ die Ohren frei.

zweiten Male in den Ehestand". Seine zweite Gattin, Magdalena Stegmann, welche er am 8. Februar 1689 vor den Altar führte, stand im 29. Jahre ihres Lebens. Sie war die Tochter des „Kaufmanns in der Breitenstraße", Hans Stegmann. In ihr fand Peter Hinrich eine fürsorgliche, liebende Gattin und eine aufopfernde Mutter und Erzieherin seiner zahlreichen Kinder. Dieser zweiten Ehe entsprossen nämlich deren neun weitere. Es traf aber die Eltern das harte Schicksal, daß die Mehrzahl der Kinder frühzeitig hinsiechte. Als ein um so größeres Geschenk Gottes betrachtete er die noch immer große Zahl der überlebenden. Er ließ der Erziehung derselben die größte Fürsorge angedeihen und hatte bis in das Kleinste auf dieselbe Acht. In Frömmigkeit, Wahrhaftigkeit gegen sich selbst wie gegen Andere und unwandelbarer Rechtschaffenheit erblickte er die Grundlage aller Tugenden. Frei von den Vorurtheilen seiner Zeit und Standesgenossen, ließ er seine Söhne die öffentliche Schule besuchen, „dieweil der Umgang mit anderen des Menschen Seele stählet". Der Erfolg, dessen er sich bei der Erziehung seiner Kinder zu erfreuen hatte, war denn auch ein der weisen Leitung entsprechender. Alle Kinder, welche das erwachsene Alter erreichten, zeichneten sich durch besondere Thatkraft und Tüchtigkeit aus, und wenn auch keiner der Söhne die hervorragenden Geistesgaben des Vaters geerbt hatte, so wurden sie doch alle, ohne Ausnahme, sparsame, arbeitsame und einsichtsvolle Männer, glückliche Familienväter und nutzbringende Mitglieder der menschlichen Gesellschaft. Peter Hinrich's Streben für die sorgfältige Erziehung seiner Nachkommen schloß aber nicht mit dem Leben ab; auch noch über den Tod hinaus wünschte er dafür zu wirken, und deshalb schrieb er unter seinen letzten Willen die Worte: „Insonderheit habet Acht auf die Auferziehung der Kinder, damit sie dermaleins zu Pflanzen des Himmels gedeyen mögen". Der segensreiche Einfluß dieser Worte fand seinen Widerhall in den Enkeln. Auch ihre Erziehung wurde nach seinen Grundsätzen geleitet, und auch aus ihnen gingen wiederum tüchtige Männer hervor, unter denen Johann Matthäus Tesdorpf sich als Bürgermeister und umsichtsvoller Leiter der Staatsangelegenheiten Lübecks besonders hervorthat.

Peter Hinrich war durchdrungen von einer im tiefsten Innern wurzelnden Gottesfurcht. Sie brachte es zu Wege, daß ihm die harten Schicksalsschläge, welche er durch den Tod von neun seiner heißgeliebten Kinder erfuhr, weder die Kraft noch den Glauben brachen, sondern daß er alles, als von Gott gefügt, mit Fassung, Ruhe und Demuth hinnahm, „daß er den Ausdruck des Göttlichen Willens auch da zu erkennen glaubte, wo ihn das Schicksal am schmerzvollsten traf". Niemals erhob er sich vom Lager oder legte sich zur Ruhstatt nieder, ohne seinem Herrn und Gott für die bisher erfahrene Gnade und Güte zu danken; niemals wurde die Morgen- und Abendandacht im vereinigten Kreise der Seinen und des Gesindes versäumt. „Pünktlich und oft besuchte er das Gotteshaus" und jeder Sonn- oder Festtag führte ihn nach St. Marien, um die Predigt daselbst zu hören. Da saß dann der fromme Mann, umgeben von der Schaar seiner blühenden Kinder und lauschte andächtig den ernsten Worten des ehrwürdigen Predigers Jacob von Melle oder ließ seine Stimme kräftig zum Lobe des Herrn erschallen und erfreute sich herzinniglich an den herrlichen Klängen der Orgel, welche das Absingen der lateinischen Collecten begleitete."(2)

Die ihn völlig durchdringende Frömmigkeit offenbarte der gedankenvolle Mann auch durch den Wahlspruch wie durch das Wappen, welches er sich wählte.

Den ersteren entlehnte er der apostolischen Anweisung, Tit. II, 12, welche sagt, daß der Mensch: pie - honeste - temperanter d. h. „fromm ehrenhaft rechtschaffen - maßvoll" leben soll. Diesem Wahlspruch, dessen Anfangsbuchstaben P. H. T. auf diejenigen der Namen Peter Hinrich's hinzielen, lebte er im vollsten Sinne nach, und es umfassen die drei Worte in ihrer schlichten Einfachheit alles das, wodurch sich seine Lebensführung in hohem Maße auszeichnete. Er ließ diese Worte auf der schönen Denkmünze anbringen, welche er zum Gedächtniß seiner Erhebung in die Bürgermeisterwürde schlagen ließ. Diese Denkmünze zeigt das Brustbild Peter Hinrich's in Bürgermeistertracht (mächtiger Allongeperücke und breitem, flachaufliegenden Faltenkragen) von der rechten Seite. Der kräftig geformte Kopf verräth Lebenskraft, Willensstärke, Klugheit, Würde. Auf dem Grunde stehen die Worte: Peter Hinr. Tesdorpf Cons. Lubec. Die Rückseite zeigt ein von zierlichen Schnörkeln umgebenes, rundes Schild mit dem Geschlechtswappen, um welches die Worte: Pie, Honeste, Temperanter stehen;

unten ist die Jahreszahl 1715 angebracht. Das Wappen ist ein anderes wie dasjenige, welches auf dem Bilde des Vaters, Johann Tesdorff, erscheint. Es ist ein von Peter Hinrich selbst gewähltes. Ein alter Brauch schrieb jedem Bürger der Hansestädte vor, ein Wappen zu führen, sobald er zu Amt und Würden emporstieg. Auf jede Urkunde von Wichtigkeit wurde dann zur Bekräftigung das Wappen im Siegel aufgedrückt, obwohl wenigstens in Lübeck keine Urkunde irgend welcher Art über die Wappenwahl aufgesetzt wurde.

Bei der Wahl faßte Peter Hinrich den Psalm 42 in's Auge, welcher heißt: „So wie der Hirsch nach Wasser schreiet, so schreiet meine Seele,

---

Der Gottesdienst hatte damals noch viele katholische Gebräuche beibehalten, so die Collecten, das Meßgewand u. a. Erst 1793 wurde alles abgeschafft. Becker's Geschichte Lübecks.

Abgebildet und beschrieben in Jo. Henr. a Seelen: Selecta numismaria etc. und Müller's Lübeckischem Münz und Medaillenkabinet. Es sind auf der Lübecken Stadtbibliothek mehrere Stücke vorhanden, welche die Anfertigung zweier, etwas von einander abweichender Stempel bekunden. Sie wurden in Gold, Silber und Blei geprägt. Mehrere silberne Stücke sind im Familienbesitz.

Gott, nach Dir." Das Sinnbild dieses Psalms ist der springende, nach Wasser lechzende Hirsch."¹ Als solcher findet er sich überaus häufig an den Werken der christlichen Kunst dargestellt, meist allerdings nicht allein, sondern an einen Brunnen springend oder aus einem Brunnenhause herausspringend, mitunter auch im Walde. Das älteste vorhandene Siegel Peter Hinrichs von 1694 zeigt nun auch einen Hirsch, welcher aus einem Brunnenhause im Walde herausspringt, und die gleiche Darstellungsweise befindet sich auf zwei schwarzen Siegeln unter einer Acte zu Eutin, welche die Uebertragung des Hofes zu Rensefeld auf Peter Hinrich's unmündigen Enkel betrifft und von den Vormündern desselben, Ludwig und Johann Hinrich Tesdorpf, im Jahre 1725, 15. October, unterzeichnet ist. Eine solche landschaftliche Darstellung verstößt indessen ganz und gar gegen die Gesetze der strengeren Wappenkunde, welche zu allen Zeiten dem Grundsatz treu blieb, daß das Wappenbild der Eigenart des Flächenschmuckes entsprechend und möglichst einfach darzustellen sei. Dies kommt auch bei den späteren Darstellungen des Wappens vollauf zur Geltung, auf der Denkmünze sowohl, wie am Grabmal zu St. Marien. Da ist überall der springende, goldene Hirsch im blauen Felde, ohne alle Zuthat, dargestellt. Wenige Abweichungen ausgenommen haben alle Nachkommen des Peter Hinrich bis auf die Gegenwart das Wappen in dieser richtigeren, einfachen Darstellung geführt, und dadurch ist es zum Geschlechtswappen geworden; der zweihundertjährige Gebrauch aber hat ihm den vollen Werth eines solchen gegeben."²

Bei der alles durchdringenden Frömmigkeit Peter Hinrich's darf es uns nicht Wunder nehmen, daß er von seinem Umgang alle diejenigen ausschloß, welche sich von dem Gottesdienst, „den Gott und Religion mit Recht fordern", fernhielten. Gottesleugner waren ihm „ein abscheulicher Greuel", und in ihrer Verfolgung sah er eine Gott erfreuliche That; dagegen war er gegen die Anhänger anderer Glaubensbekenntnisse nachsichtig. Er betheiligte sich nicht an den heftigen Parteistreitigkeiten, welche über das Für und Wider der Aufnahme der aus Frankreich vertriebenen Reformirten entstanden. Wie immer und überall die wahre Frömmigkeit sich mit Mildthätigkeit vereint, so lag auch Peter Hinrich nichts mehr am Herzen, als anderen wohlzuthun. Dürftige, Nothleidende fanden in ihm ein warmes Mitgefühl. „Er stand in hohen Ehren bei den Armen, denen er oft mit seinem Vermögen half." „Was ihn dabei absonderlich auszeichnete, war, daß er niemalen etwas von Dank hat wissen wollen, sondern daß er immer auf den Höchsten hinwies, der über uns wohnet und dem wir alles danken".

Seine Freunde rühmten die selbstlose Hingebung, mit welcher er ihre gerechte Sache zu der seinen machte und seine Opferwilligkeit an Zeit und Geld, wenn es zu helfen galt. „Denjenigen, so ihm wehe gethan, verzieh er mit christlicher Liebe; Niemand aber hat er mit Wissen und Willen beleidiget; lieber wetteiferte er in eifrigster Pflichterfüllung mit allen Guten."

Nächst der Frömmigkeit war es die Mäßigkeit, welche Peter Hinrich's Leben regelte. Maßvoll im Essen und Trinken wie im Frohsein, war er

¹ Christliche Kunstsymbolik und Ikonographie des Dr. Helmsdörfer.
² Anhang VI.

in seiner ganzen Lebensweise schlicht und einfach. In der übermäßigen Prunksucht, welcher bisher unbekannte, leichtfertige Vergnügungen auf dem Fuße folgten, sah er einen verhängnißvollen Fehler der Zeit. Sein Haus verschloß er gegen beides. Nur so weit es seine öffentliche Stellung als reicher Rathsherr und Bürgermeister erforderte, entfaltete er einen besonderen Aufwand. Dagegen liebte er den Umgang mit den Männern der Künste und Wissenschaften. „In der Unterhaltung mit ihnen kamen die Strahlen seines hellen Verstandes, seines Wissens zum Vorschein; oft aber auch verhehlte er sein Wissen aus Bescheidenheit."[66] Mit Ausschluß derjenigen Wissenschaften, „so den Menschen von der Religion und Gott entfremden", bezeigte er für alle Zweige derselben einen lebhaften Sinn, was er besonders auch dadurch bethätigte, daß er „viele derjenigen, welche sich ihnen widmeten, mit dem Nothigen ausrüstete", um ihnen das Studium zu erleichtern. Ein Gleiches war mit den Künstlern der Fall. Er war ein großer Kunstfreund, wie Seelen hervorhebt. „Unsere Musen haben ihn als einen tüchtigen und lieben Scholarchen geschätzt, jetzt preisen sie die Liebe, welche er vor aller Welt für die schönen Künste hegt." Er war der Neuerungssucht der damaligen Zeit abhold. Die Denkmäler vergangener Zeiten erfüllten ihn mit Ehrfurcht und „er trat denen entgegen, welche das Alte achtlos vernichten" wollten. Es war die Zeit, in welcher so manches schöne Kunstwerk aus den Kirchen entfernt wurde, weil man in den strengen Formen der Gothik den katholischen Geist zu erblicken glaubte. Andererseits brachten aber auch wieder einzelne Kaufleute aus ihrem Reichthum der Kunst große Opfer, wie Peter Hinrich's Zeitgenosse, der Rathsherr Fredenhagen, welcher das noch heute viel bewunderte und nach ihm benannte Zimmer erwarb und den großen Altar in St. Marien auf seine Kosten errichten ließ.[67]

Während einerseits den Männern der Wissenschaften und Künste im Hause Peter Hinrich's eine gastliche Aufnahme bereitet wurde, war es andererseits ein Kreis ehrbarer Familien, welcher sich daselbst zu Festen oder anspruchslosem Vergnügen zusammenfand. Die Hüppert, Hübens, Severin, Schröder, Woltersdorff, von Lüneburg, Brokes, Rodde, Balemann, Carstens u. A. standen mit der Tesdorpf'schen Familie in Verkehr. Die Jugend durfte dabei nicht fehlen. In dem Verkehr mit ihr fand Peter Hinrich eine stete Erfrischung und Aufheiterung, eine „Hauptquelle herzinniger Freuden." Er ergötzte sich an der Anmuth und der harmlosen Heiterkeit der Jugend, ohne zu ermüden und betheiligte sich gern an den geselligen Spielen der jungen Mädchen und Männer, unter denen Blindekuh mit allerhand schönen Pfändern und Plumpsack die beliebtesten waren.

Peter Hinrich war das alles leitende Oberhaupt wie in der Familie, so in Haus und Geschäft. Er blieb es bis an sein Lebensende. Seine mit ihm arbeitenden, treuen Söhne nahmen nicht Theil am Gewinn und Verlust des Geschäftes, sondern bezogen ein festes Jahresgehalt von 1000 Rchthlr., neben freier Wohnung. Das war für damalige Zeit eine sehr ansehnliche Summe, welche im richtigen Verhältniß zu dem eigenen

---

66) Sagt Jo. Henr. von Seelen. 67) Im Jahre 1697 durch den Italiener Quellino.

Verbrauch des einsichtsvollen Vaters stand. Derselbe betrug 15,000 Mark Lüb. jährlich. Eine solche Summe setzte er wenigstens seiner Wittwe für das Trauerjahr aus, und da es Gebrauch war, dem Hausstande für dasselbe die gleiche Summe zu überweisen, welche vor dem Tode erforderlich gewesen war, so kann dieselbe als richtig gelten.

Peter Hinrich erwarb grosse Reichthümer. Zwar war er von Haus aus nicht ohne eigene Mittel; er hatte ausser 4 Krughäusern in Schwartau und dem Hof bei Rensefeld auch noch eine Geldsumme von seinem Vater geerbt, welche etwa 6000 ₰ Lüb. betrug[*], auch war ihm im Jahre 1679 eine Summe, deren Höhe unbekannt ist, aus der Erbmasse seines Onkels, des Kaufmannes Hartwig Tesdorff in Hamburg, zugefallen[1]; aber den noch bleibt der Erwerb eines Vermögens, welches sich aus der Hinterlassenschaft auf über eine Million Mark Lüb. berechnen lässt, ein erstaunlicher, ja ein geradezu wunderbarer, wenn man die Zeitumstände berücksichtigt und hört, was Peter Hinrich selbst über die damalige Geschäftslage sagt.

Fast während seiner ganzen Lebenszeit herrschten in allen Ländern, mit welchen er in Geschäftsverbindung stand, trübe, wirre staatliche Zustände. Der Handel war allerorten im Niedergang begriffen. Besonders der nordische Krieg, welcher von 1700—1721 mit Heftigkeit von Russland, Polen und Dänemark wider Schweden geführt wurde und mehrfach Lübeck und Umgebung beunruhigte, wirkte höchst nachtheilig auf den Handelsverkehr mit jenen Ländern, in welchen Lübeck das Hauptabsatzgebiet seiner Waaren hatte. Aber auch in anderen Ländern lag es nicht besser. 1718 klagt Peter Hinrich im Geheimbuch: Die Handlung ist fast allerorten mehr und mehr bedrücket, so dass man das Seine nicht nach Willen kann einziehen, wovon schon Proben aus Brasilien, Portugall, Frankreich und Muscovien, insonderheit aber aus Schweden erfahren habe." Ja, die Zeiten werden so schlecht, dass er 1721 die vom Betriebsgelde des Geschäftes im Trauerjahr zu berechnenden Zinsen von 3 aufs Hundert auf 2 aufs Hundert hinabsetzt. Die Entwerthung von Grund und Boden hielt damit gleichen Schritt. Der „Hof bei Rensefeld sammt Acker, Wiesen und Weiden und den 4 Krughäusern zu Schwartau", welche er im Jahre 1712 mit 4000 ₰ einschätzt, sind im Jahre 1718 nur noch 2000 ₰ Lüb. werth, weil „bei jetzigen Kriegszeiten so sehr mitgenommen."[?]

Trotz der Ungunst der Zeiten dehnte sich das Geschäft aber gerade in diesen Jahren überraschend aus. Im Jahre 1712 beträgt das Betriebsgeld 400,000 ₰ Lüb., im Jahre 1718 schon 600,000 ₰ Lüb., und diese grosse Summe wurde in je drei Jahren umgesetzt.[*]

Das De la Fontaine, Vos und Tesdorpf'sche Geschäft bezog seine Weine theils über Holland (Rheinweine) und aus Frankreich, vornehmlich aber aus Spanien und Portugal. Die letzteren Länder lieferten: Malvasier, Alicante, Bastert, Xeres, Oportowein, Canariensect und viele andere Sorten. In Lissabon, dem damaligen Hauptplatz des Weinhandels, besass

---
[*] Geheimbuch. [**] Anhang III, Nächstenzeugniss
[†] Durch den Fürsten Menzikow, welcher auf dem Rückmarsch aus Holstein, den von Kaiser Karl VI. erhaltenen Schutz- und Schirmbrief zum Hohn, die friedliche Stadt und ihre Umgebung arg bedrückte.

die Handelsgesellschaft ein Zweiggeschäft. Demselben stand längere Jahre Peter Hinrich's Sohn Ludwig vor. Als dieser 1717 auf Wunsch seines Vaters nach Lübeck zurückkehrte, um die Stellung seines auf den Tod erkrankten Bruders Hans Jürgen einzunehmen, trat an seine Stelle in Lissabon der spätere Schwiegersohn Peter Hinrich's, Matthäus Rodde,⁷¹) welcher später Theilhaber im Stammgeschäft in Lübeck und Rathsherr und Bürgermeister der Stadt wurde.

„Alldieweil sich die Güter, Gott sey Lob und Danck, mit Segen vermehrten", konnte Peter Hinrich sich auch an andere Unternehmungen heranwagen. Unter diesen sind mehrere Fabriken zu nennen. Das Geheimbuch giebt deren an: eine Seifensiederei mit Oelmühle, eine Zuckerfabrik (welche er 1718 neu aufbaute) und eine „Ahmdammacherei".

Das übrige, nicht im Geschäft thätige Vermögen war angelegt in Schiffsantheilen und Geschäftspfandwechseln⁷²), in Staatsschuldscheinen, bei der Stadtkasse und in dem vielfachen Grundeigenthum, welches er besaß. Ueber die letzteren liegen genaue Angaben vor, welche zeigen, wie hoch damals Geld und wie niedrig Grundbesitz im Werthe stand. Peter Hinrich besaß 3 Häuser. Das Wohnhaus schätzt er im Geheimbuch auf 10,500 ℔ L.; die „gegenüber belegene beide Twastraten Eckhäuser, deren eines mein Sohn Peter Hinrich bewohnt und das andere wüste stehet oder zum Packhaus dienet", zusammen mit 7000 ℔ Lüb. „Das Haus in der Bäckergrube, worin Diedrich Jacobsen vor diesem gewohnt", mit der Seifensiderey und der Oelmühle mit 7500 ℔ Lüb., die Ahmdammacherei mit Garten, Rathen und Hopfenland mit 6000 ℔ Lüb. Ueber die Zuckersiederei an der Alten Fähre fehlt dagegen die Werthangabe, „weil sie von der Handlung nicht separiret werden kann."

Trotzdem Peter Hinrich so überreichlich mit Glücksgütern gesegnet war, blieb er demüthig und bescheiden, mild und freundlich gegen Arm wie Reich. Auch als er die höchsten Würden im Staatsleben erlangt hatte, änderte sich darin nichts. Diese Würden und Ehren faßte er als von Gott geschenkt auf, denn „wenn Gott einer Bürgerschaft oder einem Staate gnädig ist, so lenkt er die Herzen der verordneten Väter so, daß die Stimmen solchen Männern gegeben werden, denen nichts mehr am Herzen liegt, als das Heil und Wohl des Staates". Ganz dem entsprechend wirkte und strebte er im öffentlichen Leben. Niemals ließ er sich von Parteileidenschaft hinreißen; niemals drängte er sein eigenes Ich vor; immer und überall „ließ er sich in seinen Entschließungen einzig und allein von der Rücksicht auf die Wohlfahrt und den Frieden der Bürger und des Staates leiten; immer war er der gemäßigte, strenge Rechtlichkeit und Redlichkeit übende

---

⁷¹) Dieser war 1711 nach Lissabon gegangen, „allwo er bey dem Contoir seiner neuen Handlungsherren de la Fontaine, Vos & Tesdorpf überaus willkommen war. Die vorzügliche Bedingung, welche man ihm dabey einging, bestand darin, daß er, wie gewöhnlich ist, nach Verlauf einiger Jahre mit in diese Handelsgesellschaft treten und alsdann alle dabey erwachsende Vortheile mit genießen sollte. Dieses geschahe einige Jahre später, als er sich vorgestellet hatte. Im Jahre 1722 kehrte er nach Lübeck zurück unter gänzlicher Verwilligung seiner Gesellschafter, und heyrathete Marie Tesdorpf, die Tochter Peter Hinrich's. Siehe Winkler, Nachrichten von Niedersächsischen berühmten Leuten und Familien Hamburg 1769. Bd II.

⁷²) Damals wurde ein Geschäft an sich als Werthgegenstand betrachtet und mit 25—30 und mehr Jahre laufende Geschäfts-Pfandwechsel ausgestellt und gehandelt. Dieselben erbten sich oft von Vater auf Sohn und weiter in der Familie fort. Siehe unter dem Enkel Peter Hinrich's, dem Kaufmann und Rathsherrn Peter Hinrich (1751—1832).

und fordernde Richter, vor dem ein Jeder sein Recht bekam". Das war es, was die Bürgerschaft an dem seltenen Manne hochschätzte und ehrte, und als er am 20. Februar des Jahres 1703 in den Rath gewählt wurde, "geschah es zu nicht geringem Vergnügen der gesampten Stadt". Jacob von Melle sagt darüber: Wie hätte man sich nicht eines solchen, löblichen Regenten von Hertzen freuen sollen, der sich durch seine ungeheuchelte Gottesfurcht, seinen klugen Verstand, seine aufrichtige Redlichkeit und Liebe zur Gerechtigkeit, seine sonderbare Freundlichkeit und Mildigkeit bey jedermann beliebt gemacht hat?[73] Zu allen Zeiten war es für den guten Bürger der freien Städte die höchste zu erstrebende Ehre, in den Rath gewählt zu werden. Damals aber, zu Anfang des 18. Jahrhunderts war es mit der einfachen Wahl und Einführung nicht gethan; es war an dem öffentlichen Leben noch ein gutes Theil von dem Glanz und der Feierlichkeit haften geblieben, mit welchem sich die "gewaltigen Herren" zur Zeit der Hansa umgeben hatten, und Rathswahl wie Einführung bildeten große allgemeine Feste, an denen die Bürger vielfachen Antheil nahmen.

Nach dem Abkommen von 1669 bestand der Rath, welcher sich durch eigene Wahl, meist aus den Vorstehern der staatlich anerkannten bürgerlichen Collegien ergänzte, aus 16 Rathsherren und vier Bürgermeistern. Hatte der Rath die Wahl entschieden, so eilten die Rathsdiener in das Haus des Neuerwählten und beschieden ihn zum Bürgermeister.[74] Derselbe nahm ihn in Handschlag, bei Meidung der Strafe und 20 Mark Gold das Haus nicht eher zu verlassen, als bis der Rath ihn rufen lasse. Am folgenden Tage versammelte sich dann der Rath um 9 Uhr auf dem sogenannten "langen Haus" hinter St. Marien. Dahin war auch der Neuerwählte durch den Gerichtsschreiber, den Marschall, den Raths-Schaffer und den Hausschließer geführt worden. Von dort begleiteten ein Bürgermeister und mehrere Rathsherren das neue Mitglied in seine Wohnung, und um 11 Uhr wurde daselbst ein gemeinschaftliches Gastmahl gehalten, zu welchem auch die ganze Freundschaft geladen war. Reichlich beschenkt und tüchtig gestärkt durch Speis und Trank ging darauf um 3 Uhr der neue Rathsherr zwischen dem Bürgermeister und einem Rathsherrn "wie ein Bräutigam" in die Marienkirche. Daselbst waren Bürgermeister und Rath und viel Volk versammelt. Hier wurde gebetet und dem neuen Rathsherrn der Platz angewiesen; dann ging die Gesammtheit wohlgeordnet auf's Rathhaus und vollzog die Vereidigung. Nun war der Neuerwählte vollgültiger Rathsherr; aber ehe er in nutzbringende Thätigkeit treten konnte, lag ihm noch die schwere Pflicht ob, 14 Tage lang eine Gasterei nach der anderen mitzumachen, bei welchen der neue Rathsherr sich zwar hochgeehrt, der rathsherrliche Magen sich aber oft recht jämmerlich fühlte.

Auch noch in anderer Weise mußte der neue Rathsherr Manches erdulden. Die Gelegenheitsdichterei stand damals in hoher Blüthe, und

---

[73] Das könnte klingen wie Lobhudelei; daß dem ehrenwerthen Jacob von Melle aber so etwas sein lag, beweist ein auf der Stadtbibliothek zu Hamburg aufbewahrtes Exemplar des Melle'schen Nachrufs mit handschriftlichen Randbemerkungen eines Zeitgenossen des Peter Hinrich. Da steht unter obigen Worten bemerkt: "Ist alles wahr! In diesem ganzen Abschnitt ist nicht zu viel gesagt." Dagegen bemerkt dieselbe Hand bei dem Sohne Ludwig: "Ein Geiz-Halß, der sich von seinem übergroßen Reichthum kein guten Bissen geschaffet."
[74] Lübeckische Chronik (Aschenfeldt 1842).

es ließ sich eine Anzahl Freunde oder unterthäniger Diener nicht gern die Gelegenheit entgehen, ihrer Freude über die Rathswahl, beziehungsweise ihrer Ergebenheit für die neue Wohlweisheit in schönen Versen Ausdruck zu geben. Peter Hinrich mußte 16 solcher Gedichte über sich ergehen lassen. Der ehrwürdige Pastor Lebermann leistete das folgende:

Herr Tesdorff nicht ein Dorff nein Stadt voll Segen
Weil Gottes Wort sein Schutz, sein Licht, sein Hort,
Zieht Himmelab dir reichen Segen-Regen
Zum Glück daß nie kein Unglücks-Mord ermorde, u. s. w.

Ein höchst gewichtiges und mit noch mehr Förmlichkeit umgebenes Ereigniß im Rathsleben war die „Rathssetzung", [71]) welche in jedem Jahre um Petri stattfand. Zu dem Zwecke versammelte sich der Rath zu mehreren Malen in den Zirkelstühlen im Chor von St. Marien, ging von dort feierlich auf das Rathhaus, stärkte sich daselbst wiederholt an „einigen Stübgen Wein" und vollzog dann die Umsetzung. „Ist sie vollstrecket und sind also alle Officia bestätiget, so wird sämmtlichen Herren Glück, Heil, Gesundheit und Gottes Gnade gewünscht mit fleißiger Vermahnung, daß ein jeder in seinem Officio der Stadt Bestes wolle in Acht nehmen und befördern." Die amtlichen Sitzungen des Raths wurden in „Vormittags- und Nachmittagswort" unterschieden; erstere waren die gewöhnlichen Rathssitzungen, letztere die Nachmittags beim „Obergericht oder in Audienz" gehaltenen. Bei beiden fehlte es nicht an einigen Stübchen Wein, welche der jüngste Actuarius hinter einer spanischen Wand den ehrwürdigen Herren dann und wann zur Aufmunterung darreichte. Endlich wurde noch alljährlich die „Abkündigung der Bürgersprache", d. h. das Verlesen obrigkeitlicher Vorschriften und Ermahnungen durch den leitenden Bürgermeister von den offenen Fenstern des oberen Rathhauses am Markt mit feierlichem Aufzug und vielem Volkszulauf öffentlich begangen.

In die Zeit, während welcher Peter Hinrich im Rathe saß, fallen vielfache Ungelegenheiten durch Aufruhr und fremde Kriegsvölker. Die sonst so friedliebenden Lübecker ließen sich damals nicht gern eine Gelegenheit entgehen, wo sie dem Rath etwas „abtrumpfen" konnten. Peter Hinrich war noch nicht ein halbes Jahr im Rath, als der mit ihm zu gleicher Zeit gewählte Rathsherr Gotthard Plönnies, welchem das Amt eines Kriegscommissars übertragen war, es wagte, am 19. Juni die rechtzeitige Schließung der Thore durchzuführen, obwohl alljährlich an dem Tage die Thore bis spät in die Nacht offen blieben, um die außerhalb des Mühlenthores stattfindende, althergebrachte „Ergötzlichkeit des Vogelschießens" nicht zu beeinträchtigen. Als um 9¾ Uhr das Thor wirklich geschlossen und die Zugbrücke aufgezogen wurde, befand sich noch ein großer Theil der Festfreudigen außerhalb der Stadtmauern. Mit der Zeit bemächtigte sich der draußen Harrenden eine furchtbare Wuth; man tobte und schrie und schickte sich allen Ernstes an, das Thor zu stürmen. Doch ein endloser Platzregen verhinderte das Vorhaben. So wartete man bis Mitternacht, als endlich der Bürgermeister das Thor öffnen ließ. Am nächsten Tage wurde der Raths-

---

[71]) Tagebuch des lübeckischen Rathsherrn Otto Brokes, 1701—1712. Zeitschr. d. Vereins f. Lübeck. Geschichte.

herr Plönnies für einen Feind der Stadt erklärt und durch die Aeltesten der Collegien seine Absetzung verlangt. Das Volk ergötzte sich mittlerweile daran, des Plönnies Haus mit einem Steinhagel zu überschütten, zu erstürmen und alles kurz und klein zu schlagen. Der Rath war in einer sehr üblen Lage. Er schlug den Weg der Mäßigung, des Rechtes vor; allein das wüthende Volk hörte auf keine Vernunft, es verlangte Absetzung, und der Rath mußte schließlich nachgeben. Aber auch sonst noch hatte der Rath eine schwere Zeit. Der Staatssäckel krankte an völliger Erschöpfung. Dennoch mußten die Besatzung verstärkt und die Wälle wieder hergestellt werden; denn der nordische Krieg wurde nicht allein in Livland, sondern auch in Lübeck's Nähe ausgefochten. Häufig mißachteten die fremden Kriegsvölker die Thatsache, daß Lübeck am Kriege unbetheiligt war und nahmen eine bedrohliche Haltung an. Der Rath klagte 1712 darüber beim Kaiser; aber derselbe besaß keine Macht mehr und konnte die geängstigte Stadt nicht schützen. So konnte der schwedische General Steenbock den Krieg ungestraft auf lübeckischem Gebiet weiter führen, während die Russen unter Menzikow 120,000 ℔. von der Stadt erpreßten, Travemünde besetzten und den Handel lange Zeit beunruhigten. Erst nach 1721 trat ungestörte Ruhe ein.

In solcher Zeit bedurfte die Stadt Männer im Rathe, welche ebenso treu und eifrig, wie gerecht, einsichtsvoll und maßvoll ihres verantwortungsvollen Amtes walteten, und als ein solcher bewährte sich unser Vorfahre Peter Hinrich Tesdorpf, welcher am 20. Februar 1715 zu der Würde eines Bürgermeisters erhoben worden war.

Es ist nur mit großer Schwierigkeit und meist ganz zufällig herauszufinden, welchen Abtheilungen in der Verwaltung Peter Hinrich vorgestanden hat. Es ist nichts Näheres darüber bekannt, als daß er von 1723—1727 Vorsitzender der Baudeputation⁷¹) und längere Jahre in der Schulcommission war. Wie schon oben erwähnt, widmete Peter Hinrich der öffentlichen Schule eine besondere Aufmerksamkeit. Er sah in ihr ein wirksames Mittel zur Hebung der allgemeinen Sittlichkeit, und er unterstützte den ehrbaren Rector von Seelen in kräftigster Weise in seinen Bestrebungen, die Schüler auf die Pfade der Tugend zu leiten. Aber die liebe Jugend war, wie von Seelen dem Rath in einer langen Klagschrift berichtete, in nichts tüchtiger als im Schneewerfen, Wändebeschmieren und Händelsuchen — besonders mit den Kaufmannsburschen, den verhaßten „Heringsnasen" — im Schlagen, Schelten und — im Pfeifen, während sogar einige „argem Gesöff" nachgingen, sich höchst auffällig kleideten (in rothe und blaue Mäntel, mit allerhand fremden Mustern von Haaren, mit Stiefeln und Sporen erschienen und ganz und gar das Universitätsleben nachäfften.⁷²) Es erforderte große Anstrengungen, dieser und anderer Ausschreitungen Herr zu werden.

Ein Zeichen von Peter Hinrich's Opferwilligkeit als Bürger findet sich in dem Jubelgedichte, welches Christian Partite anläßlich der Bürgermeisterwahl

---

⁷¹) „Von den 4 Bürgermeistern sollten drey in der praxeos wohlerfahrene oder sonst bekannte Gelehrte und ein erfahrener wirklicher Kaufmann sein.
⁷²) Laut liebenswürdiger Mittheilung des Herrn Senator Dr. Brehmer zu Lübeck.
⁷³) Im Jahre 1739 erschienen die Schüler mit Degen an der Seite und verlangten laut die Erlaubniß zum Tragen derselben, „wie das allerorten so auch in Hamburg verstattet sei".

verfaßte. Partite sagt, daß (Peter Hinrich) „dieser kluge Mann zu des Kellers (Rathskellers) bestem Nutz den Vorschuß selbst gethan". Zu Michaelis 1704 war nämlich der Pächter des Rathskellers, Johann Weygand, abgetreten und hatte alle Weine mitgenommen. Der Stadtkasse fehlte es an Geld, Weine anzuschaffen, und der Rath kam in große Verlegenheit, bis endlich eine Anleihe bei „Privaten und Beamten" in der Höhe von 45,000 ℔ zu Stande kam und wieder ein Kellerhauptmann wie früher eingesetzt wurde. Peter Hinrich gab in der Zeit der Noth von seinem Wein her, worauf sich Partites Worte beziehen.

Peter Hinrichs Gesundheit war nicht die beste. Oft zeigte sich seine Willenskraft stärker als seine Körperkraft. Im Jahre 1712 wurde er von einer schweren Krankheit befallen, von welcher er nur langsam genas. In den letzten Jahren seines Lebens wurde er durch „überaus heftige Steinschmerzen geplagt". Dieselben nahmen mit der Zeit so zu, daß es ihm unmöglich wurde, ferner das Bett zu verlassen. Ein beschwerlicher, bei dem Leiden um so schmerzhafterer Husten gesellte sich hinzu und gestaltete das Krankenlager zu einem wahren Marterbette. In diesem bejammernswerthen Zustande lag er fast ein ganzes Jahr. Aber keinen Augenblick verließ ihn die große Geduld, welche ihn immerdar ausgezeichnet hatte; mit christlicher Gelassenheit ergab er sich in das von Gott Gefügte, seine Dankbarkeit gegen Jeden bekundend, der ihm Liebe bezeigte. Die Kräfte nahmen mehr und mehr ab. Die Wissenschaft des vielerfahrenen Physicus Dr. Joh. Georg Tausch konnte hierin nichts ändern. Noch hatte er das Glück, seine Lieblingstochter Marie, die „Sonne seines Hauses", am 30. August 1723 in den heiligen Ehestand treten zu sehen mit seinem geschätzten, jungen Geschäftstheilhaber und Freund Matthäus Rodde, einem Nachkommen des edlen Matthäus Rodde, zu welchem der 15jährige Peter Hinrich einst in die Lehre gegangen war. Bald nach diesem freudigen Ereigniß stellten sich die Zeichen der beginnenden Auflösung ein. Peter Hinrich fühlte selbst sein baldiges Ende herannahen, und er trug demselben ein sehnsüchtiges Verlangen entgegen. Er hatte das Leben ausgelebt und begehrte nichts mehr, „als dieser mühseligen Welt enthoben und in die ewige Freude versetzt zu werden".

Noch zu verschiedenen Malen nahm er auf dem Krankenbette das Abendmahl aus den Händen des ehrwürdigen Seniors Jacob von Melle. Als er dann den Tod herannahen fühlte, nahm er Abschied von allen irdischen Dingen und bereitete sich gänzlich auf den Himmel vor. Aber der Körper war zäh und rang einen harten Kampf mit dem Tode. So kam das Weihnachtsfest des Jahres 1723 heran. Der Kranke sah ihm mit herzlicher Freude entgegen, „denn er glaubte, daß der heilige Abend sein Geburtstag für die andere Welt sein werde".

Feierliche Stille lagerte über dem weiten Hause, in welchem sonst um diese Zeit der Jubel der Enkelkinder erschallte, wenn sich die große, glückliche Familie um die strahlenden Lichter des Weihnachtsbaumes schaarte. Der vielgeliebte Kranke hatte gewünscht, daß sich an diesem Abend der ganze Kreis seiner Lieben um sein Krankenbett versammeln möge; aber sein Wunsch konnte nicht mehr erfüllt werden; schon waren die Kräfte zu sehr im Abnehmen begriffen. Nur die Nächststehenden traten ein. Da lag der gebrochene Körper in den weichen Kissen und schien schon dem Tode anheimgefallen. Nur die Augen verriethen noch die ungebrochene Kraft des Geistes. Ruhig, milde, ernst blickten sie umher und ruhten lange mit Wohlgefallen auf den Einzelnen. Dann bedeutete er ihnen, näher zu treten, nahm von einem Jeden in ruhiger Fassung Abschied und ließ sich endlich mit ihnen Allen im Verein das heilige Abendmahl reichen. „Während dessen befiel ihn eine tödtliche Schwachheit, welche das Ende zu bedeuten schien. Als aber der Beichtvater sich über ihn beugte und ihn frug, ob er noch vernehmen könnte, was ihm vorgehalten werde, antwortete er ganz deutlich: „Allerdings". Dieses war das letzte Wort, welches man aus seinem Munde hörte. Dann ist er in sanften Schlaf verfallen, aus dem er nicht mehr erwachte. „Als der Morgen des dritten Feiertages anbrach, hat sich gegen 6 Uhr der Geist sanft und ohne Empfindung einiger Todesangst vom Körper gelöset und ist übergegangen zum besseren Leben, auf dessen Eingang er sich bis zum letzten Athemzuge mit Hoffnung und Zuversicht gefreut hatte." —

Die Kunde von dem Hinscheiden des geliebten Mannes hatte nicht sobald die Stadt durcheilt, als zahlreiche Freunde und Verehrer des Verblichenen herbeikamen, um der irdischen Hülle desselben die gebührenden Ehren zu erweisen. Schon am Tage darauf wurde die Leiche nach St. Marien überführt, wo sie, in der Leichenkapelle aufgebahrt, der letzten Todtenfeier wartete.

Am 7. Januar 1724 sangen die Glocken von sämmtlichen Thürmen der Stadt ein wehmüthiges Trauerlied. Die Thüren von St. Marien standen weit offen; sie waren umstellt von den Stadtarmen und denjenigen, welche der Freigebigkeit des Verblichenen dankbar gedachten. In der Kapelle, in welcher der altbekannte Todtentanz an die Vergänglichkeit alles Irdischen mahnt, stand der schwarze Sarg hoch aufgebahrt. Er war bedeckt mit einem schwarzen Tuch mit breitem silbernem Bandkreuz und geziert mit dem Tipf, dem Abzeichen des Bürgermeistersarges. Zur Seite flimmerten mächtige Wachslichter; der Boden war mit Blumen bestreut. Den Sarg umstanden die Hinterbliebenen, die Bürgermeister, der Dompropst, der Dekan, der Superintendent, der Syndicus, die Doctores des Rechtes und der Heilkunst, der Senior nebst den Pastoren und Amtsbrüdern, die Senatoren, der Protonotar, die Secretaire und eine große Anzahl von Freunden und Verwandten. Feierlich durchhallten die Töne der Orgel die weiten Gewölbe der unvergleichlichen Kirche und verklangen in wehmüthiger Klage. Dann trat der greise Prediger Jacob von Melle an den Sarg und schilderte das ruhmreiche Leben des Verstorbenen. Er ehrte in ihm „den Trost seiner Familie, die Zierde des Staats, den Beschützer der Musen, den Liebling der Bürger, den Vater der Armen, das Muster ungeheuchelter Frömmigkeit und das seltsamste Beispiel von Tugend und Tüchtigkeit." Darauf wurde der schwere Sarg von der Bahre gehoben und unter Glockengeläute und Orgelklang zur gegenüberliegenden Grabkapelle getragen, in welcher die irdische Hülle des edlen Mannes ihre Ruhe finden sollte.

Die kleine Grabkapelle in St. Marien, welche neben der Thür liegt, "da man nach den engen Kram-Buden hingehet", ehemals "dat Vincken bur" genannt, hatte Peter Hinrich am 16. Mai 1714 gekauft.[7] Im Jahre 1720 verehrte er der Kirche 300 Mark zur Unterhaltung dieser Kapelle. Zur Seite derselben, den breiten Wandpfeiler durchbrechend, in doppelter Manneshöhe über dem Fußboden, ist das schöne Grabdenkmal Peter Hinrich's angebracht. Dasselbe ist von einem italienischen Meister gefertigt. Es verräth denselben Geist wie der große Altar des Quellino. Der bauliche Theil aus tiefschwarzem Marmor mit einigen bunten Einlagen zeigt die Formen des Barockstils. Die Gestalten sind aus weißem Marmor gemeißelt. Es ist das Grabdenkmal eines der wenigen aus der damaligen Zeit, welche bis auf das die Mitte einnehmende Bildniß des Verstorbenen ganz aus diesem kostbaren Gestein hergestellt sind.

Das Bildniß Peter Hinrich's, eine Wiederholung des unten beschriebenen, im Familienbesitze befindlichen, ist von einem goldenen Rahmen umgeben. Oberhalb desselben sitzt eine Frauengestalt, der Glaube (Pie), mit Kreuz und Räucherfaß, umschwebt von geflügelten Engelsköpfchen; zur Linken und Rechten sitzen, in vielfaltige, klassische Gewänder gehüllt, zwei andere weibliche Gestalten, welche mit den Merkmalen der Rechtschaffenheit (Honeste) dem Spiegel, beziehungsweise der Mäßigkeit (Temperanter): Trinkschale mit Kanne (in der Auffassung, daß dem Weine Wasser zugefügt wird) behaftet sind. Unterhalb des Bildes ist das Wappen angebracht und eine Tafel mit folgender Inschrift:

Petrus Henricus Tesdorff, Reip. Lubecensis Consul, natus an. MDCXLVIII, XXI Nov. et Senatoria in hac urbe dignitate ab an. MDCCIII Consulari ab an. MDCCXV gavisus vitam, felici nominis auguris, Pie, Honeste, Temperanter, actam, an. MDCCXXIII. XXVII Decembris beate finiit aet. LXXVI.

Den oberen Abschluß des ganzen Denkmals bildet der Tod mit Sense und Stundenglas in hingestreckter Lage, den unteren ein Todtenkopf mit gekreuzten Schlüsselbeinknochen.

Außer der Grabkapelle besaß Peter Hinrich, seit dem Jahre 1694, noch eine Gruft in St. Marien, welche im Mittelschiff vor der Taufe gelegen ist und die Nummer 368 trägt. Das neue Steinbuch von St. Marien giebt als Kaufpreis 630 ℔ Lüb. und 40 ℔ Lüb. Kirchengebühr an. Der Verschlußstein mißt 10 Fuß bei 7 Fuß.

Ein gothisches Schriftband läuft am Rande entlang, an den Ecken unterbrochen von den Zeichen der 4 Evangelisten. Die Mitte trägt die Inschrift:

Peter Hinrich Tesdorff
und Seinen Erben
Erblich A° 1693
Alle die Gott ..... alle die an ihn glauben .... ewige Leben haben.[7a]

---

[7] Kaufvertrag siehe Anhang 7 und Gräberbuch von St. Marien fol. 342, Nr. 451. Die Stadt ließ 100 Jahre später das dem Enkel Peter Hinrich's, dem Bürgermeister Johann Matthäus Tesdorpf, geweihte Denkmal in dieser Kapelle aufrichten. Im Jahre 1887 wurde dieselbe durch die Opferwilligkeit der gesammten Familie in würdigen Stand gesetzt. Die Kapelle ziert das Geschlechtswappen in 1½ Meter Höhe bei 2 Meter Breite in Holzbildhauerei.

[7a] Ev. Joh. 3. 16 "Also hat Gott die Welt geliebet, daß er seinen eingeborenen Sohn gab, auf daß alle, die an ihn glauben, nicht verloren werden, sondern das ewige Leben haben."

Das Uebrige ist im Laufe der 200 Jahre bis zur Unkenntlichkeit fortgetreten. In beiden Grabstellen sind zusammengenommen nahe an achtzig Mitglieder der Familie beigesetzt, bis im Jahre 1832 dem ferneren Beisetzen in St. Marien behördlicherseits Einhalt gethan wurde.[*)]

Es hat sich im Familienbesitze ein ausserordentlich schönes Oelbildniss Peter Hinrich's erhalten.[°)] Dasselbe stellt unseren Vorfahren in der Bürgermeistertracht der damaligen Zeit dar. Das schwarze weite Gewand mit breitem, braunem Pelzbesatz hebt sich nur wenig vom dunklen Hintergrund ab. Der weiche, breite, aus „feinster Leinwand von Cambray"[¹¹)] gefertigte Bürgermeisterkragen liegt flach auf und ist nur wenig gefaltet. Auf ihm ruhen die Flügel der mächtigen Allongeperrücke, welche das bartlose Antlitz umrahmt. Dasselbe leuchtet in seinen frischen Farben aus der Umgebung hervor. Unter der grossen freien Stirn blicken die ruhigen, klaren, leicht umfalteten Augen ernst, gedankenvoll und milde auf den Beschauer. Die Nase, welche an den Flügeln kräftig auslädet, ist scharf geschnitten, ziemlich lang und spitzig. Der festgeschlossene, in den Mundwinkeln etwas heruntergezogene Mund mit den schmalen Lippen verräth Willensstärke und Entschlossenheit. Die Entwickelung des Kinns ist eine dementsprechende. Das ganze Bildniss athmet Lebenskraft, Klugheit und würdigen Stolz. Es ist das Werk eines grossen Meisters. Leider ist der Name desselben nicht bekannt.

Peter Hinrich's letztwillige Verfügungen.

Peter Hinrich hinterliess einen eigenhändig geschriebenen, umfassenden letzten Willen, dessen erster Theil vom 13. Mai 1712 herrührt. Seine Ausdrucksweise ist schlicht und markig; die Verfügungen sind klar und zweifellos, umsichtig und wohl überlegt. In allem zeigt er sich als der Mann des weiten Blicks, des wahrhaft frommen Sinnes und der peinlichsten Gerechtigkeit gegen ein jedes seiner Kinder, wie gegen alle, die ihm nahe standen. Jedes Jahr legte er seinen Verfügungen einen „Theilungs-Receß" bei, „aus welchem ein jeder meiner Erben accurate wird sehen können, was er nach meinem (Gott gebe sel.) Ableben aus meinem Nachlasse zu gewarten hat."

Der letzte Wille beginnt also:

„Im Namen der heiligen und hochgelobten Dreyfaltigkeit. Amen! Demnach ich, Peter Hinrich Tesdorpf, dieser Stadt Rathsverwandter, bey herannahenden meinem Alter bei mir christlich erwogen, daß es ein Ende mit mir haben und mein Leben ein Ziel erlangen müsse, daß also der Tod gewiß, die Stunde aber des Todes ungewiß sey, so habe bey annoch fortwehrender meiner guten Gesundheit und Kräften bei Zeiten mein Hauß bestellen und damit nicht unter denen Meinigen Uneinigkeit entstehen möchte, über meine von Gott verliehene zeitliche Güter meine letzte Willensdisposition und Testamentum verfassen und auffrichten wollen

---

[*b)] In Nr. 362 wurden am 10 Mai 1832 noch der Bürgermeister Peter Hinrich Tesdorpf und seine Gattin, geborene Bolten, beigesetzt. Es war ziemlich die letzte Beisetzung in St. Marien. Die Gruft blieb 1868, als viele Grüfte ausgenommen wurden, unberührt.
[°)] Im Besitze des Herrn Kraft Tesdorpf in Lübeck.
[¹¹)] Willebrand, Lübecks Annehmlichkeiten für einen Ausländer beschrieben. 1774.

und berichten wollen und zwar zuvörderst befehle ich meine durch Christi Blut und Tod neu erlösete Seele, wenn sie durch den Tod von meinem Leibe abgesondert seyn wird, in die Hand dieses meines Erlösers und Seligmachers Jesu Christi und bitte denselben herzinniglich, daß er sie ewig in seinem Reiche erfreuen wolle."

Dann giebt er, wie üblich, an der Stadt Wege und Stege auch Tiefe und Graben 100 ₰ L., ferner dem Kinderhause und den Armen zu St. Annen je 2000 ₰ L., denen im Marien Magdalenen und Burg Kloster 1000 ₰ L., dem Unsinnigen Hause 100 ₰. Die Kirche zu Reinfeld, in welcher er „die heilige Tauffe empfangen" hatte, erhält 700 ₰. Die Zinsen davon sollen theils für den Prediger und den Küster, theils für Erhaltung des Altars, der Orgel und der Uhr verwandt werden. Der Stadtbibliothek gedenkt er mit 100 ₰ L. Für die Priester-Wittwen und die Vorsteher von St. Marien setzt er je 500 Rthlr. aus. Außerdem vermacht er „ad pias causas" 24,000 ₰ „darüber die Herren Testamentarien nebst meinen Söhnen nach Gutbefinden disponiren mögen."

Des Ferneren gedenkt Peter Hinrich seines alten Dieners Lorentz mit 100 ₰ „als wohlverdiente Zulage zu seinem Lohn" und der Amtsschreiberin Pohlen mit 1000 ₰. (Sie war die einzige Tochter der Schwester Peter Hinrich's, Johanna Felicitas, welche den Pastor Nordanus zu Sandesneben geheirathet hatte. Seit 1728 lebte die Wittwe Pohlen in dem Hause Peter Hinrich's an der großen Altenfähre, welches zur Zuckerfabrik gehörte.) Im Jahre 1711 am 16. Mai kaufte er einen „perpetuellen Proven" für eine Person im Burgkloster. Es war dies die Wohnung im Hofe, welche mit Nummer 50 bezeichnet ist. Der Pröven, wünscht der Stifter, möge „allezeit zu Gottes Ehren und der dürftigen Anverwandten Sustentation" angewandt werden. Für Beschaffung von Speise, Holz und Kohlen verbesserte er den Pröven noch um 5000 ₰ L.

„Da sich aber der Segen des Herrn weiter reichlich bei mir eingefunden (davor ich ihm herzlich danke)", errichtete er im Jahre 1712 eine **Stiftung für die nothdürftigen Wittwen und Waisen in der Familie.**

Diese wohlthätige Stiftung[3], welche noch heutigen Tages besteht, hat ein Grundvermögen von 30,000 ₰ L., zu welchem 10,000 ₰ aus dem Posten „ad pias causas" durch die Testamentarien hinzugelegt wurden. Die Zinsen der ersteren Summe werden ausschließlich an nothdürftige Wittwen und Waisen in der Familie oder, wenn deren keine vorhanden, an andere christliche nothleidende Wittwen vertheilt. Die Zinsen der letzteren Summe werden nach Gutbefinden der Verwalter[4] zu milden Zwecken verwendet. So trägt Peter Hinrich's Wirken noch bis in die fernste Zukunft segensreiche Früchte.

Als Schlußverfügung wird angeordnet, daß alles ein Jahr „in seinem vorigen Stehr unverändert, wie bei meinem Leben" zu bleiben hat, dann

---

[2] Der Kaufvertrag ist abgedruckt in Dr. Hach's Zur Geschichte des Burgklosters in Lübeck, in der Zeitschrift des Vereins f. Lüb. G. & A. 1884.
[3] Verzeichniß der privaten Wohlthätigkeits-Anstalten im Lübeck'schen Freistaate.
[4] Bestehend aus einem vom Staat ernannten und einem der Familie Tesdorpf angehörigen Verwalter. z. Z. Kraft Tesdorpf in Lübeck.

aber soll die Hinterlassenschaft in genau gleichen Theilen unter seinen Erben vertheilt werden. Die Brautgeschenke, das Eingebrachte, die Neujahrs-, die Weihnachtsgeschenke und sonstiger Schmuck sind vorab zu nehmen. Das Silbergeräth soll in gleichen Theilen nach Gewicht vertheilt werden, das ungeschnittene Bollzleinen nach dem Maße. Seiner Wittwe verbleibt das „jetzige" Wohnhaus (1712) mit dem Hausgeräthe, dem Kupfer, Zinn und Messinggeräth „sammt den 4 großen Lagerfässern, so zwischen den 4 Pfeilern" im Keller liegen*), sowie das Bett und ungeschnittene Bettgewand. Den Hof bei Rensefelde und die 4 Krughäuser in Schwartau vermacht er seines seel. Sohnes Peter Hinrich ältestem Sohne, und „soll nichts davor angesetzet werden." Dies war der wiederum Peter Hinrich genannte, absonderliche, „gelehrte" Kaufmann, welcher den „Vogel Colibrit" in Versen besang. Linien Tesdorpf Rücker und Meyer. Noch erfahren wir, daß ein jedes Kind 6000 f als Hochzeitsgabe erhalten hatte, welche aber einem jeden Theil auf seine Erbmasse angerechnet werden sollen, wie auch alles, was darauf verwendet ist, mit Ausnahme der Studienkosten des Sohnes Johann Christoph, derjenigen Kosten, welche die Lehrzeit des Sohnes Ludwig in Hamburg verursacht hat und der 500 f, welche sein Sohn Gottlieb Friedrich „in Ansehung seines kränklichen Zustandes und schwachen Leibes vorabnehmen soll." Letzterer starb aber schon im Jahre 1713. Endlich sollen sämmtliche Erben pro rata ihres Antheils „allen Schaden mittragen helfen, welcher die in der Fremde liegenden Lager-Waaren durch ungewöhnliche Unglücksfälle von Hoher Hand oder bösen Leuten trifft."

Alle die, welche das Testament anzugreifen wagen, werden mit acht Schilling 4 ₰, abgesondert und geschieden, und deren Antheil soll unter die Friedlichen vertheilt werden. Dagegen setzt er denjenigen Erben, „die sich zu Rechte die Nechsten zeugen lassen", statt der im Stadtrecht verordneten 8 Schilling 4 ₰, einen Portugaleser aus.

Die Vollstrecker des letzten Willens waren Se. Magnificenz der Bürgermeister Adolf Matthäus Rodde und der Rathsverwandte Dr. jur. Hinrich Balemann. Sie erhielten ein jeder 200 Loth Silber (zu 2 f C.) und 100 Ducaten in Gold für ihre Mühwaltung und „sollen sie strenge darauf achten, daß dem Testament und den übrigen Verordnungen nachgelebet werde."

Die Aechtheit des letzten Willens bezeugten die ehrbaren Herren Bürgermeister Joachim Lüder Carstens und Rathsverwandter Anton von Lüneburg. †)

---

*) Unter Mengstraße Nr. 33 befinden sich im Keller 4 Wandnischen durch 4 Pfeiler gebildet. Siehe weiter unten.

†) Der letzte Wille, welcher sich aus dem Schembuch ergänzt, enthält noch manche andere mittheilenswerthe Einzelheiten. Im Zusatz von 1718 heißt es: Der Höchste, welchem ich herzlich davor zu danken habe, hat meine Handlung durch heutige Mit-Arbeit meiner beyden Söhne Peter Hinrich und Hans Jürgen ferner gesegnet. 1721 sagt er hinzu: Weilen aber dem Allwissenden Gott nicht gefallen hat, meinen beyden Söhnen Peter Hinrich und Hans Jürgen das irdische Leben so lange zu fristen, daß sie meine väterliche Disposition nach meinem Absterben erfüllen können. So will auch solcher göttlichen Schickung mich in kindlicher Gelassenheit unterwerfen und ihnen die himmlische Freude, so aller Welt Schätzen weit vorzuziehen, gerne gönnen, Gott bittende, daß ich durch eine solche Nachfahrt zu seiner Zeit mit ihnen im ewigen Leben vereiniget werden möge.

Zweiter Theil.

Von der Theilung des Geschlechtes in zwei und später in fünf Linien bis zum Jahre 1806 (Erstürmung Lübecks).

Kurze Uebe
welche fi
die Gege

Johann Christoph, geboren 1785, gestorben 1857,
Landwirth in Holstein
verheirathet mit Sophie Maria Meyer

(Linie Tesdorpf-Meyer)

Adolf, geborer   **Wilhelm**, geboren 1812.   **Theodor Ferdinand**, gebor
Kaufmann in Hambur anemark, Besitzer von Saedingegaard auf Lolland,   Kaufmann in Hamburg
verheirathet mit The spater Rentner in Hamburg.   verheirathet mit Freya Caroline Ado
                      mit 1. Marie Henriette van Scherpenberg.
                      2. Latitia Romalina Jacoby   1. **Gustav Theodor**, gebor
                         Der zweiten Ehe entsproß: Doctor juris, Amtsrichter in H
                      4. **John Daniel**, geboren 1875,   verheirathet mit Helene Therese
   D..   Schüler in Lubeck
Marie Ihn   2. **Oscar Louis**, geboren
                                                               Kaufmann in Hamburg
                                                               verheirathet mit Marie Elisabet
'n
                                                               a. **Oscar Theodor**, gebore
   er und   b. **Hartwig**, geboren 1886
   t in Berlin,
   nn

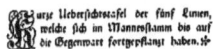

Kurze Uebersichtstafel der fünf Linien, welche sich im Mannesstamm bis auf die Gegenwart fortgepflanzt haben.

Aus erster Ehe mit Frau Dorothea Wohnsdorf entsproß:

Peter Henrich, geboren 1661, gestorben 1725.
Kaufmann in Lübeck,
verheirathet mit Catharina Gödens

Peter Henrich, geboren 1712, gestorben 1778.
Kaufmann in Lübeck, Vorsteher des Gotteskastens, Geschworener zum Gabelen,
verheirathet mit Elisabeth Dorothea Bauser

Peter Henrich, geboren 1751, gestorben 1832.
Kaufmann in Lübeck, Rathsherr und Bürgermeister,
verheirathet mit Maria Margaretha Jolten

Friedrich Jacob, geboren 1781, gestorben 1842.
Kaufmann in Hamburg, Oberalter,
verheirathet mit Dorothea Röder

(Linie Teodorpf=Rücker)

Adolf, geboren 1811
Kaufmann in Hamburg Reederei
verheirathet mit Therese Maaß

Eduard, geboren 1817
Landwirth in Dänemark, Besitzer der Güter Dornsgaard, Gestellsmark, Paterburg und Söller-Hastruppgaard auf Alsen und Petersdal auf Jünger-Hastruppgaard,
verheirathet mit Mari Juhl

1. **Eduard Friederich Jacob**, geboren 1854,
Landwirth in Dänemark, Kammerrath,
verheirathet mit Sophie Lassen
2. **Adolf**, geboren 1856,
Landwirth in Dänemark, Kammerrath

Wilhelm, geboren 1812.
Landwirth in Dänemark, Besitzer von Maxinggaard auf Alsen, später Brauer in Hamburg,
verheirathet mit 1. Marie Henriette van Scheramberg,
2. Louise Rosalline Jacobi

Der ersten Ehe entsprossen:
1. **Alfred**, geboren 1852
verheirathet mit Celeste Lovell Nicholas Marie Ihm
2. **Wilhelm**, geboren 1853,
Kaufmann in Sydney Australien

Der zweiten Ehe entspross:
4. **John Daniel**, geboren 1879,
Sattler in Lübeck

1. **Adolf**, geboren 1881,
Doctor juris, Assessor der Kaderei und Mündende Feuerversicherungs-Gesellschaft in Berlin,
verheirathet mit Hedwig Bachmann

Johann Christoph, geboren 1783, gestorben 1857.
Landwirth in Holstein,
verheirathet mit Sophie Marie Meyer

(Linie Teodorpf=Meyer)

Theodor Ferdinand, geboren 1816
Kaufmann in Hamburg,
verheirathet mit Emma Caroline Büchsen von Zorp

1. **Gustav Theodor**, geboren 1851,
Doctor juris, Umwalt in Hamburg,
verheirathet mit Helene Therese Reckefelz
2. **Oscar Louis**, geboren 1854,
Kaufmann in Hamburg,
verheirathet mit Marie Elisabeth Wengel

a. **Oscar Theodor**, geboren 1882,
b. **Hedwig**, geboren 1886

Franz Hinrich, geboren 1823, gestorben 1858.
Weinhändler in Rio Janeiro,
verheirathet mit Hilda Elise Oppenheimer

1. Franz Hermann
Kaffeführer der Aktiengesells
Köping in S
verheirathet mit Ma

2. John Jacob
Student in

2. Paul Hermann, geboren 1858
Doctor medicin. und approb Arzt
in München

3. Carlos Ernesto, geboren 1865
erlernt die Kunst des Lichtdrucks in
Lübeck

Peter Hinrich, geboren 1830 g
Landwirth in Ostpommern, Besitzer des
Regierungsbezirk Königs
verheirathet mit Maria Wilhelmine

Georg August Wilhelm, g
Doctor philolog. in Rom

Peter Tesdorpf, oder Tesdorff geboren um 1582 gestorben 1658.
von 1656—58 hamburgischer Schloßvogt (Vogt) auf der Insel
Neuwerk vor der Elbe.

Johann Tesdorff, geboren 1609 gestorben 1691,
erzbischöflicher und fürstbischöflicher Amtsschreiber des Amtes Lehmkuhl bei Lübeck,
verheirathet mit Christina Holtermann

Peter Hinrich Tesdorpf, geboren 1648, gestorben 1723,
Kaufmann Weinhändler in Lübeck, Rathsherr und Bürgermeister,
war zweimal verheirathet

Franz Bernhard, geboren 1704 gestorben 1762.
Weinhändler in Lübeck, hatte Tesdorpf sen. neben Loh- und Krebs-Einnehmer,
verheirathet mit Catharina Maria Carsten Bock

(Linie Tesdorpf-Bock)

Franz Hinrich, geboren 1754, gestorben 1805.	Peter Hinrich, geboren 1758 gestorben 1803.	Hermann Matthäus, geboren 1765 gestorben 1846.		Peter Hinrich, geboren 1770 gestorben 1836.
Weinhändler in Kopenhagen Schweden verheirathet mit Hedwig Christina Carola Wagner	Kaufmann in St. Petersburg, später in Hamburg, verheirathet mit Catharina Peter Sander.	Kaufmann in Rio de Janeiro. verheirathet mit Emilie Louisa Oppenheimer 3 Kinder 1—3		Landwirth in Schonenwerth, Besitzer des Gutes Gemsen in Regierungsbezirk Königsberg, verheirathet mit Maria Wilhelmina Henriette Schwarze
1. Franz Hermann, geboren 1853, Besitzer der Allmenpfahlsohn Güter in Meerhausen in Schweden verheirathet mit Magdalena Lundström	1. Leopold Gregorio, geboren 1815 Kaufmann in Caracas Venezuela	1 Franz Ludwig, geboren 1833 Besitzer eines Werftes für gewerbliche Dampfer in Stuttgart verheirathet mit Dorette Helene Heiss	2. Paul Hermann, geboren 1836. Doctor medicinae und approb. Arzt in München	Georg August Wilhelm, geboren 1840. Doctor philosop. in Königsberg.
2 John Jacob, geboren 1862. Studirt in München	2 Franz Georg, geboren 1838 Kaufmann in Caracas Venezuela.	a. Ludwig Hermann Theodor, geboren 1861	3. Carlos Ernesto, geboren 1841, erkoren die Bank der Lichtenrade in Lübeck	
		b. Paul Hermann Ernst, geboren 1863		

.rl Friedrich Wilhelm, geboren 1834.
Weinhändler in Lübeck
königlich portugiesischer Consul.
eirathet mit Elisabeth Louise Eschenburg

Krafft, geboren 1842.
Weinhändler, später Rentner i
verheirathet mit 1. Marie Louise Alb
2. Anna Marie Wilh
Reichwald

. Johannes Daniel, geboren 1853
in Comptoir Anstellung in Hamburg

.arl Friedrich Wilhelm, geboren 1859,
in Comptoir Anstellung in Lübeck

3. Peter Hinrich, geboren 1871

Aus zweiter Ehe mit Magdalena Stegmann entspr.§.

Johann Hinrich, geboren 1697 gestorben 1734
Kaufmann Weinhändler in Lübeck,
verheirathet mit Catharina Elisabeth Roode

Peter Hinrich, geboren 1730, gestorben 1811,
Weinhändler in Bordeaux (später in Lübeck,
verheirathet mit Susette Rahel Schöler

Peter Hinrich, geboren 1793, gestorben 1859,
Weinhändler in Lübeck. Mecklenburg-Strelitz'scher Consul.
Schwiegersohn Zedermann.
verheirathet mit Henriette Wilhelmine von Schröder

(Linie Teodorpf-von Schröder)

Georg Wilhelm, geboren 1832
Schiffsbaumeister (später Vertreter des Bureau Veritas in
Kronstadt und jetzt in Riga),
verheirathet mit Sophia Friederike Voß.

1. Peter Hinrich, geboren 1855
   Zimmermann
2. Carl Heinrich, geboren 1853,
   Zimmermann
3. Krafft, geboren 1857,
   Zimmermann
4. Walter Wilhelm, geboren 1860
5. Karl Ludwig, geboren 1876
6. Friedrich Franz, geboren 1880

Johann Heinrich, geboren 1833, gestorben 1863,
Kaufmann in Baltimore,
verheirathet mit Mathilde Bernelberg

1. John Friedrich, geboren 1864,
   Kaufmann in Baltimore.
2. John Henry, geboren 1866,
   erlernt den Handel in New-York

Carl Friedrich Wilhelm, geboren 1834.
Weinhändler in Lübeck
Königlich portugiesischer Consul,
verheirathet mit Elisabeth Louise Eschenburg

1. Johannes Daniel, geboren 1863,
   in Comptoir-Ausbildung in Hamburg
2. Carl Friedrich Wilhelm, geboren 1866,
   in Comptoir-Ausbildung in Lübeck
3. Peter Hinrich, geboren 1871

Krafft, geboren
Weinhändler (später R...
verheirathet mit 1. Marie Luv...
2. Anna Mar
Ferdinand...

Johann Matthäus, geboren 1749, gestorben 1824.
Doctor juris, Rathsherr und Bürgermeister,
verheirathet mit Catharina Eleonore Hering
(Seine Nachfolge ist im Mannesstamme erloschen.)

Johann Jakob, geboren 1789, gestorben 1863.
Weinhändler in Mörköping in Schweden,
verheirathet mit Catharina Louise Hamlin
(Linie Tesdorpf-Hamlin)

Peter Jacob, geboren 1834.
Landwirth, Besitzer des Hofes Bogsten in Södermanland,
Schweden

Durch den Tod des Bürgermeisters Peter Hinrich Tesdorpf war die Familie ihres Mittelpunktes beraubt, um den sie sich immer wieder vereinigt hatte. In der Folgezeit lockern sich die Bande der Zusammengehörigkeit mehr und mehr, und die sich entwickelnden einzelnen Linien gehen gesonderte Wege.

Peter Hinrich hatte sieben Söhne gezeugt. Nichtsdestoweniger pflanzte sich der Mannesstamm nur in der Nachfolge von zweien bis auf unsere Tage fort. Das waren: der zweite Sohn erster Ehe, Peter Hinrich, und der erste Sohn zweiter Ehe, Johann Hinrich. Durch sie theilte sich das Geschlecht zunächst in zwei Linien, welche sich, wenn man die Familiennamen der Mütter anhängt, als die Linien TesdorpfWoltersdorff und TesdorpfStegmann unterscheiden lassen. Die beiden Linien spalteten sich in der Folgezeit nochmals und zwar in fünf Linien, welche sämmtliche, heutigen Tages lebende Tesdorpfe in sich fassen. Diese fünf Linien sind am einfachsten in gleicher Weise durch Anhängen der Familiennamen der Vormütter auseinanderzuhalten. Es ergeben sich dann, abstammend aus der ersten Ehe Peter Hinrich's, die Linien:

1. Tesdorpf·Woltersdorff·Hübens·Benser·Bolten·Rücker
2. Tesdorpf·Woltersdorff·Hübens·Benser·Bolten·Meyer

und aus der zweiten Ehe abstammend, die Linien:

3. Tesdorpf·Stegmann·Rodde·Schyler·Roeck
4. Tesdorpf·Stegmann·Rodde·Schyler·von Schröder
5. Tesdorpf·Stegmann·Rodde·Schyler·Hamlin

Die Zwischennamen fortgelassen sind es also die Linien:

1. Tesdorpf·Rücker, 2. Tesdorpf·Meyer, 3. Tesdorpf·Roeck, 4. Tesdorpf von Schröder und 5. Tesdorpf Hamlin, welche wir zu unterscheiden haben.

Im weiteren Verlaufe dieser Schrift ist bei Erwähnung der verschiedenen Vorväter der einzelnen Linien eine, die Zugehörigkeit betreffende Angabe in Klammern angefügt. Dadurch ist einem jeden Geschlechtsmitgliede die Möglichkeit an die Hand gegeben, die Geschicke seiner besondern

Vorfahren mit Leichtigkeit durch die ganze Schrift verfolgen zu können. Die angefügte, kurze Uebersichtstafel des Mannesstammes unseres Geschlechts in seiner Fortpflanzung bis auf die Gegenwart stellt die Theilung in die fünf Linien übersichtlich dar, während die am Ende der Schrift angehefteten Stammtafeln des ganzen Geschlechts auf Grundlage derselben Eintheilung entworfen sind. Die Vereinigung auf eine Tafel erwies sich wegen des Umfanges als nicht ausführbar.

Die hinterlassene Wittwe Peter Hinrich's folgte ihrem geliebten Gatten bald im Tode nach. Schon im Jahre 1728 wurde sie, erst im 61. Lebensjahre stehend, zu Grabe getragen. Von ihren zahlreichen Stiefkindern und eigenen Kindern überlebten sie nur die Söhne Johann Christoph, Ludwig und Johann Hinrich (Linien Tesdorpf-Roeck, von Schröder und Hamlin, sowie die Töchter Margaretha Christina, verheirathete Hüppert, und Maria, verheirathete Rodde.*)

Peter Hinrich's grosses Geschäft wurde von seinen Söhnen Ludwig und Johann Hinrich (Linien Tesdorpf-Roeck, von Schröder und Hamlin) im Verein mit Matthäus Rodde fortgesetzt. Die Entziehung des grössten Theiles des Vermögens, welches an die Erben ausgetheilt wurde, machte eine wesentliche Einschränkung des umfangreichen Betriebes nöthig. Eine weitere Einschränkung erlitt derselbe als

Ludwig 1683—1744,

nach einigen Jahren aus dem Geschäft trat, um in ungestörter Ruhe der stetigen Vermehrung seines bedeutenden Vermögens durch Zinszuwachs zuschauen zu können. Derselbe hatte seine Lehrzeit in Hamburg durchgemacht und war dann in das väterliche Zweiggeschäft in Lissabon getreten, woselbst er sich durch Fleiß und Sparsamkeit ansehnliche Reichthümer erwarb. Die hoffnungslose Erkrankung seines Bruders Hans Jürgen rief ihn im Jahre 1717 in die Heimath zurück, woselbst er nach des Bruders 1719 erfolgtem Tode die Stellung desselben im Geschäft einnahm. Der Vater stand mit ihm nicht auf dem allerbesten Fuße, wovon die Verfügungen im letzten Willen und die Bemerkungen im Geheimbuch ein Zeugniß ablegen. Ludwig scheint der Liebenswürdigkeit entbehrt zu haben, welche seine Brüder Peter Hinrich und Hans Jürgen in hohem Maße auszeichnete. Es muß hier auch das Urtheil eines Zeitgenossen erwähnt werden, welcher sagt, daß Ludwig ein Geizhals gewesen sei, der sich „von seinem übergrossen Reichthum kein Guten Bissen geschaffet". 7) Im Jahre 1718 hatte er sich mit der Tochter des reichen Kaufmanns und späteren Rathsherrn Adde Severin verheirathet. Zur Feier der Hochzeit wurde ein artiges Ballet, „die vier Jahreszeiten, eine Serenata", aufgeführt, eines jener zahllosen Schäferspiele, welche um die damalige Zeit von geist- und witzlosen Dichterlingen in

---

*) Der Sohn der letzteren war der Rathsherr Matthäus Rodde, welcher 1783 starb, sein Sohn, wiederum Matthäus getauft, jener Bürgermeister Rodde, welcher Dorothea von Schlözer zur Gattin hatte. 1810 gedankte und als Baron von Rodde 1825 starb. Das von Maria erhaltene Bildniß strahlt Lebenslust, Geist, Wit und Fröhlichkeit aus. Auf dem tief ausgeschnittenen, blauen Gewande wogt es von Spitzen, Perlen und Edelsteinen. Im gepuderten haar schwanken Brillanten und Perlen in künstlichen Blumenkelchen, den schönen Hals umwindet handbreit eine zierliche Spitzenkrause. Das Bild muß um 1723 gemalt sein. Es ist im Besitze des Herrn Kraft Tesdorpf in Lübeck.

Haufen verfaßt und mit vielem Prunk an Hochzeitstagen aufgeführt wurden. Die ganze Handlung gipfelt in einem mehr oder weniger heftigen Streit der vier Jahreszeiten untereinander über die Frage, welche Jahreszeit zum Hochzeitmachen die angenehmste sei. Schäfer, Schäferinnen, und „die göttliche Vorsehung" reden mit hinein, und das Abwägen der Vor- und Nachtheile einer jeden Jahreszeit spinnt sich über sieben lange Druckseiten fort, bis man sich endlich dahin einigt, daß:

> „Keine Zeit ist angenehmer
> Und zum ehlichen bequemer
> Alß die schöne Frühlingszeit
> Da sich gleichsam alles freu't
> Ist zum scherzen,
> Spielen herzen,
> Billig auch der Mensch bereit.

Die Ehe blieb kinderlos. Nach sechs Jahren starb ihm die Gattin, und wiederum nach sechs Jahren heirathete Ludwig zum zweiten Male. Diese zweite Gattin, Anna Elisabeth, geborene Reuter, war die Tochter des schwerreichen Kaufmanns Gerhard Reuter. Der geldgesegneten Ehe entsproß eine Tochter, welche den Kaufmann und nachmaligen verdienstvollen Rathsherrn und Bürgermeister Joachim Peters heirathete, dessen „ungezählte" Reichthümer sprichwörtlich waren.

Des Bürgermeisters Peter Hinrich ältester Sohn war:

Johann Christoph, 1682—1756,[58])

so genannt nach Johann Tesdorff, dem Vater, und Christoph Schierlentz, dem Stiefvater Peter Hinrich's.

Johann Christoph war ein sowohl durch Gaben des Herzens als auch durch scharfen Verstand hervorragend ausgezeichneter Mann. Frühzeitig war beides in ihm zu Tage getreten, und da seinem klugen Kopf ein rastloser Fleiß zur Seite stand, wurde er für die wissenschaftliche Laufbahn bestimmt, welche er auch mit Freude und Eifer ergriff. Nachdem er auf dem Gymnasium zu Lübeck den Grund zu seinem Wissen gelegt hatte, bezog er im Jahre 1699 die Hochschule in Rostock, woselbst er bald in die Bahnen der Gottesgelahrtheit einlenkte. Später zog er nach Jena und vollendete endlich zu Kiel sein siebenjähriges Studium. „Aus den Vorlesungen eines berühmten Aepinus, Beckmann, Foertschen, Hebenstreit und Müller schöpfte er nicht geringen Nutzen." Die Früchte seiner Studien legte er nieder in einem Colloquium über die Bibelauslegungen des Doctor theolog. und Lübeckischen Superintendenten Georg Heinr. Götz, in welchem dieser würdige Mann in gebührender Weise gefeiert wurde. Die Schrift erschien am 12. October 1706 im Druck. Schon im nächsten Jahre wurde er von seiner Vaterstadt mit der Anstellung als Prediger zu Neuengamme und Bergedorf betraut. Hier schrieb er ein ebenfalls in lateinischer Sprache abgefaßtes Colloquium über die von demselben Götz

---

[58] J. Witte's zuverlässige Nachrichten von den evangelisch lutherischen Predigern und Kirchspielen der Stadt Hamburg, dbg 1759 und Pastor H. J. Franck's handschriftlicher Versuch einer Nachricht von sämmtlichen gottesdienstlichen Lehrern des Amtes Bergedorf.

gesammelten und herausgegebenen Huberianischen Acten. Durch diese Schrift machte sich Johann Christoph einen Namen.⁵⁰) Noch in demselben Jahre verheirathete er sich mit der tugendsamen Wittwe seines Vorgängers, des Pastor Basilius von Bostel. Sie war die Tochter des hamburgischen Rathsherrn Hartwig von Spreckelsen. Dreißig Jahre lang führten beide eine glückliche Ehe; da riß ihm der Tod der Gattin von der Seite. Aber schon im nächsten Jahre verscheuchte Johann Christoph seinen Wittwenkummer durch Eingehen einer zweiten Ehe. Die ehrsame Tochter des Pastors Friedrich Schnobel zu Sandesneben im Lauenburgischen, welcher würdige Mann die Tochter seines Vorgängers im Amt, des in zweiter Ehe mit Johanna Felicitas Tesdorpf verehelichten Pastors Martin Mordanus geheirathet hatte, wurde seine Trösterin. Schön war sie nicht; doch ist das Hochzeitsgedicht von 1738 höflich genug zu sagen, daß sie:

„In Schönheit des Gemüths ein Himmel ähnlich's Kind.
An dem man Frömmigkeit und etwas mehr erblicket.
Als was die rumme Welt in Blindheit liebgewinnt."

von ihm aber heißt es:

„Herr Tesdorff giebt uns heut ein rühmliches Exempel
Von einer Heyrath's Wahl, die nicht nach Hochmuth schmeckt,
Die nicht beschlossen ist im schnöden Venus Tempel
Und welche weder Geiz noch Geldsucht ausgeheckt."

Die Freude, Kinder um sich aufblühen zu sehen, blieb Johann Christoph in beiden Ehen versagt. Seine Gemeinde, welcher er fast 50 Jahre vorstand, schätzte ihn als Redner und Menschen und hing an ihm mit Liebe und Verehrung. Seine Predigten werden als sehr erbaulich gelobt; seine Leichenreden waren trostspendend für die Hinterbliebenen. Eine der letzteren erschien in Hamburg im Druck. Sie ist benannt: Pauli Trost aus Gal. II. 20, umfaßt 44 Druckseiten und wurde bei der Beerdigung von Esther Elisabeth, geborene Richey, des Pastors Jacob Wolter Stein zu Corslake Ehegattin, am 1. April 1743 gehalten. Die Rede zeichnet sich durch guten Satzbau und edle Sprache aus und würde noch heutigen Tages sehr wohl gehalten werden können. In der Auffassung steht sie auf dem gleichen Standpunkt wie die strenggläubigen Predigten unserer Tage.

Johann Christoph setzte am 9. October 1754 eine Summe von 5000 Mark L. aus mit der Bestimmung, daß die Zinsen an einen Studenten der Gottesgelahrtheit (welcher von Geburt ein Lübecker sein oder von Eltern abstammen muß, welche in Lübeck gezeugt sind) während der ersten drei Jahre seines Studiums auszuzahlen sind. Die Mitglieder der Tesdorpf'schen Familie sollen den Vorzug haben.⁹⁹)

Seiner Gemeinde vermachte er eine Summe von 3600 Mark L., von deren Zinsen jährlich ⅓ in die Kirchen- und ⅔ in die Schulkasse fließen. Johann Christoph starb am 14. Juli 1756 im 76. Jahre seines Lebens.

·) Athenae Lubecenses autore Jo. Henr a Seelen pag 362 & Hamburger Schriftsteller Lexicon Bd. VII Das Colloquium ist auf der Stadtbibliothek zu Lübeck vorhanden. Caspar H. Huberinus, geb. 1500, war ein Freund Luthers und predigte die evangelische Lehre in seinem Sinne. Er war ein eifriger Kämpfer gegen die Wiedertäufer Allgemeine deutsche Biographie).
·) Verzeichniß der Privat- und Wohlthätigkeits-Anstalten im Lübeckischen Freistaate. Aus dieser Stiftung, welche noch heutigen Tages besteht und mit der Familien-Stiftung des Peter Hinrich zusammen in Lübeck verwaltet wird, erhielt u. A. im Jahre 1857 auch der Stud. theolog. Emanuel Gobel Unterstützung.

Die beiden anderen Söhne des Bürgermeisters Peter Hinrich aus erster Ehe Peter Hinrich und Hans Jürgen waren schon vor dem Hinscheiden ihres Vaters eines frühzeitigen Todes verblichen.

Hans Jürgen, 1684—1719,

war ein „kluger und fleißiger Mann" gewesen, dessen ernstes Streben sich allgemeiner Achtung erfreut hatte. Obwohl er schon im 35. Lebensjahre in das ewige Leben abgeführt wurde, nahm er dennoch bereits eine bevorzugte Stellung unter seinen Mitbürgern ein. Er hatte am 19. September 1712 Catharina Gertrud Schröder, die Tochter des Seidenhändlers Johann Schröder geehelicht. Dieser Ehe entsprossen 2 Töchter und 2 Söhne; allein von den letzteren starb der älteste, Peter Hinrich geheißen, schon im 25. Lebensjahre, unverheirathet, während den jüngeren das gleiche Schicksal bereits im ersten Jahre seines Lebens ereilte. So kam es, daß der Mannesstamm der Tesdorpf-Woltersdorff'schen Verbindung sich nur in den Nachkommen des 2. Sohnes

Peter Hinrich, 1681—1721, (Linien Tesdorpf-Rücker und Meyer)[1]

fortpflanzte. Gleichwie er die Namen seines Vaters führte, so schien er auch dessen vollkommenes Ebenbild werden zu wollen. Er bekundete eine große Befähigung zum Handel und that sich durch besondere Kenntnisse hervor, unter denen eine seltene Gewandtheit in mehreren Sprachen, vornehmlich der lateinischen, gerühmt wird. Treu und fleißig, wie sich einem liebevollen Sohn geziemt, stand er seinem Vater im Geschäft zur Seite, überall sich mit Liebenswürdigkeit dessen Entschlüssen fügend. Obwohl er, der rastlos im Beruf Arbeitende, schon im 40. Lebensjahre durch den Tod von der Erde abberufen wurde, hatte er sich doch bereits eine so hervorragende Stellung unter seinen Mitbürgern erlangt, daß „die Bürgerschaft mit Zuversicht hoffen zu dürfen glaubte, in ihm dereinst den würdigen Nachfolger seines Vaters zu erblicken." Peter Hinrich hatte sich im Jahre 1711 mit der 17jährigen, schönen, klugen und lebensfrohen Catharina Hübens, der Tochter des nachmaligen Rathsherrn und Bürgermeisters Jacob Hübens, verehelicht. Dieses Hübens'sche Geschlecht verdient eine ganz besondere Beachtung, weil ein Funke Hübens'schen Blutes in allen Tesdorpfen der Gegenwart pulst. Es heirathete nämlich Peter Hinrich's (Linien Tesdorpf-Rücker und Meyer) Halbbruder, Johann Hinrich Tesdorpf (Linien Tesdorpf-Roeck, von Schröder und Hamlin) die Tochter von Elisabeth Rodde, geborene Hübens, der Gattin von Franz Bernhard Rodde und Schwester von Catharina Hübens. Der älteste, bekannte Vorfahre des Jacob Hübens hatte sich „aus Liebe zu seiner Religion wegen dermaliger Grausamkeiten des Herzogen von Alba aus Mastricht nach Lübeck begeben", woselbst er als angesehener und wohlhabender Kaufmann starb. Sein Urenkel, der Rathsherr Jacob Hübens, der Vater von Catha-

---

[1] Leichengedicht für Peter Hinrich, bewahrt auf der Stadtbibliothek zu Hamburg, Jacob von Melle, Ehrengedächtniß des Jacob Hübens, Gebetbuch des Vaters, Nachrufe auf Peter Hinrich u. v. A. m
[2] „Lebens-Lauff der Elisabeth Hübens, geborene Mölning, gestorben 1737

rina und Elisabeth, war ein geistig bedeutender Mann und ein thatkräftiger Bürger. Das Grabdenkmal in St. Marien am Pfeiler unter der grossen Orgel zeigt sein Bildniss, welches eine merkwürdige Aehnlichkeit des Gesichtsschnittes mit demjenigen des Bürgermeisters Peter Hinrich Tesdorpf aufweist, wenn auch die edlen, festen Züge fehlen, welche diesen würdigen Mann auszeichneten. An deren Stelle treten einige scharfe, genussüchtige Züge hervor. Jacob Hübens und seine Gattin Elisabeth, geborene Mölting, waren überaus fromme Leute. Die Mutter sorgte strenge dafür, dass ihre Töchter Elisabeth und Catharina fleissig die Bibel lasen, „um einen rechten Vorschmack des Himmels zu bekommen." Sie selbst war „eine fleissige Beterin, die täglich ihre Betstunde hielt und mit ihren Gebeten zum öftern an die Pforte des Himmels anklopfete, welches auch niemahlen ohne Segen vom Himmel wieder zurückkam." So konnte es denn auch nicht fehlen, dass der lieblichen Tochter Catharina, „auf deren schönen Wangen sowohl Ros' als Lilie prangen", der Segen des Himmels in reichem Masse zu Theil ward. Er beschenkte sie in 2 Ehen mit 16 munteren Kindern und flösste ihr den Muth ein, noch in vorgerücktem Alter eine dritte Ehe zu wagen. Zehn Jahre lang lebte sie in glücklicher Ehe mit Peter Hinrich Tesdorpf, welcher 1721 starb. Die 27jährige Wittwe war noch von jugendlicher Schönheit, obwohl sie bereits 8 Kindern das Leben gegeben hatte. „Weil es der Frau Wittwe schwer fielen, so viele Kinder allein zu erziehen", heirathete sie nach 3jähriger Trauer den Kaufmann Christian David Evers. Catharinens Wunsch ging in Erfüllung; sie hatte nicht nöthig, ihre Kinder erster Ehe allein zu erziehen; denn es schenkte ihr der Himmel noch 8 weitere hinzu. Im Jahre 1742 starb ihr zweiter Gatte. Allein die nun 46 Jahre zählende Wittwe sah weder in ihren vorgerückten Jahren noch in ihren 16 Kindern einen Grund, um sie zu hindern, schon im nächsten Jahre eine dritte Ehe einzugehen mit dem Doctor medic. Christian Fried. Däncke. Jugendliches Feuer und ungebrochene Lebenskraft blieben der seltenen Frau bis in's hohe Alter erhalten. Als sie 1771 starb, ward sie herzlich betrauert von einer grossen Zahl Enkel und Urenkel, „welche sich alle in gleichem Masse, wie sie, durch Lebenskraft und Fruchtbarkeit auszeichneten." Von ihren Kindern erster Ehe (mit Peter Hinrich Tesdorpf), welche sich mit den ersten Lübecker Geschlechtern den Balemann, Benser, Carstens, Lembcke, Mentze u. s. w. verbanden, ist besonders die Tochter Engel hervorzuheben. Sie heirathete Hinrich Wöhrmann, den reichsten lübeckischen Kaufmann seiner Zeit und starb im Jahre 1789 mit Hinterlassung von 49 Nachkommen.[3] Sie wurde in der Wöhrmann'schen Kapelle in St. Marien beigesetzt, wie die Inschrift oberhalb des Eingangs derselben bezeugt. Zur Feier der goldenen Hochzeit liess das glückliche Ehepaar eine Schaumünze schlagen, welche die Bildnisse beider zeigt.

Aus Peter Hinrich's Ehe mit Catharina Hübens waren ausser fünf Töchtern drei Söhne entsprossen: Peter Hinrich (Linien Tesdorpf-Rücker und Meyer), Jacob und Johann Christoph.

Sie ist Ahnmutter der Familien Wöhrmann in Riga, Binder & Mölting in Hamburg und Lindenberg & Mölting in Lübeck.

Der zweite Sohn

Jacob, 1718—1795,

lernte den Handel in Hamburg, weilte dann einige Jahre in Spanien, kehrte in der Folge aber nach Lübeck zurück und gründete mit seinem Vetter, dem nachmaligen Bürgermeister Joachim Peters eine Kattunfabrik. Dieselbe war jedoch nicht von langem Bestand. Am 22. September 1744 verheirathete er sich mit Margaretha Gertrud, „der liebenswürdigen Mentzen",[*] welcher Ehe jedoch nur zwei Töchter und keine Söhne entsprossen. Im Jahre 1746 brachte Jacob sich dadurch in arges Gerede, daß er sich weigerte, die auf ihn gefallene, ehrenvolle Wahl eines Aeltesten der Schonenfahrergesellschaft, welcher er angehörte, anzunehmen. Man ließ eine Klageschrift wider ihn los, welche sich sehr scharfer Ausdrücke bediente. Jacob antwortete nicht minder heftig und beharrte bei der Ablehnung. Am 3. September 1746 gab dann die Schonenfahrergesellschaft eine Erklärung ab, welche „bis zu seiner Besinnung an das schwarze Brett gesetzet" wurde. Er besann sich aber nicht.[**] Später, um 1717, war er Vorsteher der St. Jürgen-Kirche und des Hospitals. Seinem am 8. Mai 1795 erfolgten Tod zeigte die trauernde Wittwe in folgender Weise an:[*]

Mit innigster Betrübniß zeige ich hiemit meinen Verwandten und Freunden den Verlust meines nun verewigten Mannes, Herrn Jacob Tesdorpf an. Mehr als zu schnell wurden uns 50 Jahre, die wir seit dem 22. September vorigen Jahres durch unverdiente Güte Gottes in unserm Ehestand zugebracht haben, zu Tagen. Der Wohlselige ward geboren den 18. Februar 1718 und starb den 8. d. Mts., Mittags 2 Uhr nach einem kurzen Krankenlager an einer Entkräftung und hat also sein Leben gebracht auf 77 Jahre, 2 Monate, 20 Tage. Wem er die Ehre gehabt hat, bekannt zu sein, der wird ihm das verdiente Lob wiederfahren lassen, das meiner Feder die Bescheidenheit verbietet, und seine Asche segnen. Ich bin überzeugt, daß mein Verlust jeden rühren werde und verbitte mir also alle Beileidsbezeugung.

Jacob's jüngerer Bruder

Margaretha Gerdruth
geborene Mentzen

Johann Christoph, 1720—1791,

war ebenfalls Kaufmann. Der Almanach für Kaufleute von 1784 sagt: Er treibt eigene ausländische Handlung. Am 14. October 1753 verheirathete er sich mit Elsabe Maria Willebrandt.[*] Er hinterließ ein umfangreiches Gedenkbuch. Im letzten Willen setzt er „seine liebe Ehefrau" zur Erbin ein: inmaßen ich mich dazu um so mehr verpflichtet achte, da sie mir durch ihr liebreiches und gefälliges Betragen in unserm Ehestand die Jahre zu Tagen gemacht hat und ich auch versichert bin, daß sie damit so lange biß Gott unsere Trennung beschlossen haben wird, zu continuiren nicht verfehlen werde". Er starb im 71. Lebensjahre, ohne Leibeserben zu hinter-

[*] Hochzeits-Schäferspiel Galatee
[**] Acten des Schonenfahrer Collegiums
[*] 2 Hochzeitsgedichte vorhanden
[*] Lübeckische Anzeigen Nr. 37. 9. Mai 1795

laſſen. Es wäre alſo der ganze Tesdorpf Woltersdorpfſche Zweig im Mannesſtamme ausgeſtorben, wenn ſich derſelbe nicht durch den älteſten der drei Brüder, durch

Peter Hinrich, 1712–1778, (Linien Tesdorpf-Rücker und Meyer)⁹⁵) fortgepflanzt hätte.

Dieſer Peter Hinrich war derjenige Enkel des Bürgermeiſters Peter Hinrich, welchem der Hof bei Renſefeld beſonders vermacht worden war. Er wurde geboren am 6. Mai 1712. Sein Großvater glaubte in ihm ſeinen dereinſtigen, würdigen Nachfolger im Geſchäfte, wie im Rathe der Stadt zu ſehen. In der That berechtigte der junge Peter Hinrich auch zu den ſchönſten Hoffnungen; er legte frühzeitig gute Fähigkeiten an den Tag. Als ſein Vater 1721 geſtorben war, nahm ſich der fürſorgliche Großvater des Knaben vornehmlich an und leitete ſeine Erziehung in umſichtiger Weiſe. Leider war der wohlthuende Einfluß aber nur von kurzer Dauer, indem der Großvater ſchon nach drei Jahren ſtarb. Peter Hinrich war erſt 12 Jahre alt, gerade in den Jahren, in welchen die väterliche Anleitung am nothwendigſten iſt. Seine Mutter Catharina, geborene Hübens war Wittwe mit acht Kindern. Sie war nicht im Stande, jedem Kinde die nöthige Anleitung zu geben. Ihre Wiederverheirathung mit dem Kaufmann Chriſtian David Evers kehrte dieſes anſtatt zum Beſſeren im Gegentheil noch zum Schlimmeren; denn es kamen noch acht weitere Kinder hinzu, und Evers war ein Mann, welcher ganz und gar im Geſchäfte aufging, für Kindererziehung aber weder Sinn noch Zeit hatte.

Der junge Peter Hinrich, mehr oder weniger ſich ſelbſt überlaſſen, begann frühzeitig ſeine eigenen Wege zu gehen. Er ſonderte ſich von ſeinen Geſchwiſtern ab, an deren wilden Spielen er keinen Geſchmack fand und brütete lieber in Einſamkeit über den dickleibigen Büchern, welche ihm aus dem großväterlichen Nachlaſſe überkommen waren. Der Beſuch der lateiniſchen Schule gab dieſem Hange vermehrte Nahrung. Er wäre auch ſicherlich ein Mann der Wiſſenſchaft geworden, wenn ſeine Vormünder, Ludwig und Johann Hinrich Tesdorpf, ihren Einfluß nicht immer wieder im Sinne des großväterlichen Wunſches geltend gemacht hätten, daß er nämlich als Träger der Namen Peter Hinrich im Geſchäfte wie im Staatsleben die gleiche ehrenvolle Stellung erſtreben möge, wie ſie der Großvater inne gehabt hatte. Der beſtändige Hinweis auf dieſes Ziel ſchlug mit der Zeit Wurzel in der Seele des Knaben, aber in ganz anderer Weiſe, als die Vormünder es beabſichtigt hatten. Peter Hinrich beſaß nicht jene einſichtsvolle Beſcheidenheit, welche im klaren Erkennen des eigenen Werthes oder Unwerthes aus dem ihm vorgehaltenen Muſterbild die Summe der Belehrung und Ermahnung zieht. Er wurde ſtolz und eitel, that ſich etwas darauf zu Gute, Bürgermeiſters Enkel zu ſein und befremdete zum Oefteren durch hochfahrendes Benehmen. Wie in ſeinem Aeußern, ſo ſcheint er auch in ſeinem Innern mehr Aehnlichkeit mit ſeinem Großvater Jacob Hübens, als mit ſeinem Großvater Peter Hinrich Tesdorpf gehabt zu haben.

⁹⁵) Ueber die Jugendjahre: „Nachricht vom gelehrten Dichter", handſchriftliche Randbemerkungen auf den erſten Seiten eines Exemplars der „Beſchreibung vom Lübeck". Ueber dieſen P. H. T. ſind ſehr vielſeitige Mittheilungen erhalten, auf welche im Laufe der Lebensbeſchreibung beſonders Bezug genommen wird.

„Zu Willen der Herren Vormünder trat er A͞o 1726 zu Hamburg in Contoirbedienung." Es war damals allgemeiner Brauch in Lübeck, den sich dem Handel widmenden Söhnen den Vortheil einer gründlichen Kenntniß des hamburgischen Handels, welcher den lübeckischen beträchtlich in Schatten stellte, zu gewähren. Nach vollendeter vierjähriger Lehrzeit begab sich Peter Hinrich auf Reisen. Er besuchte Holland, Brabant und „die vornehmsten Städte Frankreichs" und ging dann in Comptoiranstellung nach London, woselbst er zwei Jahre blieb. Darauf bereiste er Portugal und Spanien und „nachdem er sich allda die gewünschten Kenntnisse zu eigen gemacht, kehrte er nach Paris zurück, welche Stadt ihn schon ehedem ohn Gleichen gefesselt". Auf seinen Reisen standen Peter Hinrich überall die besten Empfehlungen zu Gebote, während sein Stiefvater, welcher sich in sehr wohlgeordneten Vermögensverhältnissen befand und hoffte, in Peter Hinrich eine rechte, geschäftliche Stütze zu erhalten, ihn mit dem Nöthigen reichlich ausstattete, um ihm ein geziemendes Auftreten zu ermöglichen. „Er bediente sich der ihm dargebotenen Gelegenheit auf das beste, die Sitten der Völker kennen zu lernen und die Gebräuche so verschiedener Nationen zu beobachten, vornehmlich aber waren es die Werke der Natur und der Kunst, welche ihn fesselten und deren Betrachtung er eine nicht gewöhnliche Aufmerksamkeit schenkte." „Einem erworbenen Capitale gleich waren indessen die Erfahrungen, welche er daselbst im Handel machte, während die vielfachen Bekanntschaften mit den ersten Männern des Handels und der Wissenschaften ihm zum wesentlichen Vortheil gereichten".

Paris war damals der Mittelpunkt des gebildeten Europas. Niemand durfte von vollendeter Bildung sprechen, der nicht eine längere oder kürzere Zeit in dieser Wunderstadt gelebt und französisches Sein und Wesen in sich aufgenommen hatte. Das wüste, aber unerhört glänzende Hofleben Ludwig's XV. berauschte Alle, welche in seine Nähe kamen. Die Stadt Paris wetteiferte mit dem Hofe in Veranstaltung großartiger Feste und öffentlicher Schaustellungen,[10] und die ernsten Ermahnungen eines Montesquieu, Voltaire, Rousseau, vermochten nicht, diesem die Hohlheit und Verwerflichkeit des Lebens geschickt übertünchenden Festestaumel Einhalt zu thun. Neben dem gleißnerischen Leben des Genusses entwickelte sich aber auch, besonders in den Kreisen, welche mit den Mitgliedern der Academie royale des sciences in Berührung kamen, ein reges, geistiges Leben. Der Einfluß, welchen diese gelehrten Männer weit über die Academie hinaus ausübten, war ein um so größerer, als sie, dem Beispiel der englischen Gelehrten folgend, nicht mehr allein zu ihren Brüdern der Wissenschaft redeten, sondern sich an die große Masse der Gebildeten wandten. In dieser Richtung gingen die Naturforscher voran. Sie waren von dem lebhaftesten Streben beseelt, dem vielfachen Irrthum aufklärend entgegen zu treten, die Errungenschaften ihrer Forschungen zum Gemeingut aller Gebildeten zu machen und überall Sinn für ihre Wissenschaften zu wecken. Dies letztere gelang ihnen so wohl, daß bald mehr oder weniger in allen Kreisen eine wahre Sammelwuth naturwissenschaftlicher Gegenstände empor-

---
[9] Lebens Lauff des Bürgermeisters Jacob Hübens, Lebens Lauff der Elisabeth Hübens u. A. m.
[10] Vergl La description des festes données par la Ville de Paris 1740.

sproß, welche sich allerdings nur in seltenen Fällen mit wahrem Verständniß für den Werth des Gesammelten paarte, aber den Gelehrten nur um so willkommener sein konnte, als sie ihnen den werthvollen Stoff für ihre weiteren Forschungen an die Hand gab und es ihnen ermöglichte, jene riesigen Sammelwerke mit den kostbaren Kupfern zusammenzustellen, welche uns jetzt noch Bewunderung abnöthigen.

Die erste Stellung unter den damaligen Gelehrten nahm der Herr von Réaumur ein. Er war ein sehr vielseitiger Forscher, zugleich aber ein liebenswürdiger, gegen Jedermann zuvorkommender Gelehrter, der sein Haus einem Jeden öffnete, welcher Sinn für die Wissenschaften bekundete. „Er betrachtete sein reiches Wissen nur als anvertrautes Gut zum Nutzen seiner Freunde." [1]) Der junge Peter Hinrich wurde bei Herrn von Réaumur eingeführt, verkehrte in seinem Hause und gewann eine besondere Bewunderung und Verehrung für diesen ausgezeichneten Mann. Bis an das Lebensende desselben blieb er mit ihm in brieflichem Verkehr. [2]) Der Sinn, welchen Peter Hinrich schon früher für „die Werke der Natur" an den Tag gelegt hatte, fand hier neue Nahrung und wurde auf wissenschaftliche Gründlichkeit hingelenkt.

Im Jahre 1737 kehrte er wieder nach Lübeck zurück und fand also bald Aufnahme in dem Geschäfte seines Stiefvaters, welcher ein umfangreiches Bankgeschäft betrieb. Am 15. April des Jahres 1739 trat er „mit seinem Herrn Stiefvater in Association", nachdem er am 3. Februar desselben Jahres der Schonenfahrergesellschaft beigetreten war, und schon am 29. Juni verheirathete er sich mit Elisabeth Dorothea Benser, der hinterlassenen Tochter des reichen Kaufmanns Hinrich Benser, welcher am 3. Juni 1738 gestorben war. [3])

Elisabeth Dorothea Benser war ein sehr reiches Mädchen, und da sie außerdem ein „wohlgeformtes, fromm und tugendsames Kind" war, so hatte Peter Hinrich nach der Ansicht der Zeit eine sehr klügliche Wahl getroffen. Es war damals eine ganz allgemein getheilte und offen gestandene Ansicht, [4]) daß der junge Mann aus besseren Kreisen, wenn er sich daheim wiederum in ein streng sittsames Leben gefunden hatte, zur so viel besseren Gestaltung seines Fortkommens „durch artige Aufführung eine reiche Heyrath" erstreben müsse. „Die einem jeden gebildeten jungen Manne anhangende gute Opinion von sich selber" ließ ihm die Erreichung eines solchen Zieles auch gar nicht schwer erscheinen. „Man nahm Bedacht, sich auf die eine oder andere Weise hervorzuthun und in Estime zu setzen. Nachdem dieses geschehen, gab man seine Absicht auf eine bestimmte, bemittelte Jungfrau zu erkennen und „tentirete die Parthey". Man sah nichts Außergewöhnliches darin, wenn das Vorhaben, „uneracht es einen guten Anfang genommen, dennoch verschiedener Umstände halber seinen Fortgang nicht gewann"; dann wurde weiter tentiret, bis man endlich ein wohlgestaltetes, fruchtbares, vernünftiges, tugendhaftes, mit Glücksgütern reichlich ausgestattetes Weib gefunden zu haben glaubte, wobei man sich natürlich ebenso oft täuschte.

---
[1] Eloge à Monsieur de Réaumur, Mémoires de l'Academie 1757.
[2] Siehe weiter unten und Anmerkung 8 zu Peter Hinrich's Lehrgedicht vom Colibri.
[3] Sie war die einzige Tochter erster Ehe Hinrich Benser's mit Elisabeth Schröder. Hinrich Benser's Vater war s. J. aus Bielefeld in Westphalen in Lübeck eingewandert.
[4] Des Rathsherrn B. H. Brockes Selbstbiographie i. d. Zeitschrift d. Vereins für Hbg. Geschichte.

Daß auch Peter Hinrich beim Eingehen der Ehe keine Ausnahme von der Regel machte, daß auch bei seiner Wahl Lieb und Lust neben der klugen Berechnung aus selbstsüchtigen Gesichtspunkten nur eine bescheidene Rolle spielten, spricht das erhaltene Hochzeitsgedicht ganz unverhohlen aus. Es ist dies eine „Serenata" des Herrn Johann Paul Kuntzen, welche „musicalisch aufgeführet" wurde und in welcher die Liebe, das Vaterland und die Handlung, dargestellt von Madame Kaysern, Monsieur Riemenschneider und Monsieur Essen, in viel Worten recht wenig sagen. Das auf das junge Paar Bezügliche sei hier mitgetheilt.

Da singt die Handlung in einer Aria:
>Auf! sammle nur die Früchte Deiner Reisen.
>Mein Tesdorpf, mit Vergnügen ein.
>Dein Fleiß, der nirgends Ruhe fand,
>Will ferner um den Traven Strand
>Beschäftig sich erweisen,
>Und Dir zum Vortheil zinsbar seyn.

und das Vaterland antwortet:
>Du irrst, nur ich das Vaterland,
>Dem er von Jugend auf gewogen,
>Hab ihn durch diese mächtige Hand
>Auf's neue wiederum an mich gezogen u. s. w.
>Für diesen meinen längst erbethnen Sohn
>Hab ich ein solches Glück verfüget,
>Daß er in meinem Schooß
>Der jedermann beliebt, an Ehr und Vorzug groß,
>Ganz unbesorgt und sicher lieget.

Die Liebe aber fährt dazwischen:
>Sehr weit gefehlet:
>Was diesen Deinen Sohn hierher gebracht
>Ist bloß der Liebe strenge Macht
>Und ein anmuthig's Kind,
>Das er für seinen besten Schatz erwehlet.
>So ist's! Die art'ge Bensern
>Voll holder Freundlichkeit und angenehmer Sitten
>Die Tesdorpf's kalten Sinn
>So wunderbar, so reizend hat bestritten. —

und nun folgt eine rührende Aria:
>Nur reine Gegen-Huld, die sich auf Tugend gründet,
>Ist hier die Glut, so Tesdorpf's Herz entzündet
>Und seine Ehe glücklich macht.
>Kein Zug, der nur von schwarzer Wollust stammet
>Hat diesen süßen Zunder angeflammet.
>O nein! Er liebet zwar, doch mit Bedacht!

Dem fügt das Vaterland hinzu:
>Ich muß gestehn, ein solcher Zug vernünft'ger Liebe
>Sey meinem Sohn so vortheilhaft, als schön!

und die Handlung schließt:
>Gewiß! nie hat sein kluger Fleiß
>Solch' einen schönen Kauff getroffen; —

und sie sprach wahr, die Handlung; denn die Bensern war sehr reich.

Hier mag gleich eine Aeußerung Peter Hinrich's folgen, welche seine
Ansicht über die Stellung des Weibes zum Manne klar stellt. Sie findet
sich in den Anmerkungen zu seiner „Beschreybung vom Colibrit."[105]) Da
weist er dem „regiersüchtigen Frauenzimmer" nach, daß, wie in der ganzen
Natur das „Männgen vor dem Weibgen" recht vorzüglich schön ausge-
stattet sei, so auch unter den Menschen „der Mann durch sein gantzes ge-
bieterisches Ansehen, durch seinen Bart, starke Augenbrauen, durchdringende
Stimme mit höchster Weisheit von Gott vorzüglich vor dem weiblichen
Geschlechte zum Regieren gezieret" sei. Die selbstgefälligen Männer räumten
eben damals ihren Frauen nur ein bescheidenes Plätzchen im Eheleben ein.
Darauf ist es auch zurückzuführen, daß über Elisabeth Dorothea, geborene
Benser, sich weiter gar keine Nachrichten erhalten haben, während über
Peter Hinrich sehr eingehende, theilweise aus seiner eigenen Feder stam-
mende Mittheilungen vorhanden sind. Zwölf Jahre lang führte sie an
ihres Gatten Seite ein wenig beachtetes Leben, um dann, als sie endlich ihre
oberste Pflicht, dem Gatten einen Leibeserben zu geben, erfüllt hatte, in
der Blüthe ihrer Jahre eines schmerzvollen Todes zu verbleichen. Sie
starb an den Folgen der Geburt des Sohnes Peter Hinrich (Linien Tesdorpf Rücker und Niever am 27. Juli 1751.

Peter Hinrich betrauerte den Tod seiner „unvergeßlich geliebten Ehegattin" aufrichtig. Jetzt, wo sie todt war, pries er die vielen Vorzüge,
welche sie besessen und welche er, so lange sie ihm zur Seite stand,
nicht erkannt hatte. Er verheirathete sich nicht wieder; aber ihres Einflusses beraubt, begann er sonderbare Wege zu wandeln. Er war ein
reicher, unabhängiger Mann; aber das genügte seinem Ehrgeiz nicht. Im
Geschäft hatte er guten Erfolg gehabt, und es war ihm gelungen, sich
unter seinen Mitbürgern eine geachtete Stellung zu erwerben. Man sprach
es offen aus, „daß er gute Hoffnung von sich gäbe, daß man an ihm das
werde wiederfinden, was man an seinem sel. Herrn Großvater verlohren."
Man lobte sein Geschick und seine pünktliche Pflichterfüllung bei der Verwaltung der ihm anvertrauten öffentlichen Aemter, und 1751 wurde er zum
Vorsteher an heiligen Geist Kirche und Hospital erwählt. Eines aber,
welches im öffentlichen Leben der Stadt die Grundlage aller weiteren Erfolge bildete, hatte er nicht verstanden, sich zu erwerben, das war die
Freundschaft und das Wohlwollen der einflußreichen Mitbürger. Wohl
waren seine Bildung und seine Welterfahrung durch seine Liebe zu den
Wissenschaften und durch seine Reisen besonders umfangreich; aber nichts
berechtigte ihn, diese erworbenen Vortheile seinen Mitbürgern gegenüber
in unliebsamer Weise geltend zu machen, stolz und anmaßend aufzutreten
und überall sich vorzudrängen; nichts berechtigte ihn in jenem einem Sturm
im Glase Wasser gleichen, heftigen Streit zwischen Schonenfahrergesellschaft
und Kaufleute Compagnie eine herausfordernde Stellung anzunehmen und
sich ein Urtheil anzumaßen, „als wäre er die Justicia selber". Erst einmal in den gehässigen Stadtklatsch gerathen, sah er sich bald von Wider-
sachern umgeben und die Hoffnung auf die erstrebte Erhöhung zum Rathsherrn mehr und mehr schwinden. Da wandte sich denn Peter Hinrich

¹ :) Darüber weiter unten.

gänzlich vom öffentlichen Leben ab und suchte sich auf andere Weise hervor
zuthun, von sich reden zu machen. Er besaß kostbare Bücherschätze und
eine werthvolle Sammlung von Naturseltenheiten. Die letztere gestaltete er
durch vermehrte Ankäufe zu einer Sehenswürdigkeit Lübecks.[106] An Hand
derselben gelang es ihm, sich in den Mund der Leute zu bringen, sich den
Ruf eines „gelehrten" Kaufmannes zu erwerben. In jener Zeit, in welcher
der Glaube und die Freude an Naturwunder besonders stark verbreitet war,
hielt es nicht schwer, eine Schaar blinder Bewunderer der „raren Seltenheiten", auf die es beim Sammeln besonders ankam, zu finden. Auch ließen
sich untergeordnetere Gelehrte gern herbei, das eine oder andere wirklich
seltene Stück in ihren Werken eingehend zu beschreiben und dabei den Ruhm
des glücklichen Besitzers in schönen Worten der Welt zu verkünden. Eitelkeit und Titelsucht waren die Krankheit der Zeit. Der Seltenheitsschwindel
stand in höchster Blüthe. Den meisten Sammlern fehlte es gänzlich an der
nöthigen Vorbildung. Dem Betrug war Thor und Thür geöffnet. Meist
gestanden die Betrogenen ihre Einfältigkeit nicht ein, und so blieben selbst
die größten Betrügereien oftmals lange unentdeckt; die künstlich hergestellten
Seltenheiten wanderten von einer Sammlung in die andere und fuhren fort
die Menge zu täuschen. In Joan Daniel Denso's Physikalischer Bibliothek
von 1754 ist der Inhalt einer solchen Sammlung von Naturseltenheiten an
gegeben. Als Hauptstücke werden genannt: der Basilisk, Schlangenkronen,
wahre Spinnen, Donner- und Wettersteine, der Stein von Goa, welcher
unsichtbar machen soll, Menschenschädel mit Moos, sogar: ein Ei von einem
Hahnen, welches kaum die Größe einer Muskatnuß und in sich einen Klapper-
stein hat u. A. m. Neben solchen Ungeheuerlichkeiten waren es besonders die
wenig bekannten Thierformen entfernter Länder und darunter vornehmlich
die Schal- und Muschelthiere, welche geschätzt und eifrig gesammelt wurden.
Die Sammelwuth brachte darin wieder manche sonderbare Auswüchse zu Tage.
Aus Eitelkeit und Ruhmredsucht wurden von Sammlern oft Preise für einzelne Stücke bewilligt, welche in's Fabelhafte gehen. Es sind Fälle bekannt, in
welchen eine Carinaria mit 2000 Mark und Conus cedonulli (Wendeltreppen-
Muschel) mit 6000 Mark bezahlt wurden,[107] während oftmals die Sammler
in ihrer blinden Wuth sich und ihre ganze Familie zu Grunde richteten.

Waren die meisten Sammlungen solcher Art nur ein kostbares, aber
verworrenes Durcheinander, welches „Stolz und Unwissenheit oder eine
übel verstandene Begierde nach dem Ruhme eines großen Naturforschers
zusammengehäuft"[108] hatte, so gab es doch auch andererseits manchen nicht
gelehrten Sammler, welcher Zeit und Mühe nicht scheute, um sich eine
möglichst genaue, gründliche Kenntniß der erworbenen Schätze zu verschaffen.
Ein solcher war Peter Hinrich Tesdorpf. Schon durch seine Erziehung,
noch mehr aber durch seinen Verkehr mit Herrn von Réaumur, durch
welchen er den Reiz des verständnißvollen Sammelns kennen gelernt hatte,

---

[106] In Kurze Beschreibung der Hanse Stadt Lübeck, Michelsen, Lübeck 1814 wird des Naturalien Cabinets noch „als einer schönen Sammlung, welche vor Jahren durch Verkauf zerstreut wurde" gedacht. Der Sohn ließ dieselbe öffentlich verkaufen.
[107] Einleitung in die Konchyliologie des George Johnston, Edinburgh, Brown's Ausgabe, Stuttgart 1853
[108] S. F. W. Martini, Neues systematisches Conchylien Cabinet 1769

war er auf wissenschaftliche Gründlichkeit hingelenkt. Es war ihm bald nicht mehr allein darum zu thun, ein Gelehrter zu scheinen, er wollte auch in den Kreis derselben aufgenommen werden, und dazu machte er in seiner Art die ernstesten Anstrengungen. Er las viel und das Beste, was die Zeit bot. Er selbst nennt in seiner später verfaßten „Beschreibung vom Colibrit" die folgenden Werke: Spectacle de la nature, Thesauro rerum naturalium des Albertus Seba, die Philosophical Transactions, die Natural History of uncommon Birds by George Edwards, die Mémoires pour servir à l'histoire naturelle des insectes de M. de Réaumur, Rösel's Insektenwerk, Madame Merian's Werk über die surinamischen Insekten, die Mechanical Accounts of Poisons des Doctor Richard Mead, Klein's Prodromum Historiae avium, die Abhandlungen der schwedischen Akademie der Wissenschaften, des Weinmanni Phythantoza-Iconographia, Morhoff's Polyhistor, Thomas Wright of Durhams Theory or New Hypothesis of the Universe und vieles Andere mehr.

Zunächst benutzte Peter Hinrich die aus diesen und anderen Büchern erworbenen Kenntnisse, um sich den zahlreichen Besuchern seines „Cabinets" gegenüber als gelehrter Forscher und gründlicher Kenner zu zeigen. Wilhelm Adolph Paulli sagt in den „Poetischen Gedanken von Poetischen und Gelehrten Neuigkeiten" (Hbg. Rudolph Beneke 1754):

> Herr Tesdorpf ist ein Mann, der seine Pflichten kennt
> Und ein gerechtes Gut das ihm der Himmel gönnt
> Gebraucht um wohl zu thun, den Würdigen zu dienen
> Der, was uns die Natur in Bergen, Meeren, Minen,
> Vom Auf bis Untergang uns rar und seltnes hegt
> Mit Kosten und Geschmack und Fleiß zusammenträgt.
> Auch die Natur so gut als seine Sammlung kennt
> Und diese zu besehn jedwedem willig gönnt."

Das „Cabinet", im Anbau des Hauses in der Fischstraße gelegen, war sehr kostbar ausgestattet, wie es die Sitte der Zeit erforderte, welche die Cabinets als Versammlungsstätten aller sein wollenden oder wirklichen Freunde der Wissenschaften benützte. Peter Hinrich's ganzer geselliger Verkehr fand in diesem Raume statt. Es machte derselbe besonders Abends[10]) bei spärlicher Beleuchtung durch Talglichter auf den Eintretenden einen unheimlichen Eindruck. Ueberall von den Börtern an den Wänden, von der Höhe der vielschiebladigen Schränke[11]) und von der Decke des Zimmers herab grinsten die hohläugigen Schädel und seltsamen Thiergestalten, welche Peter Hinrich vermittelst seiner Handelsverbindungen aus den verschiedenen Erdtheilen bezogen hatte. Da hing das furchtbare Krokodil und zeigte seine grimmigen Zähne, und der „gelehrte, curiöse" Besitzer erzählte den neugierigen Besuchern seines Cabinets, welchen bei dem Anblick des Ungeheuers angstvoll zu Muthe wurde, daß „das sonst ungemein grimmige und den weißen Menschen höchst gefährliche Unthier den Schwarzen oder Mohren nicht nur kein Leid thue, sondern auch von diesen mit sich spielen, ja wohl gar auf sich reiten lasse!"[12]) Daneben hing der seltsame Schwert-

---

[10]) Er zeigte dasselbe meist nur nach Sonnenuntergang, siehe weiter unten.
[11]) Ein kleiner Schrank aus dem Cabinet ist im Besitze des Conferenzraths Edward Tesdorpf auf Ourupgaard, Falster. Es ist eine zierliche Lackarbeit in den Formen des Louis XV. Er enthält geschliffene Halbedelsteine und versteinerte Seeigel, über diese siehe weiter unten.
[12]) Dieses und das folgende aus den Anmerkungen zu der „Beschreibung vom Colibrit".

fisch, dessen „Kraft so groß geschätzet werde, daß er mit seinem zweischneidigen Schwert eines starken Schiffes Leib durchbohren und dadurch viel Unheil anrichten könne". Von den Wänden stierten hier und dort buntfarbig schillernde menschliche Gesichter herab, welche aus vielfachen Muscheln gebildet waren und sich in abentheuerlicher Fratzenhaftigkeit überboten. Sie wurden aber noch bei Weitem übertroffen an Scheußlichkeit durch den „greßlich schönen, mit seiner kugelfreien Haut annoch gänzlich bedeckten und seines abscheulichen Gebisses und ungeheuren Größe wegen recht fürchterlichen Kopff des Hippopotamus". Der glückliche Besitzer dieser ersten Seltenheit versicherte, daß dasselbe „die von den Holländern sogenannte Seekuh, das Meerpferd, der wahre und würkliche beym Hiob in 40. Kap. v. 10 bis 19 Göttlich beschriebene Behemoth sey", daß „außer dem im Horto medico zu Leyden befindlichen gantzen Behemoth selbst in Kayserlichen und königlichen Cabinetten bisher vergebens ein Schädel desselben gesuchet sey." „Wie gerecht ist es denn nicht, sagt Peter Hinrich in seiner „Beschreybung vom Colibrit", daß ich nicht nur dieses Stück für das allerschönste meiner Natursammlung schätze; sondern auch den gütigen Geber desselben hiemit öffentlich bekannt mache") u. s. w. Es ist solches der Herr Joachim Nicolaus von Dessin, Secretarius bey der Waysenkammer auf dem Vorgebürge der guten Hoffnung in Africa, mein hochgeschätzter Freund und Gönner, ein Mann, der die Wissenschaften liebet und kennet, ein Mann, dem die Vorsicht ein seltenes Maaß von Menschenliebe und Dienstfertigkeit zugetheilet, ja ein Mann, welchen Sie, nach mündlichen Bericht seiner Freunde, die längst verdiente und hohe Gouverneur Stelle daselbst, um seiner großen Verdienste willen, allem Vermuthen nach annoch vorbehalten hat und welchen ich, sowohl für diese seine besondere, als alle andere mir, gänzlich unverdienterweise bewiesene Liebe, Güte und Freundlichkeit hiemit meinen öffentlichen und allerverbindlichsten Dank abstatten, anbey mich auch seiner nie genug geschätzten Gewogenheit fernerhin bestens empfehle". Dieser Satz zeigt so recht die Schwülstigkeit und Lobhudelei der damaligen Zeit.

Als weitere große Seltenheiten seiner Sammlung werden genannt fünf lebendige chinesische Gold- und Silberfische und einige ausgestopfte Colibri. Er selbst sagt über erstere: „Als eine der allerseltensten und zugleich allerangenehmsten Begebenheiten für einen Naturforscher Chinesische Gold- und Silberfische in diesen Gegenden lebendig im Cabinet zu sehen, kann ich hier nicht umhin, den Liebhabern der Naturgeschichte bekannt zu machen, daß ich sie neulich auch erlebet: 5 Stück der schönsten Arten derselben gesund und munter empfangen, 4 davon ohngefähr 3 Monaht lang, den 5ten aber nunmehr 4 Monahte, und zwar noch bis diese Stunde beym Leben erhalten habe". Das Kostbarste, was Peter Hinrich besaß, waren die ausgestopften Colibri. Es war zu damaliger Zeit noch außerordentlich wenig über diese Thiere bekannt. Diejenigen, welche Peter Hinrich besaß, waren die ersten in Lübeck. Allererst durch die Reisenden Sloane (1727), Labat (1722) und Catesby (um 1740) waren einige bessere Schilderungen des kleinen Wundervogels bekannt geworden. Ihnen war Edward's in seinem 1743 herausgegebenen Werke: Natural History of Uncommon Birds gefolgt, während Linné in seiner Systema natura von 1742 noch kein Colibri und in der Ausgabe von 1748 erst drei Arten aufführt.¹¹¹) Peter Hinrich besaß mehrere Colibri der Art „Trochilus auricolor Mellisuga", wie er sagt, dieselbe Art, welche Linné 1748 „Trochilus auricolor Mellivora" und der letzte Herausgeber des Linnaei: Mellin „Trochilus Colubris" nannte. Neben mehreren ausgewachsenen Thieren, welche die volle Farbenpracht zeigten und „von denen das Schönste aus Ostindien" stammte, besaß er noch „ein Nest mit Jungen" und ein anderes „mit Weibgen auf ihren Eyern sitzend. Beyde Nester sind von Baumwolle bewunderungswürdig künstlich gemacht und das eine an einem Pomerantzen, das andere an einem mir unkenntlichen Zweiglein befestiget". Es kann dem glücklichen Besitzer nicht verdacht werden, daß er beim Vorzeigen dieser kleinen farbenschillernden Wunderthiere in Verzückung gerieth und nicht müde wurde, seinen wißbegierigen Gästen ein Vieles über Leben und Seltsamkeit derselben zu berichten. So z. B., daß die Nahrung aus dem Safte der Blumen bestehe, welche das Vögelchen in schwebender oder flatternder Stellung heraussauge, „wobei er mit den Flügeln ein Summen von sich gäbe, das mit dem Getöse eines Spinnrades eine Aehnlichkeit habe, weshalb die Engländer ihn auch Humming Bird nenneten". „Diese herrliche Creatur werde auch nur im Sommer gesehen, im Winter halte sie einen langen Schlaf. Wenn es etwan unglaublich schiene, daß ein Vogel den gantzen Winter hindurch fasten könne, der solle sich merken, daß eben auch hierin eine sehr deutliche Spur einer Weisen Gottheit zu finden sey und daß der Allmächtige Schöpffer diejenigen Thiere, welchen er den Tisch nicht decket, auch also eingerichtet habe, daß sie alsdann keiner Nahrung bedürffen; wie denn dieses die tausenden Arten der Insecten, Schlangen, Eydechsen, Kröten u. s. w. sowohl als auch wenigstens unsere Strand- und Mauerschwalben durch ihr Exempel jährlich beweisen, der großen Thiere, der Bären zu geschweigen."

Diesem Allem hörte die Schaar der Besucher mit stummer Bewunderung zu. Die Dämlein in ihren weiten Reifröcken und die Männer in ihrer buntfarbigen RococoKleidung mit den weitabstehenden Salondegen an der Seite bewegten sich ungemein vorsichtig und ängstlich zwischen den vielen Schränken und vollgestellten Tischen hindurch und begleiteten ihre gezierten Ausbrüche des Entzückens „immerfort mit einerley regelmäßiger Bewegung, gleich wie die Unruhe an einer Uhr".¹¹²) Sie beschrieben dabei „allerley affectirte Cavaden mit den Händen und mancherley gekünstelte Reverenz mit den Füßen oder verharrten in einer gezwungenen seiltänzerischen Stellung des Leibes". Hatte der langathmige, glückliche Besitzer der angestaunten Herrlichkeiten seine Rede beendet, so ergossen sie sich in den überschwänglichsten Ausdrücken über das für sie so Seltsame, Unerwartete, welches sie so außerordentlich „rührete" und benannten den „gelehrten und geschickten" Erklärer mit den schmeichelhaftesten Titeln, unter denen „Herr Doctor" ein sehr gern gehörter war.¹¹³) Ging es aber aus Abschiednehmen,

---

¹¹¹) Nach Berlepsch zählt man heutigen Tages 450 Arten. Elliot in seiner Classification and Synopsis of the Trochilidae 1878 führt sogar 880 Arten an
¹¹²) S. L. von Haramond's seltsame aber wohlmeinende Gedanken über die Eitelkeit der Welt. Erfurt u. Lpzg. 1731
¹¹³) Peter Hinrich zeichnete sich Dr., siehe weiter unten

so begann an der Thür und noch mehr an den Treppenstufen, welche vom Anbau auf den Hausflur hinabführten, ein endloses Verbeugen und Betheuern der unendlichsten Dankbarkeit und Bewunderung für den großherzigen Besitzer, „wobei man auf keinerlei Weise zugeben wollte, daß derselbe seine „vielliebeu" Gäste begleite, während er sich doch wiederum solches nicht nehmen lassen wollte". „Alldieweil dann unter solchen Ceremonien-Streit der Platz an der Treppe sich ziemlich verengete, ereignete es sich gar oft, daß der eine oder andere bei seiner zierlichen Reverenz aus der Mensur kam und über'n Haufen fiele". Das ging so fort, bis endlich die Hausthüre gefunden war.

Der Besitz so vieler erster Seltenheiten veranlaßte Peter Hinrich im Jahre 1753, eine höchst sonderbare Arbeit im Druck erscheinen zu lassen,[114]) eine Arbeit, deren besonderer Zweck der war, seine gesammten Kenntnisse und Fähigkeiten, seine gesammten Schätze aller Welt bekannt zu machen, wenn auch das Vorwort andere Beweggründe angiebt. Die Arbeit, benannt: „Versuch einer Beschreybung vom allerschönsten und beynahe aller Kleinsten Vogel, der unter dem Namen Colibrit bekannt ist", hat die Form eines 59 Strophen langen Lehrgedichtes. Dasselbe hat heutigen Tages nur mehr noch den Werth einer Merkwürdigkeit aus vergangener Zeit.[115]) Will man seinen einstmaligen Werth richtig beurtheilen, so muß man sich den damaligen Standpunkt der Naturforschung und Naturbeschreibung und denjenigen der Dichtung jener wenig bekannten Zeit vor Lessing vergegenwärtigen.

Peter Hinrich wandte sich mit seiner Arbeit an die große Menge der nichtgelehrten „Liebhaber der natürlichen Geschichte". Die Mehrzahl derselben schöpfte ihre Belehrung aus den damals massenhaft erscheinenden, gemeinfaßlich geschriebenen Reisebeschreibungen meist unbekannter Forscher, welche ihren leichtgläubigen Lesern das unsinnigste Zeug auftischten. Nimmt man z. B. eines der beliebtesten derartiger Bücher der Zeit, den „Hamburgischen Curieusen Antiquarius" von 1752 zur Hand, ein Buch, welches in 2 Jahren 3 Auflagen erlebte, so findet man darin Berichte über „einen Vogel, so aus einer Blume wächset"; über „Vögel, so die Eyer in die Lufft legen, welche im Herunterfallen ausgebrütet werden"; über das Hippopotamus, „daß wann es zu fett worden, es sich selbst an einem zersplitterten Rohre die Ader öffnet, damit es von überflüssigem Blut erleichtert wird"[116]) u. A. m. Die Gemüther waren damals sehr empfänglich für das Wunderbare, Uebernatürliche, Räthselhafte, und es bedurfte langer Jahre und unermüdlicher Arbeit von Seiten der aufklärenden Gelehrten, diesen Hang nur einigermaßen einzudämmen. Gegenüber solchen ungeheuerlichen Beschreibungen nimmt sich die Arbeit Peter Hinrich's als nicht ganz werthlos aus. Andererseits waren die Beschreibungen des Colibri, wie schon vorhin erwähnt, noch sehr vereinzelt und zerstreut, meist auch sehr lückenhaft in größeren Reisebeschreibungen vorhanden. Peter Hinrich sagt damit

---

114) Bei Green in Lübeck. Abdrücke vorhanden auf den städtischen Büchersammlungen zu Lübeck und Hamburg und im Familienbesitz.
115) Als solche erwähnt auch Hans von Berlepsch die Schrift in seinen „Kritischen Bemerkungen zur Colibri-Literatur". Abdruck a. d. Zeitschrift des Vereins für Naturkunde zu Cassel 1888.
116) Es war die Zeit, in welcher das Aderlassen für ein Allerweltsmittel galt.

übereinstimmend im Vorwort, daß „der Mangel an einer nur etwas zusammenhängenden Nachricht neben der ganz ausnehmenden Schönheit des Vogels" ihn auf die Gedanken gebracht habe, die Beschreibung desselben zu wagen. Dabei schlug er nun allerdings eine uns heutigen Tages sehr sonderbar erscheinende Richtung ein, die sich indessen wiederum in dem damaligen Zeitgeist vorgezeichnet findet.

Seiner Zeit, als Peter Hinrich in Hamburg den Handel erlernt hatte, war der, 1747 gestorbene, hamburgische Dichter und Rathsherr B. H. Brockes ein sehr gefeierter Mann. Die oft wunderliche Naturbegeisterung desselben hatte die Welt angesteckt; eine Ausgabe seiner Gedichte war der anderen gefolgt; überall sproßten Nachtreter hervor, und selbst Männer wie Triller, Usenbach, Drollinger, Zell, Haller u. A. lehnten sich an ihn an.[117]) Hatte man zu Zeiten des Bürgermeisters Peter Hinrich Tesdorpf noch ausschließlich alles wahre Glück, die höchste Freude im jenseitigen Leben zu finden gewähnt, hatte man sich damals fast zu sehr vom Erdenleben abgewandt, so waren durch Brockes' Einfluß die Menschen wieder auf die gesunden Freuden, die Schönheiten des Erdenlebens hingewiesen worden. Es war durch ihn eine schwärmerische Begeisterung für die Natur und ihren Schöpfer hervorgerufen, welche er, der „Petrarca Niedersachsens", in seinem „Irdisches Vergnügen in Gott"[118]) in den Worten aussprach:

> „Herr, meine Lust sind Deine Werke,
> Ach gieb, daß mancher auch mit mir,
> O aller Dinge Quell, sie Dir
> Zum Ruhm, mit Lust und Dank bemerke."

Ganz im Brockes'schen Geist verfaßt war dann 1742 die „Petino Theologie oder Versuch die Menschen durch nähere Betrachtung der Vögel zur Bewunderung, Liebe und Verehrung ihres mächtigsten Schöpfers aufzumuntern", erschienen. Sowohl dieses, als auch Brockes' „Irdisches Vergnügen in Gott" befanden sich in Peter Hinrich's Büchersammlung, und der Einfluß beider Werke auf ihn ist ein unverkennbarer. Im Vorbericht des Colibri Gedichtes sagt er auch, daß „er sich endlich entschlossen habe, es drucken zu lassen unter dem gerechten Wunsche: daß es sowohl zur Vermehrung der Beweise der majestätischen Gegenwart des großen Schöpffers in den Geschöpffen und der daraus fließenden Verherrlichung Seines anbetungswürdigen Nahmens, als auch zur Verbesserung und Ergänzung der Historie des Vogels dienen möge". In einer Weise ist das Gedicht sehr eigenartig. Es ist nämlich die ganze Beschreibung des kleinen Vogels in eine wildbewegte Handlung eingeflochten.

In der Vorstrophe winkt der Dichter seinen Liebling herbei mit den anmuthigen Worten:

> „Komm Vogel! komm! zum Hochergetzen
> Will ich mich bei Dir niedersetzen;
> Komm, fördre meine Seelenlust!
> Ich will in Dir die Gottheit ehren,
> Und Deiner Farben Hoheit lehren,
> Sie ist nur wenigen bewußt."

---

[117]) Gervinus, Historische Schriften Band III.
[118]) Th. V pag. 50.

Dann beginnt das Gedicht, welches sich im Versbau vollständig an Brockes' „Die fünf Sinne" anlehnt, wie folgt:

> „Welch' ein Anblick, welch' Entzücken
> Rühret mein Auge, regt die Brust!
> Mir zu groß es auszudrücken
> Ist es Herr! nur Dir bewußt:
> Wie das Vöglein mich entflammet;
> Das ursprünglich von Dir stammet.
> Dessen Schönheit, dessen Pracht
> Mir ein heilig Schaudern macht."

Im Weiteren heißt es dann:

> „Fürst und König aller Thiere!
> Weil Du ohne Nahmen bist,
> Der Dich so erhaben ziere,
> Als Dein Glanz bezaubernd ist:
> So will ich, zu Deinen Ehren,
> Deiner Nahmen Zahl vermehren!
> Fiel der beste mir doch ein!
> Sonnenvogel mag es seyn."

Hierauf folgt nun die Beschreibung des Vogels und seiner Lebensweise. Aus einer Strophe guckt der ehrbare Kaufmann heraus, der das Wägen versteht:

> „Durch Erfahrung und Berichte
> Fällt mir noch merkwürdig bey:
> Kaum zwey Granen, an Gewichte,
> Hält des Sonnenvogels Ey.
> Um den Vogel selbst zu wägen,
> Hat man Achtzehn zuzulegen:
> Dann noch Vier dabey gefugt,
> Zeigt wieviel das Nestgen wiegt."

und den kleinen Wundervogel in den Händen drehend und wendend, fährt er fort:

> „Was den Werth des Vogels mehret,
> Ist halb Zaubereigenschafft:
> So wie man denselben kehret,
> Hat die Farbe andre Krafft.
> Was nur itzt wie Feuer schiene,
> Dient, im Nu, zum schönsten Grüne:
> Gleich darauf zu schwarz und fahl,
> Ja zu Farben ohne Zahl."

Mitten in diese stillen Betrachtungen stürmt plötzlich allerhand Gethier, um gegen den Ausruf: „Fürst und König aller Thiere!" Einspruch zu erheben:

> „Himmel hilff! welch' ein Gewimmel
> Von Geschöpfen seh ich hier,
> Mit dem Vogel im Getümmel
> Streitend über Rang und Zier!
> Ehrsucht, Stampfen, Trotzen, Scheeren
> Scheinen ihm Gefahr zu dräuen.
> Halter ein! Klagt vor Gericht!
> Wo man unpartheylich spricht."

und so geschieht's. Der Strauß, der Löwe, der Behemoth (Hippopotamus), die Gold- und Silberfische, selbst die Blumen, wie die Passionsblume und die Lilie Martagon, Silber, Gold und Edelsteine, ja die Kunst — sie alle klagen und werden abgewiesen, weil sie nicht im Stande sind, die königliche Hoheit des Wundervogels herabzudrücken. Dem schließen sich einige allgemeine Betrachtungen an, in welchen gesagt wird, daß weder „Appelles, Pellegrini, Lucian, Tintoretto, Macerelles, Rubens, Kneller, Wouwermann, noch die Poeten im Dichterorden, welche wie ein Haller denken und schreiben, im Stande sind, etwas der Schönheit des Thieres Ebenbürtiges zu schaffen. Ja selbst der Atheist würde überzeugt bekennen:

>„Dieses Feuers kaltes Brennen,
>Dieser Wunderfarben Flor
>Bracht kein Ungefähr hervor!"

Dann versteigt sich der verzückte Dichter noch zu der wunderlichen Frage

>„Darf ich Dich, mein Schöpfer! fragen:
>Warum muß die höchste Zier
>Solch' ein kleiner Vogel tragen?
>Warum gabst Du sie nicht mir?"¹¹⁴)

und schließt endlich mit den Worten:

>Prange, schönstes Thier der Erden
>Dem zur Ehre, der Dich schuf;
>Bis die Welt wird wieder werden,
>Was sie war vor Gottes Ruf!
>Deiner Farben Brennen
>Lehr' die Spotter Gott erkennen!
>Wer dann Gott bekennen kann.
>Stimme Dreymal Heilig an!

In den hinzugefügten 33 Anmerkungen theilt der gelehrte Verfasser die Namen aller von ihm benutzten Bücher und sonstiges Wissenswerthe über das Colibri und viele andere Thiere mit, und er legt dabei ein erstaunliches Geschick an den Tag, indem er es verstand, seine sämmtlichen übrigen ersten Seltenheiten in diese Anmerkungen hineinzuflechten, um sie öffentlich bekannt zu machen. Das läßt denn doch die Aeußerung, welche er im Vorwort thut, daß er nämlich „nur durch Triebe zur Naturwissenschaft die Feder geführt habe", in etwas zweifelhaftem Lichte erscheinen.

Peter Hinrich begann die Arbeit ungefähr im Jahre 1750; doch wurde er durch den Tod seiner Gattin an der Vollendung derselben gehindert. Er sagt: „Nicht lange nach diesem empfindlichen Zufall nahm ich es zur Vertreibung schmerzender Gedanken wieder zur Hand und vollendete es, ohne Absicht es jemahlen öffentlich bekannt zu machen. Zur Entschuldigung der Fehler, welchen meine wie aller Menschen Arbeit unterworffen ist, muß ich noch, insonderheit denen, welche mich nicht kennen, zur nöthigen Nachricht sagen: daß ich ein Kauffmann bin, daß ich in der Dichtkunst nie einigen Unterricht genossen und außer diesem Stück niemahlen Verse geschrieben".

Peter Hinrich war auf das eifrigste bemüht, seiner Schrift die weiteste Verbreitung zu sichern. Zur Weihnacht 1753 versandte und verschenkte er die ganze erste Auflage. Alle Bekannte, viele Gelehrte und die wichtigsten öffentlichen Büchersammlungen wurden damit beehrt. Er hatte

---

[114] In den Lübeckischen Blättern von 1853 Nr. 39 ist eine Aeußerung des Naturforschers Blumenbach über das Gedicht und besonders über diese Stelle wiedergegeben.

auch die Genugthuung, schon nach einiger Zeit, zu Anfang 1754, sehr schmeichelhafte Beurtheilungen seines Werkes in der „Lübeckischen Fama" und den „Lübeckischen Anzeigen" erscheinen zu sehen. Die „Fama" sagt in ihrer dritten Nummer (1753), nachdem sie einige Strophen des Gedichtes mitgetheilt hat: „Schon aus diesen Stellen, die nicht die allerschönsten in dem ganzen Gedichte sind, werden unsere Leser urtheilen, daß Herr T. mit den Ausdrücken umzugehen weiß und die poetische Laute sehr angenehm rühret". Weiter heißt es dann: „Der Herr Verfasser, dessen Geschicklichkeit und Erfahrenheit in der natürlichen Geschichte so bekannt ist, hat einen überaus schönen Vorrath von Naturalien gesammelt. Er weiß sich derselben auf eine geschickte Art zu seinem und anderer Vergnügen und Unterricht und zum Lobe des allerhöchsten Schöpfers zu bedienen. Er hat und nutzet eine kostbare Büchersammlung von den schönsten und besten Werken, die zur Naturgeschichte gehören. Er stehet mit verschiedenen auswärtigen großen Gelehrten und anderen in Briefwechsel, die seine Einsicht hoch schätzen und wechselweise nutzen und vermehren. Dies alles ist längst den allermeisten in dieser Stadt und mit wenigen auswärtig bekannt. Er zeiget sich anitzt von einer Seite, die er bisher sorgfältig zu verhehlen Ursach genommen hat". Die „Lübeckischen Anzeigen" vom 5. Januar 1754 nennen die Arbeit „ein nettes, ungemein schönes Gedicht, welches unser geschickter und bei den auswärtigen Naturforschern so sehr berühmter Herr P. H. T. verfasset hat. Herr T., welcher, obwohl er Kaufmann ist, doch zugleich unter den schönen Geistern und Naturkennern eine so ausnehmende Stellung bekleidet, giebt den Beweis, daß die Gelehrsamkeit der Handlung wohl anstehe u. s. w. Dieses Gedicht wird Herrn Tesdorpf ebenso berühmt unter den Dichtern machen, als es Herr Cuno in Amsterdam durch seine Gedichte geworden".[112])

Dem sei noch Einiges angefügt aus der Beurtheilung des Gedichtes durch Professor Joan Daniel Denso in der „Physikalischen Bibliothek" (Rostock und Wismar 1754). Denso sagt: „Alsdenn stehet es um die Naturkunde recht wohl, wenn auch Liebhaber und Kenner, welche nicht eigentlich zur Classe der eigentlich sogenannten Gelerten gehören, ihre Seltenheiten beschreiben. Alsdenn haben wir Deutsche einem Rumph, einem Vincent, einem Gersaint genugsame Männer von Verdiensten entgegen zu setzen". „Sollten wir einem solchen Manne, wie Herr P. H. T., nicht unsere Erkänntlichkeit öffentlich bezeugen, der seine Nebenstunden, einen Theil seines Vermögens und seine Sorgfalt auf Sammlung erbaulicher Naturseltenheiten verwendet? Welcher nicht allein vergnügt ist, sich an dem Anblicke des angeschafften zu ergötzen; sondern auch von seinen wohlbegründeten Ueberlegungen und eingezogenen Nachrichten anderen Theil giebt? O reizte dieses Exempel viele, ihre Schätze nicht zu vergraben und durch einen hämischen Neid anderen ihre Sammlungen zu verbergen". „Ein Mann von so glücklicher Stellung, wie der Herr Tes-

---

[112] Ueber Joh. Christ. Cuno siehe Bd. II pag. 484 d. Zeitschrift des Vereins f. Hamb. Geschichte. Er war unter Friedrich Wilhelm I. Corporal, später Kaufmann, Dichter und Botaniker. Seine schriftstellerischen Verdienste wurden von den deutschen Gesellschaften zu Göttingen, Jena, Helmstädt und Greifswalde durch Uebersendung ihrer Diplome anerkannt. Dennoch ist ihm kein Räumchen in der Geschichte der deutschen Literatur gesichert."

dorpf wird unser physikalischen Bibliothek viel Zierde machen können und wir hoffen von dessen uns gerümten edlen Gemüte ein sehr vieles". Die „Physikalische Bibliothek" schlief aber bald ein. Außer in den vorher genannten Zeitschriften erschienen noch Beurtheilungen des Gedichtes in den „Greifswaldischen critischen Nachrichten" und in der „Mecklenburger Gelehrten Zeitung" von 1754.

Nicht sobald waren diese schmeichelhaften Beurtheilungen bekannt geworden, als ein unbekannter Widersacher den stolzen Dichter in einer Schmähschrift öffentlich auf das gröbste beleidigte, ihn schonungslos angriff. Derselbe behauptete, daß Herr Peter Hinrich Tesdorpf die Beschreybung vom Colibrit zwar zusammengeschrieben, die gefällige Form aber von einem bekannten, armen Dichter dieser Stadt gegen gute Bezahlung habe machen lassen. „Herr P. H. T. machet überhaupt viel eitles Gerede von sich, um die Leute glauben zu machen, er sei eine Berühmtheit", während doch solches durchaus nicht der Fall sei, „wie auch bekanntermaßen die Titel und Würden, so er sich anmaße, ihm nicht gebühreten", u. s. w. — Darauf ließ nun der Angegriffene in den „Lübeckischen Blättern" vom 26. Januar 1754 folgende Antwort erscheinen:

„Nachdem bekanntermaßen heute vor acht Tagen ein so frecher als gewissenloser Mensch, in einer öffentlich angeschlagenen und bald darauf durch den Schinder abgerissenen ehrlosen Schrifft, meine Ehre auf die freventlichste Weise anzugreifen sich nicht gescheut, dieser aber, aller angewandten Mühe ungeachtet, bishero nicht ausfindig zu machen gewesen: So habe ich, damit derselbe, wo möglich, entdecket, und zu seiner wohl verdienten schweren Strafe, andern aber zum schreckenden Exempel in die Hände der Justiz geliefert werden möge, demjenigen, welcher ihn, den infamen Verfasser der gedachten Schmähschrift, zuverlässig anzeigen wird, eine gewisse Belohnung von Eintausend Reichsthalern Lüb. Court. hiemit versprechen wollen; unter der Versicherung, daß sein, des Angebers, Nahme auf Verlangen verschwiegen bleiben soll."

Diese Anzeige wurde in den beiden folgenden Nummern des Blattes wiederholt, ohne daß der Missethäter entdeckt wurde. War die Schmähschrift auch nur eine That der Rache für erlittene Unbill, so muß doch erwähnt werden, daß Peter Hinrich sich allerdings auffälliger Weise oftmals mit einem deutlichen Dr. am Endschwung seines Namens unterzeichnete.[113]) Die Doctorwürde war um die damalige Zeit verhältnißmäßig leicht in absentia für gutes Geld und etwas Anstrengung zu erlangen.[127]) Sie wurde vielfach zu einem Handelsunternehmen gemacht und war deßhalb im Volk ziemlich in Verruf gekommen. In Lübeck galt der Doctortitel indessen noch viel. In der Rangfolge gingen die Doctores den kaufmännischen Rathsherren vor, welche erst die elfte Reihe einnahmen, was allerdings wiederum veranlaßte, daß die Mehrzahl der nicht berufsmäßigen Doctores aus Höflichkeit gegen die kaufmännischen Rathsherren den Titel im gewöhnlichen Leben und bei Festen nicht zur Geltung brachten. Das

---

[113]) Siehe Handschriftentafel im Anhang
[127]) Zur Geschichte der akademischen Würden von Dr Hinrich Jos. Schelling. Erlangen 1880

könnte auch bei Peter Hinrich der Fall gewesen sein; indessen scheinen die Gedichte zur Feier seiner Ernennung zum „vornehmen Mitglied" der „blühenden teutschen Gesellschaft zu Jena", welche ihn nur als „hochansehnlichen Handelsmann und Vorsteher am heiligen Geist" bezeichnen, mit Sicherheit darauf hinzudeuten, daß er den Doctortitel nicht besaß. Das Dr. bleibt räthselhaft.

Es gereichte Peter Hinrich zur ganz besonderen Genugthuung, daß die „blühende teutsche Gesellschaft" die Verdienste seiner Arbeit dadurch anerkannte, daß sie ihn am 12. August 1754 zu ihrem „vornehmen Mitgliede" erwählte. Die „blühende teutsche Gesellschaft in Jena" bezweckte gleich derjenigen zu Leipzig, welche unter Gottsched zu hoher Bedeutung gelangt war, „durch eine gründliche Untersuchung der deutschen Sprache und aller darinnen möglichen Schreibarten die Vollkommenheiten einer vernünftigen Beredsamkeit und Dichtkunst in derselben zu befördern". Dadurch erwarb sie sich auch unbestreitbare Verdienste. Die hochgestelltesten Männer gehörten ihr an. Im Jahre 1751 war z. B. der Erbprinz von Sachsen-Weimar-Eisenach Protektor, der Reichsgraf von Bünau Präsident, der Rector der Universität der Leiter der Gesellschaft.[121]) Man unterschied „vornehme", „außerordentliche", und „ordentliche" Mitglieder. Es galt für eine große Ehre und Auszeichnung, zum „vornehmen" Mitgliede ernannt zu werden.

Unter den in Veranlassung dieser Auszeichnung entstandenen Lobgedichten auf Peter Hinrich T. befinden sich zwei, welche wegen ihrer Verfasser erwähnenswerth sind. Das eine ist von Friedrich Daniel Behn, dem späteren Rector am Gymnasium, das andere von Balthasar Münter, dem späteren berühmten Liederdichter und als Kanzelredner gefeierten Hauptpastor zu Copenhagen verfaßt.[122]) Beide Männer waren damals der „heiligen Gottesgelahrtheit Beflissene und der teutschen Gesellschaft ordentliche Mitglieder". Behn singt u. A.:

"Ja, großer Mann! Der Weisen Lust!
Trajanens Glanz! Du Zier der Zeiten!
Dein Lied entflammte meine Brust;
Dein Ruhm belebet meine Sayten.
Säng ich, wie jüngst Dein Lobgesang
Vom Sonnenvogel uns durchdrang:
So würd' ich würdig Dich besingen.
Zu schwach dazu, erwähn ich nur,
Der Nachwelt, groß durch die Natur,
Wird einst ein Lied auf Dich gelingen."

Münter dagegen ruft aus:

"Wer kann den Weisen würdig schildern,
Der in unzählig fremden Bildern
Nur eines Schöpfers Weisheit sieht?
O Tesdorpf! ernster Freund der Tugend!
Doch auch ein Helfer meiner Jugend!

---

[121]) Die Mitglieder der Gesellschaft kamen jährlich zu einem großen Festessen zusammen. Zu der „würdigsten Feyer der teutschen Gesellschaft" im Jahre 1753 lud der „Proreetor der Universität und der gesammte akademische Senat" ein. In der gedruckten Einladung heißt es u. A.: „Wie rührend wird diese Feyer sein."

[122]) Seine Tochter war die als Schriftstellerin bekannte Friederike Sophie Christine Brun, siehe unter Edward Tesdorpf.

Du warst der Stoff für solch ein Lied.
So folg ich meinen starken Trieben!
Doch, meine Schwachheit! welche Pflicht!
Die Dichtkunst selbst prangt, ihn zu lieben:
Doch ihn zu singen wagt sie nicht.

Behn sowohl wie Münter waren insofern Peter Hinrich zu Dank verpflichtet, als derselbe ihnen aus der Stiftung des Pastors Johann Christoph Tesdorpf, welche er verwaltete, eine Unterstützung zukommen ließ. Behn's Dankbarkeitsgefühlen war mit dem Gedicht noch nicht Genüge gethan; er ließ auch noch in den Lübeckischen Anzeigen vom 24. August 1754 ein „Sendschreiben an den S. T. Herrn P. H. Tesdorpf" erscheinen.

Die „Beschreibung vom Colibrit" erlebte die zweite Auflage. Paulli in den „Poetischen Gedanken von Politischen und Gelehrten Neuigkeiten"[123] sagt: „Die erste Auflage war auf Median Papier in groß Quart gedruckt, und weil der Herr Verfasser die Exemplaria umsonst weggab, bald vergriffen". Die zweite Auflage kam zur Ostermesse 1754 in Leipzig bei dem Buchhändler Jonas Schmidt heraus und war für ⅙ Rthlr. käuflich,[124] ein Preis, welcher beweist, daß der Verfasser der Freude, sich gedruckt zu sehen, ein gutes Stück Geld opferte. Es fand sich auch wiederum außer obenerwähntem Paulli noch ein Dichterling, G. M. Bose, öffentlicher Lehrer in Wittenberg, welcher dem Herrn P. H. T. ein schwülstiges Loblied sang. Sogar die „Lübeckischen Nachrichten" brachten unter dem 25. Januar von 1755 eine nochmalige Besprechung des Gedichtes vom Colibrit, allerdings nicht ohne „um Entschuldigung zu bitten, daß man sich über eine Sache unterhalte, wovon die Leser schon im vorigen Jahre zur Genüge unterrichtet" seien. Weiter heißt es dann: „Wir können aufrichtig versichern, daß das Tesdorpf'sche Gedicht nach dem Urtheil der größten Gelehrten und Naturkundigen unserer Zeiten, die es ihrer Aufmerksamkeit würdig geschätzet und theils wegen der anmuthigen und rührenden Schreibart, die durchgehends darinnen herrschet, theils wegen der gelehrten Anmerkungen, die dasselbe vortrefflich erläutern, mit häufigen Lobsprüchen beleget haben, unter den vornehmsten Schriften dieser Zeit, in welcher ein feiner Geschmack zum Grunde lieget, einen nicht geringen Platz behaupte u. s. w." Solche und ähnliche Loberhebungen sehen denn doch aus, als ob sie der Herr Verfasser selbst nicht ganz unbeeinflußt gelassen habe. Uebrigens finden sich in den „Lübeckischen Anzeigen", welche neben der „Lübeckischen Fama" die einzigen Zeitschriften waren, welche um die Mitte des Jahrhunderts in der Stadt erschienen,[125] noch einige andere Beweise der schriftstellerischen Thätigkeit Peter Hinrich's. Sie enthalten mehrere kleinere Aufsätze aus seiner Feder, meist über nutzbare Anwendung der neuesten naturwissenschaftlichen Forschungen, über künstliche Brütung, Verwendung von Torfstreu in Ställen u. s. w.; die Nummer vom 25. Januar 1755 theilt endlich noch einige grausame Knittelverse Peter Hinrich's mit, welche die Blätter seines dichterischen Lorbeerkranzes verdorren machen.

---
[123] Hambg., Aud. Bencke 1754. Thl. 6.
[124] Bibliotheca Historica Naturalis des Wilhelm Engelmann von 1846 und Meusel's Lexikon der Teutschen Schriftsteller Band XIV.
[125] Hansear Magazin Band VI. Die Lübeckischen Anzeigen erschienen zuerst am 8. Januar 1751, die „Fama" zu Neujahr 1753.

Die Veranlassung zu diesem poetischen Erguß war die folgende: Der Rathsherr Christian Peters und der Kaufmann Johann Nicolaus Wolff, zwei verdiente Bürger der Stadt, waren gestorben, und „überall höret man das harte Schicksal beseufzen, wodurch die ganze Stadt in doppelte Bestürzung gesetzet worden." „Wir können daher nicht anders, sagt das genannte Blatt, als den gerechten Klagen beystimmen, die ein gewisser vornehmer Kaufmann und redlicher Bürger hieselbst, der hochwohlgebohrne Herr Peter Hinrich Tesdorpf, ein Mann, den man nur nennen darf, um ihn zu loben und dessen Stärke sowohl in der Naturlehre als der Dichtkunst bereits durch öffentliche Proben zur Genüge bekannt ist, aus innerem Mitleiden bey dieser Gelegenheit entworfen hat. Da sie uns neulich zu Gesichte kamen, erbathen wir uns die Erlaubniß, sie ihrer zärtlichen Ausdrücke halber abzuschreiben, und nunmehro tragen wir kein Bedenken, sie zum rühmlichen Andenken der Erblaßten und zur Ehre ihres gelehrten Herrn Verfassers durch den Druck bekannter zu machen:

„Zufällige Gedanken unter mitleidigen Thränen!"

Ach gar zu harte Post, in Lübeck's Bürger-Ohren:
Ihr Wolff und Peters gehn in's Grab, zugleich verlohren!
Die Börse seufzt und weint: das Rathhaus ächzt und klagt,
Um dieser Männer Tod, der jeden rühret und nagt.
Ihr Bürger dieser Stadt: kniet vor der Allmacht nieder!
Zwo Seelen solcher Krafft bekommt ihr sonst nicht wieder.

Die schriftstellerische Thätigkeit Lübeck's lag damals noch sehr im Argen, gleichwie der Geschmack und die Urtheilskraft seiner Bewohner. Der eine oder andere Grund muß Peter Hinrich bewogen haben, nach diesem Gedicht niemals wieder die Klänge seiner Leier öffentlich hören zu lassen. Es findet sich auf späterer Zeit nirgends eine Spur seiner Thätigkeit auf schriftstellerischem Gebiet, dagegen unterhielt er nach wie vor einen lebhaften Briefwechsel mit verschiedenen Gelehrten und hervorragenden Freunden der Naturwissenschaften.

Paulli theilt mit, daß er außer zu Réaumur auch noch zu Mead, Naturforscher und Königlicher Leibarzt zu London, zu Rösel, dem Naturforscher und zu Jacob Theodor Klein in Beziehungen gestanden habe. Dieser letztere, Stadtsecretär zu Danzig, wurde von seinen Zeitgenossen als ein „unsterblich verdienter Mann" gefeiert. Er hatte sich besonders hervorgethan durch ein umfangreiches, mit schönen Kupfern geziertes Werk über die Seeigel, welches ungetheilte Anerkennung fand."[126] Als nun Peter Hinrich einst vom Cap der guten Hoffnung zwei versteinerte Seeigel seltsamer Form erhalten hatte, übersandte er dieselben dem Doctor Klein zur Beurtheilung. Klein war dafür dankbar genug, die beiden Stücke in dem zweiten Theil der „Versuche und Abhandlungen der Naturforschenden Gesellschaft zu Danzig" von 1754 auf Tafel N/XII abzubilden und auf Seite 292 in einem „Echinites Tesdorpfii" überschriebenen Aufsatz eingehend zu beschreiben. In demselben sagt er: „Niemals habe ich welche mit mehreren Zierrathen oder von einem anderen Muster gesehen, weder ein anderes davon gehöret noch gelesen, bis wider alles Vermuthen Herr

---

126) Dasselbe war lange Zeit die Hauptquelle der Kenntniß über diese Thiere.

P. H. T., vornehmer Banquier zu Lübeck, ein Liebhaber und sonderlicher Kenner natürlicher Dinge, die Güte gehabt, mir ein Paar von gleichartiger Fabrique zu senden, einen derer auch unserer Gesellschaft als ein angenehmes Präsent zu widmen u. s. w. Wir aber werden wohlthun, wenn wir diese gar besondere Gattung auch unter anderen Kennern und Liebhabern seltener versteinerter Dinge als etwas bisher noch nicht bekannt gewordenes oder sonst erhörtes, so viel uns wissend, wohlmeynend mittheilen und zwar unter dem billigen Ehrennamen: Globulus Tesdorpfii".¹⁰⁹ᵃ)

Durch seinen Sinn für die Naturwissenschaften wurde Peter Hinrich auch noch mit einem anderen Manne zusammengeführt, dem Physikus Dr. Johann Friedrich Bolten zu Hamburg, welcher nicht nur ein geschickter Arzt sondern auch ein gründlicher Forscher, besonders auf dem Gebiet der Schal- und Muschelthiere war. Dadurch, daß seine Tochter Maria Margaretha später den Sohn Peter Hinrichs heirathete, gewinnt dieser Mann für unser Geschlecht (in den Linien Tesdorpf-Rücker und Meyer) eine besondere Bedeutung.¹²⁷) Peter Hinrich war mit ihm lange Jahre befreundet und auf seinen Durchreisen durch Hamburg ein häufiger Gast seines Hauses. Aber diese freundschaftlichen Beziehungen fanden in der Mitte der siebziger Jahre ein jähes Ende, ohne daß bekannt ist, welche Veranlassung dazu vorlag. Wir wissen nur, daß Peter Hinrich mit zunehmenden Jahren immer weniger umgänglich, immer unliebenswürdiger wurde. Er war mißvergnügt, „daß man seine vermeinte und ausnehmende Verdienste nicht hat erkennen wollen", und ließ seiner üblen Laune oftmals freien Lauf, so z. B. in einer geringfügigen Streitsache mit dem Bischof von Lübeck wegen Belehnung des Hofes zu Kensefeld mit Rthlr. 3. 16 ß „Römermonathen",¹²⁸) von welchen Peter Hinrich den Hof laut Vergünstigung an seinen Urgroßvater, Johann Tesdorff, befreit glaubte. Auf der Actenkammer zu Eutin befindet sich der Briefwechsel über diese Angelegenheit. Am 12. October 1764 schreibt der Amtsschreiber Krieger zu Schwartau an den Legationsrath zu Eutin bei Uebersendung der betreffenden Papiere:

„Herr Vetter, der Brief von Herrn Tesdorpf ist gar unhöflich geschrieben, und ich habe ihn ohngefähr aus eben der Art doch nur kurz beantwortet, dabey doch noch ihm ohnmaßgeblich angerathen, diesen Brief wieder zurück zu verlangen und in submissen terminis seine Sache vorzustellen und zwar per memorale an Ihro Durchl., weil ich glaube und befürchte, daß membra Camerae sich der in seinem Brief befindlichen Ausdrücke zuziehen und sehr übel aufnehmen mögten". Peter Hinrich scheint diesen Rath nicht befolgt zu haben. Er war übrigens im Irrthume, „weil die Vergünstigung nur für Auflagen zum eigenen Nutzen des Bischofs gewährt war". Der Bischof schrieb indessen eigenhändig unter die Acte: „Dem Supplicanten Tesdorff möge die Anlage (der Zahlungsbefehl für 3 Rthlr. 16 ß) geschenkt seyn!"

Mehr und mehr bildete sich Peter Hinrich zum Sonderling aus. Eine schon 1743, als er erst 12 Jahre alt war, erwähnte Sonderbarkeit war diejenige, am Tage zu schlafen und des Nachts zu arbeiten. Solange sein

---

¹²⁷) Eingehende Lebensschilderung desselben unter Peter Hinrich 1752—1832. Kaufmann und Rathsherr in Lübeck (Linien Tesdorpf-Rücker und Meyer).
¹²⁸) Abgabe zur Führung der Reichskriege.

Geschäft ihm noch einigen Zwang auferlegte, ging er darin nicht so weit wie später, als er nur noch die Belegung und Verzinsung seines Vermögens zu betreiben hatte. Da lebte er völlig des Nachts und kam am Tage selten oder nie zu Gesicht. Er gab des Nachts Gesellschaften, ließ seinen Sohn des Nachts unterrichten und zeigte seine Sammlung auch nur noch zu eben der Zeit. Im Juni des Jahres 1772 war er auf einer Hochzeit mit dem späteren Rathsherrn Peter Wilken zusammen, welcher über ihn Folgendes berichtet:[25]) „Auf dieser Hochzeit (meiner Schwester Margarethe mit dem Licentiaten Carstens) lernte ich einen Mann kennen, der einen außerordentlich starken Appetit zum Essen hatte. Schon lange war er dafür bekannt, allein ich wußte es nicht. Bei der Mittagstafel führte mich das Ohngefähr ihm zur Seite. Es war der Herr Peter Hinrich Tesdorpf, der Vater des noch (1829) lebenden Senator Tesdorpf und ein Mutter-Bruder von meinem Schwager Lic. Carstens. Er war von Person nicht groß, mit einem ziemlichen ausgefütterten Bauche; man hielt ihn für einen Geizigen und schwer reichen Mann. Seine Lebensweise war einzig in ihrer Art: er machte aus dem Tage die Nacht; am Tage schlief er und in der Nacht ließ er sich zu essen und zu trinken geben und besorgte dabei seine Geschäfte. Seit Jahren hatte er ein kleines Naturaliencabinet aus dem Thier- und Steinreiche gesammelt, das ihm zum Vergnügen diente. Diesem sonderbaren neuen Vetter saß ich am Hochzeitstische zur Seite. Von allen diesen seinen Sonderbarkeiten hatte ich gehört, nur von seiner Eßlust hatte ich nichts vernommen. Nach der Ordnung (sog. Luxusordnung) dürfen auf den Hochzeiten nur drei Schüsseln, außer der Suppe gegeben werden, doch ein Literatus hatte die Freiheit, noch eine vierte Schüssel hinzuzufügen. Jetzt machte mein Nachbar mit dem lieben Essen den Anfang. Statt eines nahm er vier Teller Suppe mit einer artigen Menge Klöße; von dem Rindfleisch drei gute Portionen mit angehäuften Gemüsen, als Spinat, Wurzeln, Kohl; von der Hühnerpastete ließ er sich die Hühner nicht geschnitten geben, sondern er forderte zwei ganze Hühner, die mit Butterteig und sonst zu einer Pastete dieser Art gehörendem Zusatz mußten bedeckt sein. Nun kam an die Reihe aus Hamburg verschriebener frischer Elblachs; dieß war für ihn etwas Neues und Ungewöhnliches; die erste Portion davon setzte er vor sich nieder, und mit drei darauf folgenden Portionen auf ihren Tellern besetzte er in der Runde bei sich herum den vor ihm befindlichen Platz des Tisches und verzehrte Alles bis auf die Gräten. Als hierauf der Braten folgte, mochte er dann noch wohl zwei Pfund Fleisch zu sich genommen haben. Ich war so voller Erstaunen über dieß unglaubbare Fressen, daß ich nur meinen Fresser im Auge behielt und fast darüber vergaß, mich selbst satt zu essen. Je mehr er seine Eßlust stillte, je unterhaltender wurde er im Gespräche mit mir. Wie ich ihn über seinen guten Appetit beglückwünschte, lächelte er und sagte, es sei seine Weise bei einer Gelegenheit, daß er zum Schmaus ausginge, sich dazu vorzubereiten, und fastete er dann zu Hause einige Tage, ebenso machte er es nach einem abgelegten Schmause, um seinen etwas angefüllten Magen wieder in die

---

[25]) P. Wilken's handschriftlicher Lebenslauf, im Besitz des Vereins für Lübeckische Geschichte und Alterthumskunde.

gewöhnlichen Falten zu bringen. Ungeachtet dieses ungewöhnlichen Lebens starb er doch erst in den sechziger oder siebziger Jahren. Er hatte nur einen Sohn, dem er ein Vermögen von 400,000 ℔ und vielleicht noch größer hinterließ. Ich mußte ihm gefallen haben, da er mich ersuchte, sein Naturaliencabinet in Augenschein zu nehmen. Dieß zu sehen, mußte ich eine Nacht daran wagen. Ich kam Abends um 10 Uhr, als er eben aus dem Bette gestiegen. Er ließ sich und mir Caffe, eine Pfeife und Tabak kommen. Vor dem Essen wollte er mir seine Thiersammlung und nach dem Essen seine Mineralien und alten Schaumünzen zeigen. Die Nacht 2 Uhr gingen wir zu Tisch und verzehrten bei einer Bouteille Wein eine nicht kleine, gebratene Hammelkeule. Zwar hatte sich sein Sohn schlafen gelegt, allein er wurde geweckt und mußte am Tische erscheinen. Um fünf Uhr verließ ich ihn. Bei meinem Abschied ersuchte er mich 5000 ℔ auf meinen Wechsel zu vier Procent Zinsen von ihm anzunehmen, weil er nicht gern baares Geld bei sich stehen lassen möchte. Ich dankte ihm, weil ich jetzt kein Geld brauchte; indessen nach vielem Nöthigen und da er es bei seinen Lebzeiten mir nicht zu kündigen versprach, nahm ich sein Geld in meine Handlung. Dieser Posten hat 38 Jahre bei mir gestanden und 1808 ist er erst von mir an seinen Sohn zurückbezahlt worden. Unter seinen Seltenheiten gefielen mir besonders seine lebenden Goldfische und ein kleiner Vogel, der Colibri genannt, desgleichen die raren Schaumünzen."

Peter Hinrich war sehr früh gealtert, woran zum Theil wohl seine unregelmäßige Lebensweise schuld war. Als er im 66. Lebensjahre starb, wurde er schon allgemein für „hoch in die 70" gehalten. Er erlag am 7. Juli des Jahres 1778 „einem plötzlichen Anfalle von Apoplexia" und wurde „ohne viel Geleite" in der Familiengruft Nr. 368 bei der Taufe in St. Marien beigesetzt. Sein einziger Sohn war bereits auf Reisen.

Im Besitze der Nachkommen der ältesten Enkelin Peter Hinrich's befindet sich ein Pastellbild, welches diesen seltsamen Mann darzustellen scheint. Laut Ueberlieferung soll es allerdings „den Bürgermeister Peter Hinrich Tesdorpf" darstellen. Dieser ist es aber nicht, wie dessen Bildniß in St. Marien beweist. Die Perrücke und der seltsame, breite Kragen auf dem Pastellbilde mögen Veranlassung zu der Verwechselung gegeben haben. In Anbetracht der gleichen Vornamen erscheint dieselbe um so leichter möglich. Weist die Kleidung aber schon einerseits auf die Zeit um die Mitte des 18. Jahrhunderts hin, so zeigen andererseits die Gesichtszüge eine so auffallende Uebereinstimmung mit dem, was Wilken über ihn berichtet und was sonst bekannt ist, daß wenig Zweifel darüber herrschen kann, daß wir in diesem Bilde den „gelehrten", genußsüchtigen Dichter der „Beschreybung vom Colibrit" vor uns haben.[122])

Das Bild prägt in den scharfen Zügen, welche den übermäßig großen, breitlippigen Mund umspielen, eine fast unangenehm wirkende Essenslust aus. Im übrigen tritt uns aus dem Bilde ein verstandesklarer, stolzer, selbstbewußter Mann entgegen. Die Stirn ist mäßig hoch; ein Paar mächtiger Augenbrauen beschatten die etwas stechenden dunklen Augen; die Nase

---

122) Wenn sich die Ueberlieferung, daß dasselbe einen Peter Hinrich Tesdorpf darstelle, überhaupt als richtig erweist.

ist ziemlich groß, durch leichten Höcker und etwas in die Höhe gezogene
Nasenflügel ausgezeichnet; das Kinn ist mäßig entwickelt, die Wange tief
gefurcht. Eine halblange Perrücke umrahmt das bartlose Antlitz, welches
manche Aehnlichkeit mit demjenigen des Bürgermeisters Peter Hinrich
Tesdorpf verräth, eine noch weit stärkere aber mit dem Bilde des
Großvaters mütterlicherseits, Jacob Hübens, zeigt. Seltsam bleibt an dem
Bildniß immerhin der breite unterliegende Kragen, welcher dem Doctoren-
Kragen der damaligen Zeit vollkommen gleicht. Er bringt uns wiederum
das Dr.¹³⁰) in der Endschwung der Namenszeichnung in Erinnerung.¹³¹)

Es ist dem Leben dieses Sonderlings bis zum Ende gefolgt, um den
Zusammenhang der Schilderung nicht zu unterbrechen. Der Reihenfolge
nach hätte vorerst ein Näheres mitgetheilt werden müssen über

Johann Hinrich, 1694—1754,

(Linien Tesdorpf-Roeck, von Schröder und Hamlin),

den einzigen überlebenden Sohn zweiter Ehe des Bürgermeisters Peter
Hinrich Tesdorpf.

Derselbe gelangte durch den 1724 erfolgten Tod seines Vaters frühzeitig zur Selbstständigkeit. Er stand erst im 27. Lebensjahre, als er im
Verein mit seinem Bruder Ludwig und seinem Schwager Matthäus
Rodde das große väterliche Geschäft für eigene Rechnung übernahm.
Leider haben sich nur wenige Nachrichten über ihn erhalten. Der Grund
dafür mag darin zu finden sein, daß er sich nur wenig am öffentlichen
Leben betheiligte, indem er das Landleben demjenigen in der Stadt vor-
zog. Er war, so weit sich hat feststellen lassen, nur längere Jahre Vorsteher an St. Jürgen Kirche und Hospital. Am 21. Mai 1731 verheirathete
er sich mit Catharina Elisabeth Rodde, der Tochter von Franz Bernhard
Rodde und Frau Elisabeth, geborene Hübens.¹³²) Der Ehe entsprossen
innerhalb 21 Jahren 15 Kinder, unter denen sich ein (1735) todtgeborenes
Zwillingspaar befand. Die meisten dieser zahlreichen Kinder starben jedoch
in jungen Jahren, und nur sieben überlebten ihren Vater. Derselbe scheint
selbst schwächlicher Leibesbeschaffenheit gewesen zu sein; schon 1744 war
seine Handschrift so zitterig, wie diejenige eines alten Mannes. Johann
Hinrich besaß den an der Lübeck-Oldesloer Landstraße, vor dem Holstenthor gelegenen Meierhof: „die bunte Kuh". Derselbe bestand aus „einem
großen Wohnhaus mit Kohlhöfen, ingleichen ein Backofen u. s. w., einer
großen Scheune und einem Schweinestall sowie fünf großen Koppeln",
auch waren 50 Kühe darauf.¹³³) Bis zum Jahre 1751 scheint Johann
Hinrich diesen Hof selbst bewirthschaftet zu haben; von da ab verpachtete
er ihn von 5 zu 5 Jahren. In dem nämlichen Jahre kaufte er ein Haus

---

130) Oder ist dieser unterliegende Kragen das Abzeichen eines „vornehmen Mitgliedes der blühenden, teutschen Gesellschaft"? Das Pastellbild ist offenbar eine Nachbildung des Oelbildnisses Nr. 1839 in der kultur-historischen Sammlung zu Lübeck. Peter Hinrich's Sohn veräußerte später in der Noth alle Kunst-schätze, welche er besaß, darunter vielleicht auch dieses Gemälde, welches an sich künstlerischen Werth besitzt (es soll von dem Schüler Denners, van den Smissen gemalt sein, siehe Verzeichniß der kultur-historischen Sammlung), während er selbst sich mit der Nachbildung in Pastell begnügte.
131) Siehe die Handschriftentafel im Anhang.
132) Sie war Urenkelin des Matthäus Rodde, zu welchem Peter Hinrich (. 3. in's Geschäft kam und Base von Matthäus Rodde, dem Geschäftstheilhaber Johann Hinrich's.
133) Lübeckische Anzeigen 1751. 134) Nr. 34.

in der Braunstraße [135]), welches 6 Zimmer, Kunstwasser Anlage und Stallraum für 3 Pferde enthielt. Das Haus mit Nebenhaus in der Mengstraße [135]), in welchem sich das Geschäft befand, war schon am 29. März 1738 in sein Eigenthum übertragen worden.

Johann Hinrich erfreute sich seiner Besitzthümer nicht lange; schon am 14. Mai 1754 verblich er eines plötzlichen Todes. Sein Hinscheiden brachte das große Geschäft [136]), aus welchem Ludwig Tesdorpf bereits vor Jahren ausgetreten war, ganz in Rodde'schen Besitz.

Das hinterlassene Vermögen Johann Hinrich's war beträchtlich. „War die Frau Wittwen auch solchergestalt aller Sorgen überhoben, so war es ihr doch immerhin kein Leichtes, die Auferziehung ihrer vielen Kinder richtig zu vollführen, doch mit dem verständigen Rathe der Vormünder gelang es ihr gar wohl, überall das Beste zu treffen." Dem allgemeinen Gebrauch in den ersten Bürgerkreisen gemäß, besuchten die Söhne nicht die öffentliche Schule, sondern wurden durch häuslichen Unterricht gebildet. Die willensstarke, kluge Frau — „eine ächte Rodde" — nahm die besten Lehrer an, von denen es damals in Lübeck eine größere Zahl gab, und es gelang ihr, aus ihren beiden ältesten Söhnen, Franz Bernhard und Peter Hinrich (Linien Tesdorpf-Roeck, von Schröder und Hamlin), tüchtige, einsichtsvolle Männer zu bilden, während der dritte Sohn, Johann Matthäus, zu der höchsten Stellung im lübeckischen Staate emporstieg und für sein segensreiches Wirken in derselben den ungetheilten Dank seiner Mitbürger und den Ruhm der Nachwelt erntete. Ein vierter, gleich hoffnungsvoller Sohn, Johann Hinrich, erlag im 24. Lebensjahre der Auszehrung.

Von dem ältesten Sohn

Franz Bernhard, 1743—1791,

sei nur kurz erwähnt, daß derselbe frühzeitig nach Lissabon auswanderte und sich daselbst durch Schiffsrhederei und Salzhandel nach Deutschland ein nicht unbedeutendes Vermögen erwarb. Später kehrte er nach Lübeck zurück, kaufte sich ein Haus in der Fischstraße und lebte, ohne Handel zu betreiben, theils in Lübeck selbst, theils auf dem Hofe „die bunte Kuh", welchen er von seinem Vater geerbt hatte.[137]) Diesen Besitz vergrößerte er dadurch bedeutend, daß er den angrenzenden Nienhof hinzukaufte. Er führte ein sparsames Junggesellenleben und starb am 2. November 1791 mit Hinterlassung großer Reichthümer.

Sein jüngerer Bruder

Peter Hinrich, 1745—1811,

(Linien Tesdorpf-Roeck, von Schröder und Hamlin),

erlernte den Weinhandel zu Hamburg und wanderte von dort nach Bordeaux aus. Daselbst gründete er im Verein mit einem Herrn Blatter ein Weinhandelsgeschäft, welches jedoch nur mäßig gediehen zu haben scheint.

---

[135]) Nr 33 und 35. [136]) Das furchtbare Erdbeben zu Lissabon im Jahre 1755 fügte demselben einen großen Schaden zu, durch welchen auch der noch im Geschäft befindliche Theil des Nachlasses Johann Hinrich's empfindlich betroffen wurde. [137]) Der Hof wurde 1792 von den Erben verkauft.

So konnte er denn auch, als er um die schöne und liebenswürdige Susanna Rahel Schyler, welche er im gesellschaftlichen Verkehr kennen und lieben gelernt hatte, warb, nicht sogleich die Einwilligung ihres Vaters erlangen. Derselbe, Johann Hinrich Schyler, war Mitinhaber des Weinhandelsgeschäftes: Schröder & Schyler, welches zu einem der ersten Handelshäuser Bordeaux's zählte.[137]) Es bedurfte der Prüfung mehrerer Jahre, um Johann Hinrich Schyler zu überzeugen, daß seine liebliche Tochter den blonden Deutschen ebenso herzlich liebe, wie er sie. Peter Hinrich stand bereits im 36. Lebensjahre, als endlich die Hochzeit stattfand. Das Glück der Ehe wurde vielfach durch Schicksalsschläge getrübt. Zunächst waren es die Folgen der großen Revolution, welche Peter Hinrich außer Landes trieben. Bordeaux, die Hauptstadt der Gironde, hatte der Revolution entgegengejubelt; aus ihrem Schooße war die Partei der Girondisten hervorgegangen, welche den wesentlichsten Antheil am Sturze des Königthums hatte. Als dann aber das von dieser Partei gebildete Ministerium in conservative Bahnen einlenkte, schwor die Demokratie derselben den Untergang und setzte am 2. Juni 1793 die Verhaftung von 34 Girondisten durch. Die glücklich Entkommenen gingen in die Provinzen und schürten Aufruhr. Bordeaux und mit ihm 13 der größten Städte Frankreichs erhoben sich wider die Commune. Aber die Machthaber in Paris verstanden es, durch Verkündung der Verfassung und durch Assignaten das Volk zu ködern; der Aufstand verlief im Sande, und ehe noch die abgesandten Bluthunde Tallien und Isabeau vor Bordeaux eintrafen, hatte sich (Mitte Juli) die reiche Stadt bereits willenlos unterworfen. Die Mehrzahl der Besitzenden und alle, welche den Haß der gesandten Henkersknechte zu fürchten hatten, verließen Bordeaux in eiligster Flucht. Man wußte, daß jedem Verdächtigen die Guillotine winke. Unter den Fliehenden befand sich auch Peter Hinrich Tesdorpf mit seiner jungen Gattin und Kindern. Susanna Rahel war noch nicht völlig von der Geburt des am 6. Juni geborenen Sohnes Peter Hinrich (Linie Tesdorpf-von Schröder) genesen. Mit sorgender Vorsicht mußte sie an Bord der Bark getragen werden, welche von Fliehenden überfüllt war. Widrige Winde hielten das kleine Segelschiff über einen Monat an der Mündung der Garonne zurück. Namenlose Angst herrschte unter den Flüchtlingen, weil jeden Augenblick zu gewärtigen stand, von der Habsucht und Mordlust der in Bordeaux eingerückten Sansculotten ereilt zu werden. Aber auch dann noch, als endlich ein günstiger Wind das Schiff der französischen Küste entführte, waren die Leiden groß; denn die Bark war ungenügend mit Lebensmitteln ausgerüstet, und die Reisenden litten Hunger und Entbehrung. Doch das Schiff erreichte glücklich den englischen Hafen.

Peter Hinrich wandte sich von dort der Stadt seiner Väter, Lübeck, zu, in welcher sein Bruder Johann Mathäus bereits seit 20 Jahren

---

137) Sein Vater war Hinrich Schyler. Derselbe stammte aus Wesel (sechs Meilen von Cassel) und war Weinhändler in Hamburg. Von dort sandte er seinen Sohn Johann Hinrich und einen Herrn Jacob Schröder nach Bordeaux, woselbst dieselben als "Schröder und Schyler" Weinhandel betrieben. Die Gründungsurkunde des Geschäftes wurde am 31. December 1738 in Hamburg unterzeichnet. Das Geschäft ist noch heutigen Tages im Besitze der Nachkommen. Johann Hinrich Schyler's Frau war eine Deutsche.
138) Sybel, Geschichte der Revolutionszeit.

Rathsschreiber war. Im October des Jahres 1793 traf er daselbst ein und gründete bald darauf ein Weinhandelsgeschäft unter eigenem Namen. Am 24. October 1794 kaufte er das Haus Nr. 33 in der Mengstraße mit dem dazu gehörigen Nebenhaus Nr. 35, auf den Segen vertrauend, welcher zu seines Vaters Zeiten über diesen Räumen gewaltet hatte.

Es ließ sich denn auch der Weinhandel in den folgenden Jahren gut an. Die Kriege, welche die französische Republik gegen ihre Nachbarstaaten führte, zwangen den Handel, sich andere Wege zu suchen, und so geschah es, daß, nachdem der General Hoche im Winter 1794 in Holland eingerückt war, die Hansestädte vornehmlich die Stapelplätze der in- und ausländischen Waaren wurden. Gegenden, welche sich längst entwöhnt hatten, von Lübeck ihren Weinbedarf zu beziehen, mußten dort wieder ihre Einkäufe machen. Das brachte eine sich allmählich steigernde Blüthe des lübeckischen Handels zu Wege, welche bis zum Ende des Jahres 1805 andauerte. In dieser Zeit stiegen die Weinpreise zu einer nie vorher gekannten Höhe; die Rheingegenden waren dem Handel gänzlich verschlossen, und die Zufuhren genügten der Nachfrage nicht. Der große Absatz hatte wiederum zur Folge, daß Peter Hinrich nur einen mäßigen Lagerbestand besaß, als im November 1806 Lübeck von den Franzosen erstürmt und geplündert wurde. Dieses furchtbare Ereigniß ist weiter unten in einem besonderen Abschnitt eingehend beschrieben. Zu jener Zeit war der 2½ Jahr jüngere Bruder Peter Hinrich's

Johann Matthäus, 1749—1824,[139]

bereits zu der Würde eines Bürgermeisters der Stadt emporgestiegen.

Johann Matthäus, das elfte Kind seiner Eltern, war noch nicht fünf Jahre alt, als sein Vater Johann Hinrich das Zeitliche segnete und die Erziehung der zahlreichen Kinder in die Hände der Mutter legte. Catharina Elisabeth, geborene Rodde, besaß in hohem Grade alle die Eigenschaften, welche eine verständige und einsichtsvolle Erziehung gewährleisten. Johann Matthäus war nur ein zarter Knabe. Er bekundete indessen frühzeitig hervorragende geistige Fähigkeiten, und die Mutter scheute keine Mittel und Wege, dieselben zu größtmöglichster Vollkommenheit zu entwickeln. Sie ließ den Sohn gänzlich in häuslichem Unterricht durch die besten Lehrer der Stadt ausbilden. Unter denselben befanden sich Männer wie Gesner, der Rector Overbeck und der Licentiat Becker, welcher würdige Mann sich durch seine „umständliche Geschichte von Lübeck" ein dauerndes Verdienst erworben hat. Uebten sie alle einen wohlthätigen Einfluß auf die Richtung seines Geistes aus, so war es besonders der letztere, dem Johann Matthäus die genaue Kenntniß der Entwicklung und Verhältnisse der Vaterstadt verdankte, welche ihm im späteren Leben von allergrößtem Werthe war.

Vielseitig vorbereitet bezog er im fast vollendeten zwanzigsten Lebensjahre, im Herbst 1769, die Hochschule zu Göttingen. Es war dort eine

---

[139] Verarbeitung des Aufsatzes über J. M. T im Nekrolog der Deutschen Bd. X Seite 232—241, mit der Rede des Syndicus Gütschow in Veranlassung der Feier der 25jährigen Amtsführung des J. M. T und vielen anderen gedruckten und handschriftlichen Quellen.

Johann Matthäus Tesdorpf,
1749–1824.
Bürgermeister der freien und Hansestadt Lübeck.

Reihe geistvoller Lehrer thätig, welche die Rechtsgelehrsamkeit zu neuem, frischem Leben erweckten, Männer wie Böhmer, Pütter, Meister, Claproth und andere. Johann Matthäus hörte ihre Vorlesungen mit Eifer und zog den vielseitigsten Nutzen daraus. Neben dem Studium der Rechtswissenschaften betrieb er emsig dasjenige der Statistik und der Diplomatik, welche ein Ackerwall, Gatterer u. A. lehrten. Vornehmlich aber fesselte ihn das Studium der Geschichte, welchem der geistvolle Forscher Schlözer einen erhöhten Werth und Anreiz beizulegen wußte. Indessen war Johann Matthäus' vielumfassendem Geist hiemit noch nicht Genüge gethan, und bald nahm er auch noch den ganzen reichen Inbegriff der philosophischen Wissenschaften in seinen auf fünf Jahre berechneten Studienplan auf.

Die vielen ausgezeichneten Lehrer hatten eine Reihe hochbegabter, geistreicher Jünglinge nach Göttingen gezogen, Jünglinge, welche zu Männern gereift, einen tiefeingreifenden Einfluß auf die Literatur ihrer Zeit ausübten. Es waren dies die Mitglieder des bekannten 1772 gegründeten Hainbundes. Blieb auch Johann Matthäus dem engeren Kreis derselben fern, da ihn weder Anlage noch Berufsbestimmung an den Bund fesselten, so trat er doch mit einigen derselben in näheren Verkehr und knüpfte Freundschaften an, welche die Jahre auf der Hochschule überdauerten, so mit Boie, Cramer[140] und vornehmlich mit Bürger.[141]) Diesem letzteren war Johann Matthäus ein treugegebener Freund, und der des inneren Haltes so sehr entbehrende, junge Dichter verdankte es nicht zum wenigsten seinem glücklichen Einfluß, daß er zu einem geordneten Leben zurückgeführt wurde und das Studium der Rechtswissenschaften vollendete. Bis zu Bürger's frühzeitigem Ende dauerte die gegenseitige Freundschaft an.

Ueber einen kurzen Verkehr mit Klopstock, welchen er im Jahre 1773 in Hamburg aufsuchte, theilt das Reisetagebuch unseres Johann Matthäus Einiges mit. Unter dem 23. November heißt es: „Den ganzen Tag bloß Klopstock gesehen; ganz anders gefunden, als sonst beschrieben; rein freundschaftliche Aufnahme; Gespräch seine Subscriptionen betreffend u. s. w." Am 24. und 25. November weilte er wiederum „den ganzen Tag" bei Klopstock und hörte aus dem Messias vortragen. Weit werthvoller und von weit nachhaltigerem Einfluß, als diese ihm kurzen Bekanntschaften, war für Johann Matthäus die besondere Zuneigung und Freundschaft, welche ihm der ausgezeichnete Geschichtsforscher August Ludwig v. Schlözer schenkte. Durch eine Empfehlung seines alten Lehrers Gesner war er in das Haus dieses ausgezeichneten Gelehrten eingeführt, in welchem er bald ein täglicher Gast wurde. Schlözer's tiefgeistige Auffassung der Weltgeschichte, sein scharfer Blick für die äußerlichen Verhältnisse des Staats, sein Hinweis auf die Nothwendigkeit zahlenmäßiger Berichte und Vergleiche für eine geregelte Staatsverfassung fanden in Johann Matthäus einen fruchtbaren Boden und legten den Grundstein zu dessen späterem, einsichtsvollem, segensreichem Wirken als Staatsmann. Unter seiner Leitung

---

[140] Ende Februar 1773 schreibt derselbe, als er an den Masern erkrankt war, aus Göttingen an Bürger: „Tesdorpf wacht bei mir und pflegt mich wie ein Bruder." Strodtmann, Briefe von und an G. A. Bürger.
[141] Siehe den im Anhang unter VII mitgetheilten Brief von Johann Matthäus Tesdorpf an Bürger aus dem Jahre 1778.

hatte Johann Matthäus eine gröſsere geschichtliche Arbeit in Angriff genommen, als er ganz unerwartet aus der Heimat Wink und Aufforderung erhielt, sich um die Stelle eines Rathsschreibers seiner Vaterstadt zu bewerben, welche Stelle durch Wahl des bisherigen Rathsschreibers, Hermann Dietrich Krohn, zum Rathsherrn eben erledigt war. Es war dies im Jahre 1773; noch war das vierte Jahr seines Studienplans nicht abgelaufen. Die Aufforderung durchkreuzte völlig seine Absichten; auch glaubte er, des fünften Jahres zum Wiederholen, Ordnen und Ausfüllen des Gelernten nicht entbehren zu können. So bezeigte er denn keine Luſt, der Aufforderung Gehör zu schenken. Allein seine Freunde ließen nicht ab, ihn zu bestürmen, und es gelang ihnen, die Abneigung zu besiegen. Johann Matthäus legte die angefangene geschichtliche Arbeit bei Seite und arbeitete auf eine beschleunigte Prüfung hin. Schon nach wenigen Monaten, noch vor Michaelis 1773, bestand er dieselbe und erhielt den Titel eines Licentiaten der Rechte. Am 2. October desselben Jahres erfolgte dann seine Erwählung zum Rathsschreiber. Gleichzeitig wurde ihm der Auftrag ertheilt, als Schriftführer die Abgeordneten zu begleiten, welche die Stadt nach Kiel entsandte, um gewisse mit Dänemark entstandene Irrungen, das Hoheitsrecht über einige in Holstein gelegene Güter städtischer piorum corporum betreffend, auszugleichen.¹⁴²) Aus den Verhandlungen über diese für Lübeck sehr wichtige Angelegenheit zog der junge Beamte mannigfache Belehrung.

Aus dieser Zeit liegt eine Aeuſserung Carl Friedrich Cramers über Johann Matthäus vor. Derselbe schreibt am 6. November 1774 aus Leipzig an Bürger:¹⁴³) „Ich kann Dir wenig von unseren Freunden erzählen. Biestern habe ich den ganzen Sommer erwartet. Ebenso vergeblich harrte ich auf Testorpf. Endlich traf ich ihn nebst Goue im Wirthshause in Braunschweig an und verlebte einen fröhlichen Tag mit ihm. Er hatte sich ziemlich verändert, war hofmännischer an Sitten und Aeuſserlichem geworden, aber noch immer der gute, liebe, warme Junge."

Mittlerweile war Johann Matthäus aber klar geworden, daſs in seiner Stellung eine genaue Kenntniſs der höchsten Reichsgerichte und des Reichstages durchaus erforderlich sei. Auch hatte er erkannt, daſs ein völliges Vertrautsein mit diesen schwierigen Verhältnissen nicht durch Studium sondern einzig und allein durch eigene Anschauung gewonnen werden könne. Es gelang ihm, vom Rath einen einjährigen Urlaub zu erwirken, und frohen Muthes reiste er von dannen. Zunächst wandte er sich nach Wetzlar (woselbst die Visitation des Kammergerichts im Gange war), später nach Regensburg und endlich nach Wien, in jeder dieser Städte drei Monate verweilend. Auf dieser Reise kam er mit vielen der bedeutendsten und erfahrensten Männer der Zeit in Berührung, und er ließ sich den Verkehr mit denselben von Nutzen sein.

Von Wetzlar aus besuchte er Göthe in Frankfurt, an welchen er durch Bürger empfohlen war. Er war mehrere Tage mit dem groſsen Dichter

---
¹⁴²) Schleswig-Holsteinische Provinzialberichte für 1827.
¹⁴³) Adolf Strodtmann, „Briefe von und an Bürger".

zusammen, und dieser fand an ihm ein großes Gefallen, wie aus dem Briefe Goethe's an Bürger vom 12. Februar 1774[14]) hervorgeht. Darin heißt es u. A.:

„Ich schicke Ihnen die zweyte Auflage meines Götz. Ich wollte Ihnen schon lang einmal schreiben, und die paar Stunden, die ich mit Ihrem Freunde Destorp zugebracht habe, haben mich determinirt u. s. w. Destorp ist mit mir auf dem Eise gewesen; mein Herz ist mir über der holden Seele aufgegangen."

Johann Matthäus' große Reise fand in Dresden ihren Abschluß. Daselbst erreichte ihn der höchst erfreuliche Befehl des Raths, bei dem Ministerium in Hannover die Erfüllung einer für Lübeck wichtigen Uebereinkunft über das Postwesen zu bewirken. Indessen gelang es auch ihm nicht, diese Angelegenheit zum gewünschten Abschluß zu bringen, weil es nicht im Vortheil des Hannover'schen Ministeriums lag, der Uebereinkunft die Erfüllung folgen zu lassen.

Am 11. November 1774 traf er wieder in Lübeck ein. Er übernahm zunächst die Kanzleigeschäfte im Rathhause. Allein es währte nicht lange, so trat des jungen Mannes Thätigkeit weit aus den Grenzen des eigentlichen Berufes hinaus. Sein reger, kräftiger Geist vermochte es nicht, Theil zu nehmen an der behaglichen Ruhe und Abgeschlossenheit des damaligen Geschäftslebens. Es war im öffentlichen, wie im bürgerlichen Leben ein Zustand der Erschlaffung vorherrschend, in welchem möglichst ungestörter Genuß das Ziel der Wünsche war. Alles bewegte sich, so viel thunlich, in den Grenzen des Bestehenden und der herkömmlichen Formen. Jede Neuerung, ja selbst der freiere Aufflug des Gemeinwesens wurde mit ängstlicher Sorgfalt strenge bewacht. Nirgends war eine Spur von Regsamkeit, weder nach außen noch nach innen zu finden. In den Verwaltungszweigen durfte vom Althergebrachten nicht abgewichen werden, so lange nicht Veränderungen durch unabwendbare Nothfälle abgedrungen wurden. Handel und Gewerbe gingen im gewohnten Geleise fort und gewährten bei mäßiger Anstrengung die Mittel zur Fortsetzung des standesmäßig geregelten Wohllebens, auf welches es vornehmlich ankam.

Die behagliche Muße und der abgemessene Geschäftsgang sagten dem aus dem frischen Leben der Hochschule unmittelbar herausgerissenen Jüngling nicht zu. Befriedigung und Genuß lagen für ihn nur im nützlichen Wirken und in dem Streben nach hohen Zielen. Da saßen denn auch ältere Männer mit ihm in der Kanzlei, welche bereitwilligst das Uebergewicht eigener Bürde auf rüstigere Schultern abwälzten, und bald war Johann Matthäus so beharrlich und von so verschiedenen Seiten in Anspruch genommen, daß die Arbeiten seines eigentlichen Berufs als Nebensache gelten konnten. Dies geschah besonders auch noch dadurch, daß er sich mit unverdrossener Willfährigkeit der Aufräumung aller Rückstände unterzog, welche aus der herkömmlichen Ueberbürdung der ältesten obrigkeitlichen Männer des Staats mit den Einzelheiten vieler Gerichte und

---

[14]) Der Brief ist mitgetheilt in Dr. Wilhelm Fielitz' Werk „Jugendbriefe Göthe's". Berlin 1880. S. 155 und in Strodtmann „Briefe von und an Bürger." Ueber die falsche Schreibweise des Namens siehe das letztere Werk und Lübeckische Blätter 1881. No. 71.

Verwaltungsangelegenheiten und aus der Schwerfälligkeit des ganzen Geschäftsganges entstanden waren. Da seine Arbeiten sich durchweg durch Gründlichkeit, Gewandtheit und ansprechende Form auszeichneten, so übertrug man ihm mit der Zeit auch noch vorzugsweise die Bearbeitung neuer, an sich oder durch die abweichende Behandlungsart schwieriger, einheimischer und auswärtiger Angelegenheiten. In fast allen wichtigen Verhandlungen aus diesem Zeitraume finden sich Aufsätze aus seiner Feder, welche sich namentlich durch neue Ansichten und durch das Bestreben bemerklich machen, nicht blos das gerade vorliegende Bedürfniß zu erledigen, sondern auch die angeregten Verhältnisse und Einrichtungen zu einer höheren Vollkommenheit und bleibenden Nutzbarkeit zu erheben, sowie freisinnigeren Gedanken allmählich Eingang und Einfluß zu verschaffen. So arbeitete der rastlose Mann volle 25 Jahre in den verschiedenartigsten Geschäften,¹⁴¹) überall neben seltener Arbeitskraft und vielseitiger Brauchbarkeit einen scharfen Blick für den richtigen Gesichtspunkt auch in den verwickeltsten Verhältnissen bekundend und sich fügsam dem entscheidenden Ausspruch Anderer anpassend, ohne dabei die Selbstständigkeit der eigenen Ueberzeugung zu opfern. Ueberall legte er die gründlichste Kenntniß der Geschichte, der Verfassung und Verwaltung des kleinen Freistaates an den Tag. „Er wirkte in bescheidener Unscheinbarkeit, beseelt vom reinsten Pflichteifer und ächter Vaterlandsliebe und gehoben von dem Gefühl des achtungsvollsten Vertrauens seiner Mitbürger, welche seinen Verdiensten die gebührende Anerkennung nicht versagten."

Hier mag eine Aeußerung Johann Erich Biester's, derzeit Secretair im Bureau des Staatsministers von Zedlitz, einen Platz finden. Derselbe schreibt am 1. März 1777 aus Berlin an Bürger:¹⁴²)

„Tesdorpf habe ich in Lübeck nicht viel genossen, weil ich fast nie von Doris kam, aber doch so ziemlich. Auch Er klagte über Dein Stillschweigen. — Er ist ein vortrefflicher Kerl, und wird ein sehr brauchbarer, nützlicher Mann werden. Aber seine schöne Seele, die von Natur etwas kalt war, ist durch seine dumme Familie, durch die fatale Rathsstelle, durch die Erfahrung, daß man ohne Geld nicht fortkömmt, durch seine wirklich große Weltklugheit, bis zu einem entsetzlichen Grade von Kälte gekommen. Gegen mich öffnete er sich zuweilen noch ganz, und das schien ihm wohlzuthun; aber was ist er sonst? Die Hauptsache ist: daß er gar keinen herzvollen Umgang in Lübeck hat und haben kann. Sein Schicksal ist schlimmer als Kielmannegge's — wenn er sich auch nur verlieben könnte! Aber, das wird er nie! er wird auf Anrathen seiner Familie ein Weib nehmen, weil sie Geld hat. O 's ist schändlich!"

Gar so schlecht war es um Johann Matthäus indessen nicht bestellt; denn er befand sich durch väterliches und mütterliches Erbtheil in hinreichend vermögenden Verhältnissen, um, trotz seines geringen Gehaltes, einen Hausstand anständig führen zu können. Er verheirathete sich am 14. Mai 1781 mit Catharine Eleonore Hering, Tochter des damals allerdings sehr reichen „Handelsmannes und Gewürzhändlers" Arend Hering, welcher Vorsteher an der St. Peters-Kirche war. Das erst 17jährige Mädchen soll sich durch einen besonderen Liebreiz ausgezeichnet haben. Man rühmte ihre wunderbar schönen, seelenvollen, braunen Augen. Sie war eine kleine, stille, bescheidene Frau, welche neben den hohen Geistesgaben ihres Gatten vollständig zurücktrat.

Endlich am 20. Februar 1794 wurde Johann Matthäus zum Rathsherrn erwählt. „Es geschah dies fast zu spät für die Wünsche und Erwartungen seiner Mitbürger", sagt Gütschow. Indessen erleichterte sich seine Stellung nicht; im Gegentheil dieselbe erschwerte sich mehr und mehr. Die Erschütterungen der großen Revolution äußerten sich täglich verhängnißvoller. Das innere Leben wie auch die äußeren Verhältnisse des kleinen Freistaates wurden davon ergriffen. Ueberall kündigte sich in anmaßender Einseitigkeit die so sehr gesteigerte und verbreitete Verstandescultur als Aufklärung an; überall erhob sich ein lebhaftes Ankämpfen gegen veräbrte Vorurtheile und vermeintliche Anmaßungen der Obrigkeit; überall wollte sich ein reger Gemeinsinn in selbstgewählter Thätigkeit für das Gemeinwesen unaufgefordert geltend machen. Da mußte die Obrigkeit bestrebt sein, das Ungestüm der Forderungen des Zeitgeistes zu mildern, ihm auch wohl umsichtig auszuweichen oder beachtend zuvorzukommen, wollte sie nicht mit dem Neuen das Fremdartige, mit dem Guten das Schlechte eingeführt sehen. Mit dem Beharren bei dem Bestehenden, mit den veralteten Formen war nirgends mehr auszureichen. Zwar herrschten in der friedliebenden Stadt im großen und ganzen noch immer die Zufriedenheit, welche sich auf gleichmäßig verbreitete Wohlhabenheit gründet, die Mäßigung und die Anhänglichkeit an die Vaterstadt vor, aber es bedurfte doch der ganzen Kraft und Umsicht der obersten Männer des Staats, um den erwachten, regen Gemeinsinn einzudämmen und von willensfreiheitlichen Aeußerungen zurückzuhalten.

Johann Matthäus gebührt das Verdienst, wesentlich dazu beigetragen zu haben, daß die Zügel der Regierung mit fester Hand und umsichtiger Klugheit geführt und die Eigenthümlichkeiten der Zeit richtig gewürdigt wurden, daß die Obrigkeit sich frei von den Täuschungen beschränkender Selbstsucht hielt und das letzte Ziel ihres Strebens sowie die dadurch bezeichnete Grenze der Nachgiebigkeit nie aus den Augen verlor. Im Besitze des wohlbegründeten Vertrauens der Bürger konnte sie überall vermittelnd und versöhnend einschreiten. In dieser Zeit wurden vielfache, veräbrte Irrungen mit den Nachbarstaaten ausgeglichen, theilweise unter Johann Matthäus' unmittelbarer Mitwirkung. Ein besonderes Verdienst erwarb sich der unermüdliche Mann auch noch dadurch, daß er sich keine Mühe verdrießen ließ, in die verschiedenen, seiner besonderen Leitung anvertrauten Verwaltungszweige und in die Geschäfte selbst und deren Behandlungsweise Ordnung, Einfachheit, Bestimmtheit, durchgängige Uebereinstimmung und Zweckmäßigkeit zu bringen.

So war Johann Matthäus von immer größerem Einfluß auf das Leben des kleinen Staates geworden, als er am 20. Februar 1806 zur Würde eines Bürgermeisters der Stadt erhoben wurde. Das war zu Beginn desjenigen Jahres, welches den Anfang jener großen Leidenszeit brachte, die mit der Erstürmung der Stadt durch die Franzosen beginnend, über Lübeck hereinbrach, um erst im Jahre 1813 mit der endlichen Wiedergeburt des kleinen Freistaates zu enden.

Wir sind dem Leben Peter Hinrich Tesdorpfs (Linien Tesdorpf-Roeck, von Schröder und Hamlin) und nun demjenigen seines Bruders Johann Matthäus bis zum Jahre 1806 gefolgt, und müssen, bevor wir auf eine Gesammtschilderung der Franzosenzeit übergehen, dem Leben des einzigen Sohnes des Dichters der „Beschreibung vom Colibrit" (Vetters Sohn von den Brüdern Peter Hinrich und Johann Matthäus) bis zu dem nämlichen Jahre folgen.

Es war dies

Peter Hinrich, 1751–1832, (Linien Tesdorpf-Rücker und Meyer.[140])

Er war am 21. Juni 1751 geboren. Seine Geburt hatte der Mutter das Leben gekostet, und dieser unersetzliche Verlust warf seine Streiflichter über das ganze Leben des Kindes wie des Mannes. Sein wissenschaftelnder, eitler Vater nahm es mit der Erziehung seines einzigen Kindes sehr ernst; indessen er verstand es nicht, die Seele, das Gemüth auszubilden. In wohlmeinender Absicht gestaltete er die Jugend des Kindes zu einer höchst traurigen. Es gab nach seiner Ansicht nur ein Mittel, um die Reinheit des Herzens zu bewahren, wahre Liebe zur Religion zu erwecken und alle Tugenden auszubilden; dieses eine Mittel war die Absperrung vom „Gemeinen". Das wurde nun die Veranlassung zum gänzlichen Fernhalten des Knaben von der Aussenwelt. Nur ungern wurde ihm ab und zu verstattet, mit den Nachbarskindern zu spielen. Der Knabe aber, weil er das gemeinschaftliche Spielen nicht gewohnt war, fühlte sich niemals recht wohl dabei, und bald trug er kein Verlangen mehr darnach. In dem düsteren Hause in der Fischstraße mit dem schmalen Hof, auf dem nur ein knorriger Apfelbaum den Wechsel der Natur draussen verkündete, verträumte er in Einsamkeit seine Jugendjahre.

Des Hauses tiefe Ruhe wurde nur selten gestört. Der Herr Vater hatte wenig Umgang, meist nur mit Schein-Gelehrten seines Schlages, welche in gegenseitigem Anfeiern ihren Vortheil fanden oder mit fremden, wirklichen Gelehrten, welche an ihn empfohlen waren. Mit den Verwandten verkehrte er fast gar nicht. Dem Hausstande stand eine alte Französin vor. Sie vertrat die Mutterstelle an dem Knaben und leitete in den ersten Jahren die Erziehung. Deutschland liebte sie nicht, dagegen ihr Frankreich über die Maßen. Aus ihren lebendigen Erzählungen, welche meist die Königsgeschichten ihres Vaterlandes betrafen, sog der kleine Peter Hinrich eine bewundernde Liebe für Frankreich und alles Französische ein, welche ihm im ganzen Leben anhaften blieb. Die alte Dame war übrigens sehr strenge. Sie hielt peinlichst auf Wahrung des feinsten Anstandes; steif und förmlich ging alles zu; ein jeder Verstoß wurde hart bestraft. Eine der gefürchtetsten Strafen war das Einsperren in das Naturaliencabinet des Vaters, besonders im Dämmerlicht, welches den Schädeln und ausgestopften Thieren neues Leben einzuhauchen schien und dem Knaben Angst und Grauen einflößte.

Der etwas Vater sah es gern, daß die Französin sich bemühte, aus dem Sohn etwas Besonderes, vielleicht gar eine „Berühmtheit" zu machen. Er

[140] Marcanini-Büchlein, enthaltend Mittheilungen über Peter Hinrich's Jugend von des Vaters Hand, Tagebücher, Briefschaften, mündliche und andere Berichte.

glaubte auch, daß sein einziges Kind die nöthigen Fähigkeiten dazu besäße.
Es war indessen ein Glück, daß dem nicht so war, sonst wäre es Peter
Hinrich sicherlich nicht viel besser ergangen, als dem kleinen Heinichen, jenem
damals viel bewunderten, armen, früh zu Grunde gegangenen Wunderkind.
Der Vater ließ es niemals an den besten Lehrern fehlen; aber dennoch
waren die Fortschritte sehr langsam, sehr unbefriedigend. Das verdroß den
Vater. Er begann, den Sohn mit Strenge zu behandeln, ließ ihn beständig
um sich sein und pfropfte ihm gewaltsam ein mäßiges Wissen ein. Der
Knabe mußte das nächtliche Sonderlingsleben seines Vaters mitmachen,
durfte sich erst nach Sonnenuntergang vom Lager erheben, um die Nacht
wach zu bleiben und erhielt den Unterricht in den späten Abendstunden.
Dann waren aber die Lehrer müde von des Tages Arbeit; sie konnten dem
nur mäßig beanlagten Knaben keine genügende, geistige Anregung geben,
und der Vater erreichte durch seine Strenge nichts.

Selten nur sah man Vater und Sohn oder den letzteren in Begleitung
der alten Französin auf der Straße. Immer aber war dann der kleine
Peter Hinrich auf das sorgfältigste zurechtgemacht in gepudertem Haar
mit schöner Beutelschleife und in feinster, aus Paris verschriebener Kleidung,
„ganz wie ein Monsieur". Wenn die kleine Erscheinung mit den steifen,
gezierten, zimperlichen Bewegungen über die Straße schritt, dann blieben
die Leute stehen, zuckten die Achseln ob der Thorheit des Vaters und
bemitleideten den armen, hübschen Jungen, dem von Jugend auf ein über
mäßiges Werthlegen auf die Aeußerlichkeiten des Lebens anerzogen wurde.

Auch noch in anderer Weise wurde die Erziehung desselben durch den
Vater in sehr bedenklicher Weise beeinflußt. Immer wieder und wieder
hielt er ihm das Beispiel des Urgroßvaters, des Bürgermeisters Peter
Hinrich Tesdorpf, vor. Es waren aber nicht die hervorragenden inneren
Eigenschaften, welche er an dem würdigen Manne schätzte, sondern nur
die äußeren Ehren, welche derselbe als Rathsherr und Bürgermeister
genossen hatte. Den Sohn für die gleichen Ehren zu befähigen, ihm
die Wege zur Erlangung derselben zu ebnen, das war das Ziel seiner
Erziehung. Nirgends ist auch nur eine Spur zu finden, daß der Sohn
auf Tüchtigkeit im Beruf, als die Grundlage aller bürgerlichen Ehren hin
gelenkt wurde; überall dagegen tritt das Streben hervor, dem Knaben
durch eigenartige Belehrung besondere Vortheile vor Anderen zu geben.
Es nimmt sich gar seltsam aus, den ehrbaren Kaufmannssohn außer in
Naturwissenschaften und Dichtkunst vornehmlich in Kriegskunst und Bau
kunst unterrichtet zu sehen. Auch die Redekunst wurde frühzeitig geübt,
und schon als zwölfjähriger Knabe mußte Peter Hinrich seinem Vater den
stattgehabten Jahreswechsel in einer langen Rede ankündigen. Es haben
sich auch einige unterthänige Briefe des Sohnes an den Vater erhalten,
welche offenbar Probestücke der Fortschritte waren. Um die Vortheile des
Sohnes vor Anderen noch zu erhöhen, brachte der Vater denselben im
Jahre 1765 in eine Erziehungsanstalt zu Vincennes bei Paris. Peter
Hinrich blieb daselbst drei Jahre. Er war in dieser Anstalt mit den
Söhnen der ersten Männer des Staates zusammen, mit den Söhnen des
ältesten Adels, welche es als ein Vorrecht betrachteten, schon als Schüler

ein gleich lasterhaftes Leben zu führen wie die Eltern. Peter Hinrich hatte keinen Vortheil von diesem Aufenthalt. Das, was er dort lernte, scheint sich auf Geschlechts- und Wappenkunde beschränkt zu haben, wenigstens nennt er diese beiden Lehrfächer mehrmals in seinen Briefen neben dem Unterricht im Tanzen und Fechten, welcher ihm am besten gefiel. Als er wieder in Lübeck eintraf, war er völlig verändert. Kaum erkannte der Vater den „Herrn" Sohn wieder. Obwohl erst 17 Jahre alt, war er doch schon ein vollendeter, gewandter Weltmann. Bald kam aber der hinkende Bote nach, denn der Herr Sohn machte auch die Ansprüche eines solchen. Seine Ausgaben überschritten beträchtlich das, was der Vater für angemessen hielt, und es währte nicht lange, so kam es zwischen ihnen zu ernstem Zerwürfniß. Der Vater drohte endlich mit gänzlicher Entziehung des Unterhaltes. Erst dies brachte den Sohn zur „Raison". Er ließ sich „zur Erlernung der Handlung in Contoirbedienung nach Hamburg schicken". Das große hamburgische Handelshaus Matthiessen und Sillem nahm ihn in die Lehre. In diesem Geschäfte herrschte strenge Zucht und Ordnung; zum Weltmann spielen blieb nur wenig Zeit, und nach Ablauf der vier Lehrjahre war Peter Hinrich in jeder Hinsicht vortheilhaft verändert.

Schon während dieser Zeit verkehrte er gern und viel im Hause des Freundes seines Vaters, des liebenswürdigen Dr. med. und hamburgischen Physicus Johann Friedrich Bolten, dessen Gattin eine geborene Sillem war. Die kaum erwachsenen, schönen Töchter des Hauses wurden gerade damals in das gesellschaftliche Leben eingeführt. Die älteste derselben, Maria Magdalena, zählte 16 Jahre, Peter Hinrich erst 20 Jahre. Ob sich schon damals der Keim der Liebe in beider Herzen senkte, ist leider nicht bekannt.

Physicus Bolten[144]) war der Sohn des Consistorialraths und Probsten Johann Bolten zu Altona. Er war 1718 zu Horst geboren. Im Jahre 1742 ließ er sich als Arzt in Hamburg nieder und erwarb sich bald einen geachteten Namen. 1747 wurde er Subphysikus und heirathete als solcher 1751 Anna Maria Syllm (rectius Sillem), die Tochter von Joachim Helwig Sillem, welcher Ehe 15 Kinder entsprossen, von denen jedoch nur ein Sohn und vier Töchter den Vater überlebten. Bolten war ein wissenschaftlich vielseitig gebildeter Mann. In seinen Mußestunden lag er emsig dem Studium und dem Sammeln der Schal- und Muschelthiere des Meeres ob. Dabei ging er aber ganz andere Wege, als sein lübeckischer Freund Peter Hinrich Tesdorpf, der Dichter der „Beschreibung vom Colibrit". Er begnügte sich nicht mit dem Sammeln von Merkwürdigkeiten und Seltenheiten, sondern, sein Hauptaugenmerk allein auf Muschel- und Schalthiere legend, trachtete er, diese so umfassend wie möglich an Zahl und Eigenart der Stücke zu erlangen. Das Ganze ordnete er nach einem von ihm selbst erdachten, wissenschaftlichen System. Seine Sammlung wuchs mit der Zeit zu großer Bedeutung an. Sie enthielt 7000 einschalige und 1300 zwei- und vielschalige Stücke.[145]) Die Mehrzahl der-

---

[144]) Mittheilungen aus der älteren Medicinalgeschichte Hamburgs von Physicus Dr. Gernet. Hambg. 1869. Historische Kirchennachrichten von der Stadt Altona ꝛc. von Johann Adrian Bolten, Altona 1790.
[145]) Nach Bolten's Tod, 1788, gab Aug. Henr. Lichtenstein ein Verzeichniß des „Museum Boltenianum" heraus zum Zwecke des öffentlichen Verkaufs desselben. Der Verkauf gelang indessen nicht, und 1819 wurde nochmals ein Verzeichniß des Museum Boltenanum gedruckt, verfaßt von dem Maler Joh. Noodt. Dann kaufte die Patriotische Gesellschaft die ganze Sammlung, welche später (1831) im Tausch gegen doppelt vorhandene Bücher in den Besitz des neu gegründeten, hamburgischen, naturhistorischen Museums überging, zu dessen Abtheilung der Schal- und Muschelthiere sie den Stamm bildet.

selben erlangte er durch seine vielen auswärtigen Bekanntschaften und durch seinen Verkehr in den Häusern der ersten Kaufmannsfamilien Hamburg's, welche ihrem verehrten Hausarzt gern die Freude bereiteten, mit Hülfe ihrer Handelsverbindungen aus den entferntesten Gegenden bisher nicht gesehene Stücke kommen zu lassen. Bolten war mehrfach schriftstellerisch thätig. 1771 gab er bei Herold in Hamburg heraus: „Ad illustrem Systematis naturae Authorem Carolum a Linné equitam auratum" und in Amsterdam: „Epistola de nova quodam Zoophytorum Genere", welche Schrift ebenfalls in deutscher Sprache bei Herold in Hamburg erschien unter der Benennung: „Nachricht von einer neuen Thierpflanze".[146]) Die sonderbaren Geschöpfe verdankte er einem Capitain, welcher die Davidstraße durchfahren und aus großer Tiefe mit dem Anker einen Stein, auf welchem sich die Wunderthiere befanden, zu Tage gefördert hatte.[147]) Diese Thiergattung hat nach Bolten, welcher sie zuerst beschrieb, den Namen „Boltenia" erhalten und behalten.

Zu diesem ausgezeichneten Mann, welcher neben seiner vielseitigen Tüchtigkeit ein besonders wohlwollender, liebenswürdiger Mann war, trat der junge Peter Hinrich Tesdorpf in nähere, freundschaftliche Beziehungen, welche noch dadurch genährt wurden, daß der letztere sich aus dem Verkehr mit der Sammlung seines Vaters einiges Verständniß und manche Kenntnisse in der Naturkunde erworben hatte. Bolten's Einfluß auf ihn war von nicht zu unterschätzendem Werthe.

Im Jahre 1771 traf Peter Hinrich wiederum in Lübeck ein. Der Vater hielt indessen die Ausbildung seines Sohnes noch nicht für vollendet. Er ließ ihn eine große Reise machen durch die hauptsächlichsten Culturstaaten Europa's. Die Vorbereitungen nahmen vollends ein Jahr in Anspruch. Mit genau festgesetztem Reiseplan, versehen mit den besten Empfehlungen und wohlausgerüstet mit allem Nöthigen, trat er endlich im Spätsommer des Jahres 1772 die Reise an. Von Hamburg über Hannover nach Westphalen fahrend, fesselten ihn daselbst die „aller Orten blühenden großen Fabriquen". Bald darauf betrat er holländischen Boden. Auch hier waren es vornehmlich die großen Fabrikstädte, welche er besuchte. Später wandte er sich über Brabant nach Paris. Diese Stadt mit ihrem Vergnügungstaumel riß den jungen, dem weltmännischen Leben zugeneigten Mann vollends hin. Als der einzige Sohn eines „schwerreichen lübeckischen Banquiers" fand er überall ein unerwartet freundliches Entgegenkommen, das ihm schmeichelte. Man suchte ihn dafür mit Erfolg in der verschiedenartigsten Weise auszunutzen. Das Pariser Leben gestaltete sich glänzender denn je; die verschwenderischen Feste, welche zur Feier der Thronbesteigung Ludwig XVI. veranstaltet wurden, stellten alle früheren in Schatten, und der Fremdenzufluß war ein nie vorher gesehener. Ein Vergnügen jagte das andere, und man schien eine Uebersättigung weder zu kennen, noch zu fürchten. Indessen kostete das Leben als Weltmann in der „Hochschule der Leichtfertigkeit" mehr, als Peter Hinrich zu Gebote stand. Er kam in Verlegenheiten, und schließlich mußte er sich seinem Vater entdecken. Da erhielt er denn zwar

---

[146]) Seine übrigen Schriften sind genannt in Schröder's Hbg. Schriftsteller-Lexicon Bd. I 330.
[147]) Noch im naturhistorischen Museum zu Hamburg vorhanden.

die verlangten Summen, aber ihm wurde dabei die Weisung ertheilt, Paris sofort zu verlassen. Der Vater befahl die Weiterreise nach Portugal zur Auffrischung der alten und Anknüpfung neuer Handelsverbindungen. Diesem Wunsche scheint Peter Hinrich indessen nicht nachgekommen zu sein; denn bald darauf war er in London, später in Manchester und zuletzt in Liverpool. Als er über Hamburg nach Lübeck heimkehrte, war der Vater allen Ernstes gesonnen, den Herrn Sohn, welcher sich „seinen gerechten Wünschen nicht wolle accomodiren", seinen eigenen Weg gehen zu lassen. Indessen versöhnten sie sich bald wieder; Peter Hinrich erlangte sogar die Einwilligung, seinen Aufenthalt in Hamburg nehmen zu dürfen zum Zwecke einer ferneren, gründlichen Kenntnißnahme des Handels der Großstadt.

Hier war es wiederum die Bolten'sche Familie, in welcher er vornehmlich verkehrte. Physicus Bolten, welcher eigenes Vermögen [143]) und eine grosse, einträgliche ärztliche Kundschaft besaß, machte ein grosses Haus. Die ersten Männer der Stadt, unter denen sich besonders diejenigen der Wissenschaften, Dichter und Denker befanden, rechneten es sich zur Ehre, mit dem geistreichen Arzt in näheren Verkehr zu treten. Mit Professor Johann Georg Büsch war er befreundet; Klopstock, Joh. Hinr. Voß und andere waren häufige Gäste seines Hauses. Bolten bewohnte nicht das alte städtische Physicatsgebäude, sondern ein sehr geräumiges Haus mit grossem Garten und Stallgebäude in der Fuhlentwiete.[144]) Seine lieblichen Töchter waren eine besondere Anziehungskraft für die junge wie für die alte Männerwelt. Die älteste Tochter, Maria Margaretha, war ein sowohl durch ihre äußere Erscheinung, als auch durch die Gaben ihres Geistes und Herzens besonders vortheilhaft ausgestattetes Mädchen. Sie hatte die denkbar sorgfältigste Erziehung genossen. Sie sprach das Englische, Französische und Italienische fließend, besaß eine recht gut entwickelte Begabung zum Zeichnen und war den Künsten und Wissenschaften sehr zugethan. Ihre Geschwister nannten sie kurzweg „die Gelehrte"; die Gesellschaft hielt sie für einen Blaustrumpf. Dennoch war sie eine der beliebtesten Erscheinungen der Gesellschaft. Um so weniger schien es verständlich, daß sie, die schon das zwanzigste Jahr erreicht hatte, des goldenen Ringleins an ihrem Finger noch immer entbehrte. Den Grund dafür witterte man in einer „heimlichen Neigung". Dies sollte nun ein älterer Mann, ein Franzose Namens His sein, ein Mann, welcher allerdings viel im Bolten'schen Hause verkehrte. Allein Piter Poel in den „Bildern aus vergangener Zeit"[145]) spricht sich über das Verhältniß Maria Margarethens zu diesem Manne ganz anders aus: „His war ein Mann von bereits 50 Jahren. Er war Inhaber eines grossen Handelshauses, His & Ochs, lebte von seiner Frau getrennt und besaß in hohem Grade das Talent einer leichten abwechselnden Unterhaltung. Am liebsten schwatzte er mit gescheidten, jungen Mädchen. Er theilte seine Aufmerksamkeit lange Zeit zwischen vier genau mit einander verbundenen Freundinnen, meiner Schwester, den hübschen beiden Demoiselles Bolten, nachher verehelichten Doormann in Hamburg und Testorf

---

[143]) Seine Mutter war eine geborene Biester.
[144]) Da gelegen, wo jetzt die Werkstrasse einmündet
[145]) I. Theil, Hambg. Raabes Haus

in Lübeck, zu denen ich mich besonders hingezogen fühlte und einer Demoiselle Matthiessen, nachher verheiratheten Godeffroi und widmete jeder derselben einen Abend in der Woche. Er wußte ihr Zutrauen zu gewinnen, mischte sich in ihre kleinen Angelegenheiten, kannte ihre Zu- und Abneigungen, überlegte mit den übrigen, was eine jede betraf und machte sich zum Mittelpunkt ihrer Mittheilungen untereinander. Das Gespräch stockte nie; Unbedeutendes wechselte mit Ernstem; man schwatzte und philosophirte; nachdem man von Moden und Bällen angefangen, kam man auf moralische, religiöse, auch wohl gar metaphysische Untersuchungen; man analysirte Leidenschaften, verlor sich in die dunklen Regionen der Ahnungen und grübelte über die Zukunft". — His war ein liebenswürdiger Schwätzer, dem Maria Margaretha keine über das Maß der Freundschaft hinausgehenden Gefühle entgegentrug. Noch zu einem andern Manne stand sie in enger, freundschaftlicher Beziehung. Dies war der Dichter Klopstock. Der „heilige Sänger des Messias", dessen jugendlich heiteres Benehmen zu dem feierlichen Ernst dieses Gedichtes in eigenthümlichem Gegensatze stand, huldigte seiner schönen Verehrerin nicht minder, wie sie ihm. Er widmete ihr auf den Leseabenden im Bolten'schen Hause immer eine ganz besondere Aufmerksamkeit. Auch später, als sie nach Lübeck verheiratet war, bewahrte er ihr die gleiche Freundschaft und ließ niemals die Gelegenheit unbenutzt, sie zu besuchen, wenn sie in Hamburg weilte. Dann kam der ritterliche Dichter herbeigeeilt, um, wie er sagte, „die schönste, kleinste Frauenhand zu küssen". Maria Margaretha hatte in der That sehr schöne Hände, auf welche sie nicht ohne Grund stolz war.[150a]

Der Geist des großen Dichters, der Adel und die Kraft seiner Seele, seine Begeisterung für das Vaterland und sein Kämpfen gegen das Ueberwuchern der französischen Bildung waren nicht ohne Einfluß auf Maria Margarethen geblieben. Es war ihrem Geiste eine Richtung gegeben, welche derjenigen Peter Hinrich Tesdorpfs vollständig zuwiderlief. Diesem war tiefes Versenken in die Dichtungen des großen Mannes fremd; er beschäftigte sich mit denselben nur soweit, als es die Mode erforderte. Das Vaterland war ihm (und das leider nicht mit Unrecht) ein glanzloser Trümmerhaufen, Frankreich dagegen das Bild der Vollkommenheit und sein höchster Gedanke, dort leben zu können, um sich von dem Schimmer des glänzenden Hoflebens bestrahlen zu lassen. Wenn trotz solcher inneren Verschiedenheiten Maria Margaretha gerade diesem Manne Herz und Hand schenkte, so hatte das seinen Grund in den äußeren Vorzügen, mit denen derselbe ausgestattet war, während die inneren Verschiedenheiten weder im gesellschaftlichen, noch im freundschaftlichen Verkehr voll zur Geltung kamen, weil Peter Hinrich frühzeitig gewöhnt war, seine Meinungen und Ansichten nur mit größter Vorsicht zu äußern, um ja nicht Anstoß zu erregen. Peter Hinrich war nach den Begriffen der damaligen Zeit ein vollendet schöner Mann. Der Kopf war edel geformt; die leicht gebogene, schmale Nase, die großen, blauen Augen mit langen, schwarzen (gefärbten) Wimpern[151], die frischen Farben der vollen Wangen, welche zu dem zarten

---

[150a] Auch noch als alte Frau.
[151] Seine natürliche Haarfarbe war rothblond.

Grau des gepuderten Haares in schönem Gegensatz standen, der feinlippige, kleine Mund mit den blendend weißen Zähnen und dem mädchenhaften Lächeln waren Schönheiten, welche das weibliche Geschlecht entzückten und vergessen ließen, daß der Ausdruck des Gesichtes wenig belebt und etwas weichlich war. Peter Hinrich's ganze Erscheinung verrieth den Mann, welcher in den vornehmsten Kreisen zu verkehren gewöhnt war. Seine Kleidung zeugte vom feinsten Geschmack.[151a] Die zierlichen Stickereien auf Weste und Leibrock, die kostbaren Spitzen des Busenstreifs und der Handkrausen, das edelsteinbesetzte Uhrgehänge, die Schnallen an den Knieen und Schuhen und der kostbare Salondegen waren vielbewunderte Kunstwerke. „Da er vom Wenigsten redete und immerdar wichtig aussah, auch ein aimables, hofmännisch feines Benehmen zur Schau trug", so hielt man ihn für etwas ganz Besonderes. Er verstand es auch, die vielfachen Erfahrungen und Kenntnisse, welche er auf seinen Reisen gewonnen hatte, geschickt an den Mann zu bringen, zu schweigen, wo es angemessen war und ein aufmerksamer Zuhörer der Erzählungen anderer zu sein. Seine Zurückhaltung legte man als Bescheidenheit, sein Schweigen als tiefsinniges Nachdenken über das Gehörte aus. Das schöne Geschlecht aber entzückte er durch sein Verständniß für das Rührende, Ergreifende, für Thränen und Seufzer, wie sie die damalige Zeit liebte und durch seine wohltönende, angenehme Stimme, mit welcher er kleine, französische Chansons vorzutragen verstand.

Der schöne junge Mann, welchem der Ruf großen Reichthums anhing, war der vielbegehrte Liebling der ersten, töchterreichen Häuser Hamburg's. Es wurden ihm die vielseitigsten Vorschläge zur Heirath gemacht, wie das damals üblich war; allein er schlug sie alle aus und huldigte nur immer deutlicher Maria Margaretha Bolten, obgleich die Ansichten über die Vermögenslage des Physicus Bolten und über die zu erwartende Mitgift der Tochter sehr getheilt waren. Es soll nun der alte Bolten diesem Spiel der Herzen nicht länger haben zusehen wollen und die Entscheidung in der Angelegenheit herbeigeführt haben. Peter Hinrich gab eine bindende Erklärung. Indessen stieß er, als er sich seinem Vater entdeckte, auf unerwartete Schwierigkeiten. Dieser hatte inzwischen in Angelegenheiten seines Sohnes ebenfalls Schritte gethan, und die Verhandlungen betreffs der Verheirathung desselben „mit der Tochter eines lübeckischen Rathsherrn" waren in bestem Gange. Die Vortheile, welche dem Sohne aus einer solchen Verbindung erwachsen würden, hielt der Vater für weit beträchtlicher, als diejenigen, welche er durch Verheirathung mit der Tochter des hamburgischen Arztes erlange, von dem man wisse, daß derselbe „allezeit gar großartig gelebet und auch sonsten viel Verluste gehabt habe, so daß der einstens kein groß Erbtheil übrig bleibe". Der Sohn schrieb dem Vater, daß er sich „compromittiret habe" und nicht zurücktreten könne; allein das fruchtete nichts, um so weniger, als der Vater sich inzwischen mit Physicus Bolten heftig erzürnt hatte. Der Sohn, welcher von seinem Vater gänzlich abhängig war, erreichte nur so viel, daß die Angelegenheit seiner Verheirathung aufgeschoben wurde. Ende 1777 kam es indessen wiederum zu

---

[151a] Er bezog sie insgesammt aus Paris.

heftigen Auftritten zwischen Vater und Sohn. Letzterer verlangte eine Summe Geldes, um sich in ein hamburgisches Handelshaus einkaufen zu können; aber der Vater verwies ihn auf das jährlich Ausgesetzte und drohte, ihm auch dieses zu entziehen, wenn er nicht gänzlich von seinem Vorhaben Abstand nähme. Peter Hinrich war nicht Mann genug und nicht darnach erzogen, um sich seinen eigenen Weg bahnen zu können. So beugte er sich denn auf den verständigen Rath des Dr. Bolten dem väterlichen Willen und kehrte nach Lübeck zurück, „um sich wiederum in des Herrn Vaters Gunst zu setzen". Damit war es aber wohl nicht so ernst gemeint; denn schon bald darauf weilte er wiederum in Hamburg, wo man ihm vieles Mitgefühl entgegentrug und den Vater, welcher die Verbindung noch immer nicht zugeben wollte, einen Geizhals schalt. So kam der Sommer des Jahres 1778 heran. Peter Hinrich war noch immer in Hamburg und gab sich sorglos den gesellschaftlichen Vergnügungen hin. Da traf ihn unerwartet die Mittheilung, daß sein Vater am 8. Juli plötzlich verschieden sei. Er war der Erbe des für damalige Zeiten bedeutenden Vermögens von 400,000 Mark Banco (= 600,000 Reichsmark). Die Gefahren, welche dem jungen Mann aus diesem plötzlichen Wechsel erwuchsen, waren groß; er fand indessen in seinem zukünftigen Schwiegervater einen treuen Freund und Rathgeber. Dem Einfluß desselben gelang es auch, Peter Hinrich zu veranlassen, dem letzten Willen seines Vaters nachzukommen und in Lübeck Wohnsitz zu nehmen. Das alte, düstere Haus in der Fischstraße, welches den Ansprüchen des jungen Lebemannes nicht genügte, wurde verkauft. Er erstand dafür am 31. December 1778 ein schönes, geräumiges Haus in der Königstraße, jetzige Nr. 15. Drei Tage vorher war er zum Mitglied der Kaufleute-Compagnie erwählt und „ihm die Wahl, da er sich in Hamburg aufhielt, schriftlich mitgetheilet worden".[132] Er betrieb fortan „eigene Handlung, hauptsächlich Speculations-Geschäft".[133]

Nach fast vollendetem Trauerjahr fand am 13. Juni 1779 die Trauung Peter Hinrich's mit Maria Margaretha Bolten statt ohne besondere Festlichkeit. Nachdem das junge Paar etwa einen Monat in Lübeck geweilt hatte, trat es eine große Reise an. Schon lange Zeit vorher waren alle Vorbereitungen für dieselbe auf das sorgfältigste getroffen. Der Reiseweg findet sich auf den letzten, pergamentenen Seiten eines Exemplares des Musenalmanachs für 1779 (von Joh. Heinr. Voß) von Maria Margarethen's eigener Hand verzeichnet. Sie nennt die folgenden Orte: „Bremen an der Weser, Delmenhorst an der Delm, Oldenburg an der Hund, Leer an der Emse, Winschoten, Groningen am Flusse Aa und Hunse, Lemmer a. d. Zuyder-See, mit Schiff nach Amsterdam an der Amsel bey der Zuyderfee, Harlem, Alkemar, Bruk ein großes Dorph, Utrecht, Leist, ein Dorph berühmt wegen der Herrnhuter, Husdiek, das Schloß des Prinzen von Oranien, Amsterdam, Leiden am Reihn, Haag t'Suys ten Bosch, Kleine Loo, Scheveningen, Rotterdam an der Maas, Moerdyk, mit Schiff nach Antwerpen an der Schelde, Brüssel (Prinz Carl von Lothringen), Valencienne, Cambray, Chantilly, Paris, St. Clou, Choisy, Versaille, Marly, Trianon,

---

[132] Verhandlungsberichte der Kfl. Compagnie.
[133] Almanach für Kaufleute von 1784.

Orléans, Blois, Enboise, Chanteloup, Lion, Genève, Lausanne, Morat, Berne, Solothurne, Basel, Strasbourg, Kehl, Rastadt, Durlach, Mannheim, Mainz, Frankfurt, Cassel, Leipzig, Dresden, Potsdam, Berlin. —" Das war eine sehr große Reise, welche lange Monate in Anspruch nahm und mit mancherlei Gefahren verbunden war; denn, wenn auch die dumpfe, humpelnde Chaise bei zehnstündiger Fahrt selten mehr als fünf Meilen zurücklegte, so war doch das Umwerfen, wenigstens auf den deutschen Landstraßen, ein kaum zu vermeidendes Tagesereigniß, sei es, daß die Unergründlichkeit des Weges daran die Schuld trug, oder daß unvorhergesehene Hindernisse das schwerfällige Gefährt aus dem Gleichgewicht brachten. Fast ein jeder Reisende brachte einige verrenkte Glieder, manche sogar Arm- und Beinbrüche mit heim, an denen sie ihr ganzes Leben lang zu leiden hatten. Andererseits stand auch die Straßenräuberei damals noch überall in hoher Blüthe. Die Gasthäuser an den Landstraßen waren meist schlecht und genügten selbst den einfachsten Ansprüchen nicht. Da mußte denn alles mitgenommen werden, dessen man nur irgend bedürfen zu müssen glaubte. Das erforderte aber wiederum eine Unzahl Koffer, Kisten und Kasten, welche der Obhut eines Reisedieners unterstellt waren. Dieser hatte auch für Beschaffung des Vorspanns und des Unterkommens Sorge zu tragen. Außer dem Reisediener bestand die Begleitung noch aus dem Hausdiener zur Bedienung des Herrn und aus einer Kammerzofe zur Bedienung der jungen Frau. Die Reise muß eine schwere Summe Geldes gekostet haben. Das Tagebuch ist leider verloren gegangen. Wir wissen nur, daß Maria Margaretha, welche ein großes Verständniß für die Malerei besaß, gern länger in den Niederlanden geweilt hätte, als es der Reiseplan gestattete. Allein es trieb ihren Gatten nach Paris. Er gab sich der Hoffnung hin, daß seine schöne, junge Frau von derselben Begeisterung für das Großleben der Stadt ergriffen werden möge, welche ihn beseelte. Ihr scharfer Geist durchschaute indessen die gleißnerische Maske, hinter welcher sich die Verworfenheit des Scheinlebens barg; sie wandte sich mit Abscheu von demselben ab. Dennoch unterließ ihr Gatte nicht, sie von einem Vergnügen der Großstadt in das andere zu jagen; aber je mehr sie von dem Pariser Leben sah, desto verabscheuungswürdiger fand sie dasselbe. Eines ihr besonders widerwärtigen Vorfalles aus dieser Zeit sei hier Erwähnung gethan. Sie besaß eine große Verehrung für die edle Königin Maria Antoinette, welche inmitten des Lasters und der Verworfenheit ein tugendreines, auf Familienglück gegründetes Leben führte. Maria Margaretha trug das Verlangen, sie zu sehen. Da indessen die Königin ihr Trianon nur selten verließ, so mußte man von der Vergünstigung für die dem Hofe Nahestehenden und Fremden Gebrauch machen. Denselben war noch vorheriger Anmeldung erlaubt, von dem Wandelgange des Saales der Königlichen Tafel zuzuschauen. Die Zuschauer mußten dazu Hofkleidung anlegen. Kaum hatte Maria Margaretha in ihrem glänzenden Staat auf der Galerie Platz genommen, als die schöne Erscheinung die Aufmerksamkeit des Hofes erregte. Die Höflinge begannen in lautem Reden ihrer Bewunderung Ausdruck zu geben, mischten jedoch bald so rücksichtslose, jedes Ehrgefühl verletzende Worte hinein, daß Maria Margaretha unter Thränen ihren Platz verließ, und kein Bitten und Flehen ihres Gatten sie zur Rückkehr bewegen konnte. Bald darauf kehrten sie Paris den Rücken. Während des Aufenthaltes hatte Peter Hinrich seine Gattin in Pastell malen lassen. Das Bild ist in goldener Fassung in den Deckel einer Schildkröt Tabaksdose eingesetzt.[154]) Es ist von seltener Feinheit der Ausführung und Frische der Farben. Das hellblonde, leicht gepuderte, hochaufgekämmte Haar, in welchem eine blühende Rose neben einem Vergißmeinnichtstrauß schwankt, umrahmt das liebliche Antlitz, welches sich durch eine feine, leicht gebogene und mit einem Höcker versehene Nase und große blaue Augen auszeichnet. Die Hautfarbe ist überaus zart und duftig, der entblößte Hals, auf welchen beiderseits lange Locken hinabfallen, von vollendeter Schönheit. Die eine Schulter ist entblößt, eine Freiheit des Malers, welche Maria Margaretha scharf tadelte.

In Paris und vornehmlich auch auf der Weiterreise kaufte das junge Paar überall die auserlesensten und kostbarsten Möbel, Stoffe und Geräthe für die Einrichtung des schönen Heims in der Königstraße in Lübeck.[155]) Schon der Vorgänger hatte das ganze Haus gründlich durchgebaut. Dennoch ließ Peter Hinrich das Vorderhaus nochmals gänzlich ungestalten. Ihm wohnte eine große Lust zum Bauen inne; auch besaß er vieles Verständniß dafür. Die raumverschwendende, aber prächtige Treppenanlage, welche noch jetzt das Haus auszeichnet, soll ihre Entstehung seinen besonderen Angaben verdanken.

Betritt man das Innere des Hauses durch die mächtige Hausthür, welche breit genug ist, um eine große Staatskutsche durchzulassen, so öffnet sich dem Blick der geräumige Flur mit einer Grundfläche von 33 Schritt bei 28, dem einfahrenden Wagen reichlichen Raum zum Umwenden bietend. Dieser Flur nimmt fast das ganze Erdgeschoß ein, welches außer demselben nur noch 2 kleinere Wohnräume zur Rechten und Linken der Hausthür birgt. Nach dem Garten zu ist die Diele von hohen, bis auf den Erdboden hinabreichenden Bogenfenstern abgeschlossen, welche eine fast übermäßige Fülle von Licht einlassen, aber einen anmuthigen Blick in das üppige Grün des Gartens gewähren. Auf dieser Diele standen zur Rechten und Linken des weit vorragenden Treppenansatzes die mächtigen Kutschen, von denen die eine für den winterlichen, die andere für den sommerlichen Verkehr diente. Die Treppe selbst ist frei und schön angelegt. Von zwei kräftigen Sockeln eingeschlossen, auf welchen je ein lebensgroßer Mohr als Laternenhalter steht, erhebt sie sich in einer Anzahl Stufen in gerader Linie, theilt sich dann in zwei Flügel, welche auf dem Wandelgang (dem Hängewerk) münden, und vereint sich, von dort in einem zweiten Stock führend, in weit zurücktretender Lage wieder zu einem Aufstieg. Zu vorderst des breiten Wandelganges liegen die drei großen, übermäßig hohen Staatszimmer, welche in der nüchternen Pracht ihrer den Einfluß der ersten pompejanischen Ausgrabungen verrathenden Ausstattung vornehme Kälte ausstrahlen. Der obere Theil des Vorderhauses enthielt, soweit bekannt, nur die Sammlungen aus dem väterlichen Nachlaß, die Fremdenzimmer

---

[154]) Im Besitz der Senatorin Therese Tesdorpf in Hamburg.
[155]) Der Vorgänger Peter Hinrich's mußte das Haus verkaufen, weil er seine Zahlungen eingestellt hatte, dasselbe war mit Peter Hinrichs Nachfolger dem Bürgermeister Matthäus Rodde der Fall, während er selbst das schöne Gewese verkaufen mußte, weil er nicht mehr die nöthigen Mittel zur Unterhaltung des kostbaren Haushaltes besaß.

und die Wohnräume für die Bedienung. Von dem ganzen, grossen Vorderhause bewohnte die Familie überhaupt nur die beiden im Erdgeschoss zur Seite der Hausthür gelegenen Zimmer, von denen das eine als Geschäfts-, das andere als Esszimmer diente. Im Uebrigen lebte sie ganz und gar im Seitenflügel des Hauses. Dieser ist ein vollkommenes, kleines Haus für sich, in allen Verhältnissen das gerade Gegentheil des Vorderhauses. Zimmer mässiger Grösse, wie sie das tägliche Leben verlangt, reihen sich hier aneinander; auf dem Ganzen ruht der Hauch gemüthlicher Enge. In diesem Anbau bewohnte Peter Hinrich das Erdgeschoss, Maria Margaretha dagegen den ersten Stock. Das Erdgeschoss enthielt einen „Salle d'attente", das ganz als Empfangszimmer eingerichtete Schlafzimmer des Hausherrn — das Bett war hinter einem grossen, mit chinesischer Seidenweberei bespannten Wandschirm verborgen — und das „Gartenzimmer". Dies letztere verdankte seinen Namen der Wandverzierung, welche aus gemaltem Lattengitter mit Rankenwerk und sich darin wiegenden bunten Vögeln bestand, und dessen Hauptzierde der grosse in einer Wandvertiefung stehende Ofen war, welcher die Gestalt eines Grabdenkmals hatte und von 2 gemalten Trauerweiden beschattet wurde. Der Geist der Zeit, dessen überschwängliche Liebe zur Natur sich bis zu schlechten Nachbildungen an den Wänden verstieg, der es liebte, sich durch den Anblick von Gräbern, selbst in den Stuben, in wehmüthige Stimmungen versetzen zu lassen, und der im Werther seine Verkörperung gefunden hatte, prägte sich in dieser sonderbaren Spielerei trefflich aus. — Eine geheimnissvoll verborgene, schmale Treppe verband das Erdgeschoss des Anbaues mit den Räumen des ersten Stocks. Sie mündete auf einer kleinen Vordiele, von welcher eine geschickt verdeckte Tapetenthür in das Innere des „Chambre à coucher de Madame" führte. Dieses Schlafgemach, völlig als Wohnzimmer eingerichtet, war derjenige Raum, in welchem die vertraulichsten Freunde des Hauses empfangen wurden. An dasselbe stiess ein grösseres, über dem Gartenzimmer gelegenes Eckzimmer, welches ebenfalls mit vieler Malerei ausgestattet war. Die Decke desselben erhob sich in der Mitte zu einer Kuppel, aus welcher der blaue Himmel, von buntfarbigen Schmetterlingen umgaukelt, herniederblickte. Die Wände waren mehrseitig mit Spiegeln geziert, welche aus vielen kleinen Scheiben zusammengesetzt waren. Ein lustiges, gemaltes Rankenwerk verbarg die Fugen der Zusammensetzung. In diesem Eckzimmer sah es bunt genug aus; da waren bequeme Sessel und Stühle in Menge vorhanden; da stand der dünnbeinige Schreibtisch in den zierlichen Formen des Louis XVI. und ihm gegenüber das kostbare Piano, ein vielbewundertes Stük der neuesten Bauart. Da stand auch das niedrige Bücherschränkchen, welches die Werke Klopstock's, Vossen's, Pestalozzi's und der anderen Hausgötter enthielt, und aus der Ecke leuchtete der steife „Cabinetkasten" mit seinem reich vergoldeten Broncebeschlag hervor, jenes wichtige Geheimschränkchen, in welchem die Briefe theurer Freunde und sonstige werthvolle Andenken bewahrt wurden. In diesem Raume pflegte Maria Margaretha im Kreise ihrer Freundinnen „den Verkehr mit den Musen und Grazien" und gedachte der schönen Zeit des geistig angeregten Lebens im Elternhause. Sollte aber etwas ganz insgeheim unter vier Augen besprochen werden, dann zog man sich in das anstoßende enge, kleine Gemach zurück, welches als grünende Laube ausgemalt war und gerade Raum genug bot für zwei vertraulich Plaudernde.

Es ließ sich schon leben in diesem schönen Gewese; allein die stillen, kleinbürgerlichen Verhältnisse Lübecks genügten Peter Hinrich nicht, und schon nach drei Jahren, im Frühjahr 1782, finden wir ihn wiederum auf einer großen Reise, für deren Grund er die „Erfüllung eines langgehegten Wunsches seiner Gattin und die Gefühle seiner Dankbarkeit für die Geburt eines Sohnes", eines Stammhalters, angiebt [156]. Die Reise ging nach Italien. Sie währte etwas über ein halbes Jahr. Für Maria Margaretha wurde sie eine Quelle geistiger Anregung und dauernden Genusses, dessen sie sich noch während ihres ganzen späteren Lebens erfreute. Wiederum brachten sie viele Kunstschätze heim, unter denen eine Anzahl überlebensgroßer Abgüsse nach Kunstwerken des Alterthums in Lübeck allgemeine Bewunderung erregten und für marmorne Kunstwerke gehalten wurden. [157] In Folge dieser Reise wurde auch das Aeußere des Hauses „in die Form des Römers" gebracht, der schnörkelige Giebel in einen geradlinigen mit Brustlehne verwandelt und mit sechs steifen, sinnbildlichen Gestalten aus Sandstein geziert.

In dieses Jahr fällt der Verkauf des fast 150 Jahre in Familienbesitze erblich gewesenen Hofes bei Kensefeld [157a], welcher am 20. August 1779 auf Peter Hinrich übertragen war. Der Grund des Verkaufs, welcher nur 11,000 ℔ L. einbrachte, ist unbekannt.

Die Unzufriedenheit Peter Hinrich's mit seinem Aufenthalt in Lübeck wuchs in dem Maße, wie sie bei Maria Margaretha abnahm. Das brachte denn schließlich den von ihm lange gehegten Wunsch zur Reife, auf vorläufig unbestimmte Zeit mit seiner ganzen Familie nach Paris überzusiedeln. Im Herbst 1785 brachte er diesen Entschluß zur Ausführung. Er bezog in Paris ein geräumiges, möblirtes Haus in der theuersten Gegend, schaffte kostbare Pferde und Wagen an, hielt eine zahlreiche Dienerschaft, Koch und Hausmarschall und lebte ganz „wie ein Marquis". Alles war auf einen bleibenden Aufenthalt eingerichtet; die Bitten Maria Margarethen's, an die Heimkehr zu denken, fruchteten nichts; aus Monaten wurden Jahre und noch immer wurde die Abreise hinausgeschoben. Maria Margaretha hatte keine frohen Tage in Paris; die großen Ausgaben bereiteten ihr Sorge; das französische Leben sagte ihr nach wie vor nicht zu. Die Lasterhaftigkeit der gesellschaftlichen Kreise war womöglich noch gewachsen; die politische Erregung verbreitete sich mehr und mehr und ergriff auch ihren Gatten, welcher ein blinder Verehrer des Königs war. Angstvoll blickte sie in die Zukunft. Da brach am 14. Juli 1789 der Blitzschlag der Erstürmung der Bastille aus den düsteren Wolken hervor und kündigte das beginnende Unwetter an. Paris war in Schrecken. Man sah, was ferner zu gewärtigen sei. Zahlreich verließen die ersten und die wohlhabendsten Familien die Stadt, das Land. Maria Margaretha beschwor ihren Gatten, diesem Beispiel zu folgen; aber erst der erneute Pöbelaufstand im August 1789 brachte ihn dazu, Paris zu verlassen. Ende 1789 trafen sie wieder in Lübeck ein.

---
[156] Friedrich Jacob, geboren 17. November 1781.
[157] Dieselben zieren noch heutigen Tages die Hausdiele. [157a] jetzt im Besitze des Bauern Hinrich Friedrich Stammer in Kensefeld.

Das großartige Leben in Paris hatte einen beträchtlichen Theil des schönen Vermögens verschlungen. Der Rest reichte nicht aus zu einem Leben, wie es Peter Hinrich gewohnt war, selbst in Lübeck nicht. Er begann gewagte Geschäftsunternehmungen zu betreiben, und er hatte Glück dabei. Die Zeitumstände waren seinen Unternehmungen günstig; es war mehr oder weniger bei allen Gewinn.

Durch das fortgesetzt großartige Leben, verbunden mit Erfolg im Geschäfte erwarb er sich eine gewisse Stellung unter den Kaufleuten Lübeck's. Um diese war es ihm, seitdem er wieder in die Vaterstadt zurückgekehrt war, vornehmlich zu thun, wie auch fortan in seinem Thun und Handeln ein ausgeprägtes Streben nach Rang und Würden im bürgerlichen Leben hervortrat. Er betheiligte sich lebhaft an öffentlichen Angelegenheiten, verwaltete die ihm anvertrauten Aemter mit Eifer und Sorgfalt und erwies sich überhaupt im Gemeinwesen von mannigfachem Nutzen, besonders als die vielen französischen Flüchtlinge, gegen welche er große Gastfreiheit bewies, zahlreicher auch in Lübeck eintrafen. Peter Hinrich verstand es, sich viele Gönner in allen Kreisen zu erwerben. Ein Zeitgenosse behauptet zwar, er habe seine bürgerliche Stellung vornehmlich den feinen Mittagessen zu verdanken gehabt, für welche er berühmt gewesen sei, und bei denen er die Mitglieder des Raths allezeit besonders bevorzugt habe; doch lobt wiederum ein anderer seine Bereitwilligkeit, wenn es galt, dem Gemeinwesen zu dienen und seine „anstellige Bescheidenheit". Peter Hinrich war ein eigenthümlicher Mann. Es ist, als habe er sich bei seinem ganzen Thun und Handeln beständig im Spiegel gesehen und sich, sowie den Eindruck, welchen sein Benehmen auf andere machte, sorgfältig beobachtet. Daher konnte sein Auftreten nicht anders als schwächlich, unmännlich erscheinen; indessen brachte das vorsichtige, abgemessene Gebahren es doch zu Wege, daß er keine Feinde besaß, daß man ihn für mehr hielt, als er war und endlich, daß man ihn zum Rathsherrn machte. Das Glück stand ihm dabei insofern zur Seite, als ihm der Weg zur Erreichung dieser Würde durch seine Erwählung zum Aeltesten der Kaufleute Compagnie[157] wesentlich geebnet war. Als solcher wurde er am 3. October 1793 auf den Rathswahlaufsatz gebracht und gewählt. Seine feierliche Einführung erfolgte am 5. October. Nun hatte der Sohn wirklich das erreicht, was der Vater ihm allezeit als Ziel seines Lebens vorgehalten hatte; aber die für Erreichung desselben gebrachten Opfer standen in keinem Verhältniß zu seinem Werth. Hatte Peter Hinrich schon früher das äußerlich glänzende Wohlleben dem sorgenlosen, stillen Glück im Familienkreise vorgezogen, so war ihm jetzt nur noch eine Sorge geblieben: die standesgemäße Wahrung der mühsam erreichten Würde. Da mußte sich denn, weil von dem einst großen Vermögen nur noch ein kleiner Bruchtheil vorhanden war, die Familie zu der äußersten Sparsamkeit bequemen, während nach außen derselbe Glanz wie bisher zur Schau getragen wurde. Darunter litt vornehmlich seine Gattin. Hatte er dieselbe, so lange die Verhältnisse gute waren, mit ausgesuchtester Höflichkeit und

---

[157] Er war auch längere Jahre an St. Jacobi Kirche u. A. m.

Rücksichtnahme behandelt, so mußte sie sich jetzt daran gewöhnen, daß er sich um alles bis in's Kleinste bekümmerte und eine unbedingte, willenlose Befolgung seiner genauen Vorschriften verlangte. Nur dadurch glaubte er eine richtige Verwendung der geringfügigen Mittel herbeiführen zu können. In dem gegenseitigen Verhältniß zwischen Mann und Frau war überhaupt manches eigener Art. Es war kein eigentliches Zusammen-, sondern mehr ein Nebeneinanderleben. Ueber das „Sie" kamen sie nicht hinaus; er redete sie auch selbst vertraulich nur „Madame" an. Im Uebrigen war und blieb er immer und überall steif und förmlich, und die Gefühle der Liebe, welche er für die Seinen hegen mochte, fanden weder in Thaten, noch in Worten ihren Ausdruck. Innerhalb solcher Verhältnisse widmete sich Maria Margaretha ganz und gar dem stillen Mutterglück im Kreise ihrer Kinder, und sie fand darin einen vollen Ersatz für das ihr sonst versagte Glück. Sie, die einst vielumworbene Schönheit, die gefeierte Freundin eines Klopstock, streifte den schöngeistigen Anhauch ganz und gar ab und wurde eine liebevolle, unermüdlich aufopfernde Mutter und Erzieherin ihrer Kinder. Die Schriften Pestalozzi's, jenes Mannes, welcher die Bildung des Volkes vornehmlich in die Hand der Mutter gelegt wissen wollte, bildeten die Grundlage ihrer Erziehungsweise. Sie las dieselben wieder und immer wieder mit der gleichen Begeisterung; ihr Lieblingsbuch war der edle und rührende Roman desselben, „Gertrud und Lienhard". Lange Zeit leitete die vortreffliche Frau den Unterricht ihrer Kinder fast ganz allein. Englisch, Französisch und Italienisch lehrte sie dieselben so vortrefflich, daß keine Nachhülfe durch Lehrer nöthig war. Während nun die Kinder mit größtmöglichster Liebe und Verehrung an ihrer ausgezeichneten Mutter hingen, blickten sie mit einer gewissen Angst und Scheu zu ihrem gestrengen Vater auf, der auf keine ihrer jugendlichen Späße und Thorheiten einging, sondern immer die höchste Ehrerbietung verlangte und immer nur ermahnte, fast niemals lobte. Die Mutter dagegen konnte so herzlich froh sein; immer und überall war sie mit ihnen, wenn sie im grünenden Garten tollten, dessen oberer Theil mit den verschnittenen Hecken und Bäumen, den geradlinigen Beeten und den gliederverrenkten Sandsteinfiguren ihnen weit weniger gefiel, als der untere, unregelmäßige, bis an die Wakenitz reichende Theil mit seinen gewundenen Laubgängen und heimlichen Gebüschen, oder wenn sie auf der großen Hausdiele jubelten, in den Kutschen Besuche ertheilten und empfingen und den Mohren an der Treppe ihre Ehrerbietung bezeigten. Wenn sie aber in buntem Gewirre über die liebe Mutter herfielen, damit sie ihnen aus Campe's Robinson Crusoe erzähle, dann folgte ihr die ganze kleine Gesellschaft in die engen Räume des Anbaues und ließ sich, in der ruhigen Abgeschlossenheit durch nichts gestört, im Geiste über das Weltmeer hinweg, auf die einsame, ferne Insel entführen.

So verlebte sie mit ihren vier Kindern glückliche Jahre, bis zum Herbst 1800, als der älteste Sohn, Friedrich Jacob (Linie Tesdorpf-Rücker), zur Erweiterung seiner Kenntnisse des Handels nach Hamburg gesandt und der zweite Sohn, Johann Christoph (Linie Tesdorpf-Meyer), welcher den Beruf eines Landwirths erwählt hatte, auf einem Gute in der Nähe Lübeck's untergebracht wurde.

Mittlerweile war Peter Hinrich durch den im Jahre 1796 erfolgten Tod seines Schwiegervaters Dr. Bolten eine größere Erbschaftssumme zugefallen. Durch die Gunst der Zeiten kühn gemacht, beschränkte er seine geschäftlichen Unternehmungen nun nicht mehr allein auf den lübeckischen Markt, sondern dehnte dieselben auch auf den hamburgischen aus. Da ereignete sich plötzlich im Jahre 1799 eine furchtbare Geschäftsstockung in Hamburg. Ueber 120 Häuser stellten ihre Zahlungen ein, darunter auch dasjenige, bei welchem Peter Hinrich die Unterpfandssumme für seine Unternehmungen hinterlegt hatte. Dieselbe ging völlig verloren. Der Verlust traf Peter Hinrich so empfindlich, daß er kaum noch im Stande war, das große Gewese in der Königstraße zu unterhalten. Allein es ließ sich vorerst kein Käufer für dasselbe finden. So beschränkte er denn seine Ausgaben auf das äußerste und blieb wohnen. Bald darnach, als durch den Reichsschluß von 1803 die Neutralität der sechs freien Reichsstädte gesichert war, trat für Lübecks Handel und Wandel eine Zeit der Blüthe ein, wie sie die Stadt selbst in den Zeiten der Hansa nicht glänzender gesehen hatte. „Der Hafen bot den Anblick eines unabsehbaren Gewühls von vorher nie geschauten Wimpeln und Flaggen aller Länder, und die gewöhnlichen Liegeplätze auf der Trave erwiesen sich als bei weitem nicht ausreichend". Immer höher und höher stiegen die Waarenpreise; wer wagte, gewann. Niemand dachte an die Möglichkeit einer Stockung des blühenden Handels. Man lebte wieder in Ueppigkeit und Ueberfluß. Einer that es dem anderen zuvor. Die Bauwuth in der Stadt kannte keine Grenzen; der Grundwerth stieg zusehends. Solchen besonderen Umständen verdankte es Peter Hinrich, daß er (Ende 1805) für sein Gewese in der Königstraße zu gutem Preise einen Käufer fand[158]) in dem reichen Rathsherrn Matthäus Rodde, demselben Manne, welcher einige Jahre später, während der Franzosenzeit, mit einem Fehlbetrage von mehreren Millionen Mark die Zahlungen einstellte. Peter Hinrich kaufte sich bald darauf zwei einfache Häuser Nr. 30 und 40 in der Aegidienstraße und vereinigte dieselben zu einem Gewese. Die Eintheilung desselben war derjenigen des Hauses in der Königstraße ziemlich gleich; nur war das Ganze weit einfacher, in allen Verhältnissen viel kleiner. Ganz dem Scheinleben eines reichen Mannes zu entsagen, vermochte Peter Hinrich auch jetzt noch nicht.

Die Schlacht bei Austerlitz war geschlagen. Düstere Schatten verbreiteten sich über Norddeutschland. Wiederum stockte der Handel; Peter Hinrichs Unternehmungen schlugen fehl; er hatte schwere Verluste. Zu denselben gesellte sich derjenige eines von ihm gemietheten und für eigene Rechnung mit Getreide befrachteten, unversicherten Schiffes, welches an der Küste von Fehmarn strandete. Mit diesem Verlust ging so ziemlich der letzte Rest des stolzen, sorgenloses Dasein bietenden, väterlichen Vermögens verloren. Das war zu Anfang des Jahres 1806.

---

158) Peter Hinrich verlor dennoch an dem Gewese zwischen 60—70,000 Mark ℒ

Dritter Theil.

Vom Jahre 1806 (Erstürmung Lübeck's) bis zur Mitte des Jahrhunderts.

Die Schicksale der Familie in den Jahren 1806—1815.[119])

er Herbst des Jahres 1806 brachte jenes furchtbare Ereigniß der Erstürmung Lübecks durch die Franzosen. Es waren damals folgende drei Tesdorpf'sche Hausstände in Lübeck vorhanden: des Bürgermeisters Johann Matthäus Tesdorpf in der Königstraße und seines Bruders, des Weinhändlers Peter Hinrich Tesdorpf in der Mengstraße, sowie des Kaufmanns und Rathsherrn Peter Hinrich Tesdorpf in der Aegidienstraße.

In Ruhe und Frieden lag die altehrwürdige Reichsstadt Lübeck an der kriegssicheren Nordgrenze des zerrütteten deutschen Reichs. Der am 12. Juli 1806 geschlossene Rheinbund, an dessen Spitze der Kaiser Napoleon stand, beunruhigte sie ebenso wenig, wie die in aller Stille erfolgte, thatsächliche Auflösung des deutschen Reiches, welche durch den Verzicht Franz II. auf die Kaiserkrone am 9. August vollzogen war. Wiesen auch einige ernste Männer darauf hin, daß mit der Auflösung des deutschen Reichsverbandes Lübecks ganzes Verfassungsgebäude seine Grundlage verloren habe, so schenkte man dem doch wenig Beachtung. Man glaubte an die Unverletzbarkeit der Verfassung und Neutralität der Vaterstadt und sah dem Treiben der Kriegsfurie innerhalb Deutschlands mit Ruhe und Gleichgültigkeit zu.

Da näherten sich plötzlich die Schrecken des Krieges den Mauern der sorglosen Stadt. Ein Theil des bei Jena und Auerstädt zersprengten preußischen Heeres wandte sich unter Blücher's Führung dem Norden zu. Ueberall verfolgt von dem nachrückenden Feind, überschritt es die meckl

[119]) Zahlreiche gedruckte und handschriftliche Mittheilungen über dieses Ereigniß und die Folgezeit, welche sich in den städtischen Büchersammlungen zu Lübeck und Hamburg befinden, Aufsätze in den Lübeckischen Blättern und der Zeitschrift für lübeckische Geschichte, Professor Deecke's handschriftliche Materien zur Geschichte Lübecks seit dem Jahre 1800, Peter Wilken's Lebenslauf, kurze Geschichte der unvergeßlichen Ereignisse des November-Monats im Jahre 1806 von S.; Lübeck und Ratekau im Nov. 1806 von W. Gläser und aus Klug's Geschichte Lübecks während der Vereinigung mit dem französischen Kaiserreiche 1811—1813, Briefen u. v. a.

burgische Grenze und nahm die Richtung auf Lübeck. Aber man sah darin weiter keine Gefahr für die Stadt; im schlimmsten Falle glaubte man an einen Durchmarsch. Beunruhigend wirkte zuerst, daß seit dem 28. October Tag und Nacht Flüchtlinge die Stadt durchzogen, welche sich aus dem mecklenburgischen auf dänisches Gebiet begaben. Dann erzwang sich eine Abtheilung von 1800 Mann Schweden, welche aus dem Lauenburgischen vertrieben waren, den Eintritt in die Stadt und schiffte sich gewaltsam ein. Mehr und mehr bemächtigte sich der Einwohner das Gefühl des Ernstes der Lage.

Der Morgen des 4. November brach sonnenvoll an; da wurden von den Thoren die ersten fliehenden Preußen gemeldet. Ihre Zahl mehrte sich stündlich. Schon am folgenden Tage wurde Unterkommen für 6—8000 Mann verlangt, und wiederum mußte das wehrlose Lübeck seine Thore öffnen und sich der Besetzung preisgeben. Am Abend des 5. November rückte das Corps ein. Die Stadt erschien wie verlassen; die Straßen waren menschenleer; die Einwohner blieben in ihren Häusern. Erschreckt durch den schnellen Wechsel von Frieden in Krieg, blickten sie angstvoll auf die abgehärmten, übermüdeten und verzweifelten Gesichter der Einziehenden. Mit wachsender Sorge vernahmen sie die Berichte über die Nähe des Feindes und seine furchtbare Stärke. Von den Thoren her dröhnte lauter und immer lauter der Donner der Kanonen.

Um halb 5 Uhr Nachmittags sprengte ein Troß Reiter vor das Rathhaus. Es war Blücher und sein Gefolge. Der General warf sich vom Pferde und betrat rasch, von nur wenigen Officieren begleitet, die Vorhalle des Rathhauses. Der geschäftige Rathsdiener eilte, die Ankömmlinge dem Rath zu melden; aber Blücher rief: „General Blücher ist nicht gewohnt, an der Thür zu stehen!" und folgte dem Diener auf dem Fuße. Er betrat den schwach erleuchteten Saal, in welchem der gesammte Rath versammelt war und über die zu ergreifenden Maßregeln berieth. Unter den Bürgermeistern auf der mittleren Bank saß Johann Matthäus Tesdorpf, auf der obersten Bank zur Linken der Rathsherr Peter Hinrich Tesdorpf. Der Diener rief den Namen des Generals; der Rath erhob sich; die mit dem Amt des Kriegscommissariats betrauten Senatoren Müller und Peter Hinrich Tesdorpf eilten ihm entgegen und führten ihn vor die Bürgermeisterbank. Man bot Blücher einen Stuhl an; aber er setzte sich nicht. Ernst und finster blickte er auf die Versammlung. Man sah dem 64jährigen Manne die erlittenen Qualen an. Das graue Haar war wild durcheinander, der blonde Schnurrbart zerzaust, die Kleidung staubbedeckt, der große Mantel zerrissen. Mit kräftiger, rauher Stimme trug er sein Begehren vor. Er verlangte Unterkommen, Lebensmittel und Schießbedarf für seine Truppen; das viele Kämpfen habe seine Truppen ermattet; er müsse einige Tage Ruhe haben. Der Rath gab seine Bedenken kund gegen die Möglichkeit der Erfüllung seiner Wünsche ohne Mitwissen der Bürger-Aeltesten. Da rief Blücher barsch: Wie soll ich das verstehen, freundlich oder feindlich? — Man beruhigte ihn, versprach das Möglichste zu thun und bat um Schonung der Stadt. Er sagte das zu: er wolle sich in Holstein schlagen. Dann entfernte er sich und ging hinüber in das Gasthaus zum Engel.

Der Rath schritt sofort zur Ausführung des dem General Zugesagten, soweit es die Möglichkeit erlaubte; er erließ Verordnungen und Befehle und mahnte zu Ruhe und Vorsicht für den nächsten Tag, falls der nahe Feind Blücher in den Mauern Lübecks angreifen sollte. Man legte der Versicherung Blüchers, die Stadt zu schonen, wenig Werth bei. Der Rath war bis 10 Uhr Abends beisammen.

Peter Hinrich Tesdorpf verließ erst spät nach Mitternacht das Rathhaus, übermüdet von dem schwierigen Geschäft der Unterbringung der eingezogenen Truppen. Als er vor seinem Hause in der Aegidienstraße dem Wagen entstieg, eilte ihm angstvoll seine Gattin und das Hauspersonal entgegen. Er befahl allen, ungesäumt das Lager aufzusuchen: man brauche sich nicht zu sorgen; Blücher habe gesagt, er wolle Lübeck kein Haar krümmen. Darauf begab er sich in sein Zimmer und ließ sich entkleiden. Bald lag das Haus im tiefsten Schlummer. Aber bereits um 5 Uhr weckte Peter Hinrich das gesammte Hauspersonal. Um 6 Uhr ließ er seine Gattin zu sich bescheiden, theilte ihr den Ernst der Lage mit und gab ihr die Weisung, die wenigen Habseligkeiten gut zu verbergen für den Fall einer Erstürmung der Stadt. Maria Margaretha wurde auf's höchste erregt; ihr traten die Bilder der Zerstörung in Paris am 14. Juli 1789 wieder vor Augen. — Eilends wurde der Weisung Folge geleistet. Das Geld und die Werthpapiere wurden im Garten vergraben, die theuren Andenken und die Schmucksachen in einem Schranke der Naturaliensammlung verborgen.

Schon um halb 7 Uhr hatte die Lärmtrommel die Soldaten zusammengerufen. Um 7 Uhr fuhr Peter Hinrich zu Rath; aber dieser konnte sich erst um 8 Uhr versammeln, weil alle Gassen und Straßen von Soldaten wimmelten. Alle sahen ernst, still, in sich gekehrt aus. Kaum hatte Bürgermeister von Brömbse die Sitzung des Raths eröffnet, als von den Kirchthürmen gemeldet wurde, daß vor den Thoren Vorpostengefechte stattfänden. Noch immer hoffte man, Blücher werde Lübeck nicht vertheidigen. Bald aber wurde gemeldet, daß sich die preußischen Truppen an den Thoren verschanzten. Sofort befahl der Rath alle Offiziere der städtischen Besatzung und die reitenden Diener auf das Rathhaus. Sie versammelten sich auf der Rathsdiele. Die Eingänge wurden gesperrt. Zu gleicher Zeit ermahnte der Rath die Bürger, in den Häusern zu bleiben, die Fenster und Läden zu schließen.

Schon hatte sich am Burgthor ein blutiger Kampf entsponnen. Bernadotte's Truppen gingen den ermatteten und schlecht geführten Preußen hart zu Leibe; aber sie wurden abgewiesen. Neue Verstärkungen rückten an. Der Kanonendonner begann das Prasseln des Gewehrfeuers zu übertönen. Die Kugeln durchsausten die Stadt; die erschreckten Bürger versteckten sich in die entlegensten Winkel der Häuser.

Es war 1 Uhr. Da gingen plötzlich die Preußen in wilder Verwirrung zurück. Es war dem Feinde gelungen, das Burgthor zu umgehen, vom Rücken aus anzugreifen. Es entstand ein entsetzliches Handgemenge. Todesverachtend stürzten die preußischen Jäger dem Feinde entgegen; es war vergeblich; er wich nicht. Aus allen Fenstern und Thüren und von

den Dächern der großen Burgstraße ergoß sich ein Regen von Kugeln
auf den andringenden Feind. Haus bei Haus wurde erstürmt, alles niedergerissen, gestochen, geschlagen, was sich an Soldaten vorfand. Dann fuhren
die Franzosen ein Geschütz zum Thor hinein; Kartätschen sausten in die
dichten Massen der Zurückweichenden und rissen furchtbare Lücken. Nun
war kein Halt mehr; alles drängte in wilder Flucht durch die Königstraße,
über den Kaufberg der großen Breitenstraße zu. In der Königstraße
zitterte die Familie des Bürgermeisters Johann Matthäus Tesdorpf, welcher
im Rathhaus weilte. Gleich anfangs waren einige Kartätschen auf der
Straße geplatzt; dann, als alles zurückging, hatten sich die tapferen
preußischen Jäger in der Straße festgesetzt, das Pflaster aufgerissen und
einen Schützenwall aufgeworfen. Verzweifelt kämpften sie; aber die Uebermacht des Feindes brachte sie zum Weichen.

Noch gab Blücher die Sache nicht für verloren. Hörnersignale
durchtönten die Straßen. Durch die Breitestraße und die Königstraße
heran jagten kühn die preußischen Husaren, geführt von ihrem greisen
General. Dreimal stürmten sie an; der Feind kam zum Stehen; aber die
Kartätschen hatten die Glieder so zerrissen, daß sich ein Wall von Menschen
und Pferden am Boden wälzte. Ein weiterer Anritt war unmöglich; der
Feind rückte vor. Da erst wandte sich auch Blücher zur Flucht und jagte
dem Holstenthor zu.

Der Rath harrte pflichtgetreu während dieser schweren Stunde auf
seinem Posten aus. Das Getöse vom Schießen und Trommeln, von
Hörnersignalen, Schreien und Stöhnen kam näher und näher; bald wogte
überall um das Rathhaus wilder Kampf. Durch die Fenster des Rathssaales pfiffen die Kugeln, prallten ab an der Decke und rollten vor die
Füße der Stadtväter. Die kleine in den Rathskeller führende Treppe war
geöffnet, um den Furchtsamen Gelegenheit zu geben, sich in die sicheren
Gewölbe zu retten; aber keiner benutzte sie. Man stellte sich an die Mauer
gegen die Breitestraße. Bald aber, als das Gefecht auch auf dem Marien-
kirchhof tobte, fielen die Kugeln auch dorthin. Pulverdampf durchzog den
Saal, in welchem eine dumpfe Stille herrschte. — Der Kampf war hartnäckig; da drang das fürchterliche Geschrei: à la mort! à la mort! in die
Ohren der Harrenden. Der Feind stürmte mit rasender Wuth von neuem
an; er warf den Gegner: Victoria! Victoria! erscholl es von allen Seiten:
der Kampf war beendet. Der Rath schöpfte neuen Muth. Er sandte
sofort den städtischen Major Kaufmann dem Marschall Bernadotte entgegen, welcher bereits in der Stadt war; derselbe bezeichnete den General
Maison als Befehlshaber der Stadt. 400 Mann französische Truppen besetzten das Rathhaus. Vor der Thüre des Rathssaales pflanzten sich acht
Grenadiere auf, am Gitter vor den Rathsbänken vier weitere. Kaum
waren dieselben am Platz, so stürmte ein Schwarm von Offizieren und
Fourieren wild in den Saal, Unterkommen, Speise und Trank verlangend.
Man rief nach den Bürgercapitainen, allein sie waren nicht anwesend. So
mußte denn der Rath allein die ungeheure Arbeit der Unterbringung der
Truppen beginnen. Vor das Gitter wurden vier Tische gestellt nach den
vier Stadtvierteln; aber der Andrang war übermächtig; man konnte die

Masse nicht befriedigen, und die meisten Soldaten suchten sich selbst ein Unterkommen.

Mittlerweile war über Lübeck das furchtbare Schicksal der Plünderung hereingebrochen. Plünderung einer mit Sturm genommenen Stadt war damals Kriegsrecht. Lübeck wurde als eine solche betrachtet. Entsetzen bemächtigte sich der Einwohner, als die wilden Horden begannen, die Thüren der Häuser einzuschlagen, als die verzerrten, pulverdampfgeschwärzten Gesichter ihnen entgegenstierten und nach Branntwein, Geld und Werthsachen schrien. Wer das nicht zu geben vermochte, wurde mit Kolbenstößen und Fußtritten behandelt. Den Männern und Frauen riß man die Uhrketten vom Leibe; Kunstgegenstände wurden zerschlagen, Bilder durchstoßen, die Möbel umgeworfen. Die Königstraße wurde Haus bei Haus geplündert. Auch das Haus des Bürgermeisters Johann Matthäus Tesdorpf wurde nicht verschont. Die Wache war während des Kampfes entflohen. Es blieb nicht ein Stück auf dem andern.

Ein großer Haufe Plündernder ergoß sich in die Mengstraße. Die Thüren krachten; die Fenster klirrten; heulend drang die Menge in das Innere der Häuser. Des Weinhändlers Peter Hinrich Tesdorpf's Haus stand offen. Gleich anfangs hatte man einige durch die Straße ziehende Grenadiere hereingerufen, mit Wein und Speise bewirthet und reichlich beschenkt. Dafür erbat man sich Schutz gegen die nachfolgenden. Die Grenadiere hatten es zugesagt wohl in Rücksicht darauf, daß es eine Landsmännin zu beschützen galt. Susette Rahel war eine muthige Frau. Sie begrüßte ihre Landesbrüder freundlich und reichte ihnen Wein und Brot. Die französische Anrede besänftigte die Aufgeregten; die Grenadiere thaten das Ihrige; es schien die Aufrechthaltung der Ordnung zu gelingen. Aber der Wein fing allmählich an zu wirken. Man begnügte sich nicht mehr mit dem gereichten; man riß ihn fort, wo man ihn sah. Es gab Tumult. Die Grenadiere wurden überlaufen; man stürmte in die Lagerräume, in den Keller, und man begann das Werk der Zerstörung. Die Fässer wurden zerschlagen; der Wein stürzte heraus; man watete in ihm. Aus Tschakos, Mützen und Schuhen schlürften ihn gierig die zu Thieren Gewordenen. Peter Hinrich war auf das Rathhaus geeilt. Er erbat sich Offiziere in's Quartier, um sein Hab und Gut zu retten. Man theilte ihm deren zehn zu. Eine Sicherheitswache besetzte das Haus; aber sie konnte dem Verderben in Lager und Keller keinen Einhalt mehr thun; nur ein geringer Theil war der Zerstörung entgangen.

In der fernen Aegidienstraße ging es weniger wild zu. Nur einige Häuser wurden ein Opfer der Zerstörung. Dasjenige des Rathsherrn Peter Hinrich Tesdorpf blieb verschont. Bald nach der Besetzung des Rathhauses durch die Franzosen hatte derselbe eine Sicherheitswache vermittelst eines Stadtsoldaten für sein Haus abgeschickt. Dieselbe that ihre Pflicht und beschützte das Haus vor den raublustigen Gesellen, welche die Straße durchzogen. Später wurde dasselbe von einer Abtheilung Soldaten besetzt, welche Wachtposten stellten und das Unterkommen für einen hohen Offizier herrichteten.

Mittlerweile herrschte ein wüstes Treiben auf dem Rathhaus. Ueber hundert Bürger, unter ihnen viele der angesehensten, waren dorthin geflüchtet und flehten den Rath um Schutz und Hülfe an. Es war ein betäubender Lärm von Weinen, Schreien und Pochen. Offiziere, Fouriere und Requisiteure brüllten ihre unerfüllbaren Forderungen dazwischen, schimpften und fluchten, und vor den Bajonnetten der Grenadiere hampelte wie ein Wahnsinniger der alte Licentiat Siedenburg, welcher sich in die Kleider seiner Magd gesteckt hatte, um sich zu retten und nun einen bejammernswerthen Anblick bot. Der Senat verlor seine Ruhe nicht. Er suchte allen gerecht zu werden und arbeitete unermüdlich. Schon war es acht Uhr abends, und noch immer hatte der Rath keine Nahrung zu sich nehmen können. Da endlich brachte der Rathsdiener Klüver einige Speisen, die eiligst verschlungen wurden. Neu gestärkt arbeitete der ganze Rath bis nachts zwei Uhr. Dann entfernten sich die meisten Rathsherren; einige aber blieben auf dem Posten trotz der Erschöpfung; noch war die Unterbringung der Truppen nicht beendet. Sie arbeiteten die Nacht durch. Unter ihnen waren der Bürgermeister Johann Matthäus Tesdorpf und der Rathsherr Peter Hinrich Tesdorpf. Es war eine fürchterliche Nacht; das Jammergeschrei und Wehklagen der Verwundeten erfüllte die Luft, und dazwischen tönte in schauerlichem Gegensatz der rohe Gesang der berauschten Sieger. Auf allen Straßen lagerten Truppen; auf allen Marktplätzen loderten Wachtfeuer.

Am nächsten Tage versammelte sich der Rath in aller Frühe. Noch immer dauerte das Plündern fort. Man bestürmte den Marschall Bernadotte, Einhalt zu gebieten. Endlich, endlich erlangte man eine öffentliche Kundgebung, welche das Plündern mit Todesstrafe bedrohte. Das half; Ruhe trat ein. Inzwischen war Murat mit 30,000 Mann Blücher nachgerückt, und wenige Tage darauf mußte der General bei Ratekau die Waffen strecken. Lübeck war umsonst geopfert.

Die Unterbringung der 8000 Kriegsgefangenen gab neue Schwierigkeiten, und der gesammte Rath mußte wiederum Tag und Nacht durcharbeiten in schrecklichster Unruhe. Der Lärm im Saale machte die Berathungen unmöglich; man mußte dieselben in das kleine Gemach nebenan verlegen. Von da ab erschien der Rath nicht mehr in seiner altehrwürdigen Amtstracht, sondern in einfach schwarzem Gewande und kurzer Haarbeutelperücke.

Peter Hinrich Tesdorpf blieb in seiner Thätigkeit als Kriegscomissar drei Tage und drei Nächte lang ohne Unterbrechung auf dem Rathhaus; ein Gleiches that der Bürgermeister Johann Matthäus Tesdorpf freiwillig. Man schlief, so gut es ging auf Stühlen im Nebengemach, im Anzuge, wie man war, um immer bereit zu sein.

Am 10. November war der Rath bereits um 7½ Uhr versammelt. Es wurden die Geschäfte neu vertheilt. Die Rathsherren Peter Hinrich Tesdorpf und Richertz erhielten die Polizei, und es ward ihnen die schwere Pflicht aufgetragen, die Leichname fortzuschaffen, die Gassen reinigen zu lassen. In der Breitenstraße und am Kaufberg allein lagen an 600 menschliche und 25 Pferde-Leichen. Sie verbreiteten schon einen üblen Geruch gleichwie das Blut, welches an den Wänden der Häuser klebte und in den Rinnsteinen floß.

Noch vier Wochen lang war der Rath von morgens neun bis abends acht Uhr in Thätigkeit.[160]

Ein großer Theil der französischen Truppen wurde am 18. und 20. November weiter beordert, geführt von Murat und Soult. Lübeck fühlte sich um etwas erleichtert; aber die Schwierigkeiten des Rathes wuchsen dennoch mehr und mehr. Die Stadtkasse war völlig erschöpft, die Kasse der Bürger nicht minder. Die fremden Militairbeamten waren nicht zufrieden mit der Bewilligung ihrer Forderungen; sie erwarteten Geschenke allesammt, hoch und niedrig. Eine gezwungene Anleihe mußte der andern folgen, und während Lübeck bis auf's Blut ausgesogen wurde, gab der großgünstige Kaiser Napoleon in Berlin den Abgeordneten der unglücklichen Stadt die wohlklingendsten Versprechungen. Es war eine jammervolle Zeit!

Endlich, es war Mitte December, verließ auch der Marschall Bernadotte Lübeck, und es blieben nur 3000 Mann Truppen zurück außer etwa 4000 Verwundeten. Die auch über Lübeck verhängte Continentalsperre hemmte mittlerweile den Handel vollständig.[161] Alles mußte über Land kommen. Der Wein stieg auf das Vierfache seines vorherigen Werthes. Aber das brachte dem Weinhändler Peter Hinrich Tesdorpf in der Mengstraße keinen Gewinn; seine Vorräthe waren meist zerstört; den Rest vertranken die fremden Offiziere oder nahmen gewaltsam die Requisiteure. Er sah einen großen Theil seines Vermögens vernichtet; es war keine Aussicht vorhanden, etwas zu verdienen. Er sah sich und seine große Familie darauf angewiesen, vom Vermögen zu zehren, und es bemächtigte sich seiner eine furchtbare Erregung. Diese wurde noch vermehrt durch die Stellungnahme seiner Frau zu den ihm verhaßten Fremdlingen. Sie war Französin mit Leib und Seele, und sie war ihren Landsleuten hold. Bald bildete ihr Haus den täglichen Versammlungsplatz für zahlreiche hohe Offiziere, welche der von ihr liebenswürdigen Landsmännin entzückt waren, den unfreundlichen Gatten aber mit Rücksichtslosigkeit behandelten und durch übertriebene Forderungen schwer schädigten. Zu den täglichen Gästen gehörte im Jahre 1808 unter anderen auch ein Capitain Keßler vom 7. holländischen Infanterie-Regiment. Derselbe war ein so roher Mensch, daß Peter Hinrich ihn häufig zur Rede stellen mußte, nicht ohne dabei mit ihm in heftigen Wortwechsel zu gerathen. Eines Tages führte dies zu Thätlichkeiten zwischen beiden, welche damit endeten, daß Peter Hinrich den ungebetenen Gast zum Hause hinauswarf. Nur mit großer Mühe gelang es Peter Hinrich, sich der Verhaftung zu entziehen, indessen der schwer beleidigte Major sich dadurch rächte, daß er jede Gelegenheit hervorsuchte, um seinen Feind öffentlich blos zu stellen und zu beleidigen.

Hatte man anfangs gehofft, daß die Besetzung Lübecks und die damit verbundene Störung des Handels nur von kurzer Dauer sein werde, so sah man sich darin vollends getäuscht. Schon waren fünf Jahre in

---

[160] Tägliche Sitzungen fanden noch bis in den Februar 1807 statt.
[161] 1806 liefen 1508 Schiffe in Lübeck's Hafen ein; 1808 nur 51.

vergeblichem Hoffen darüber hingegangen, und noch immer schien der
trostlose Zustand kein Ende nehmen zu wollen. Da traf die unglückliche
Stadt der härteste Schlag: Der allmächtige Kaiser Napoleon erklärte am
10. December 1810, daß eine neue Ordnung der Dinge die Welt beherrsche;
es sei durch Englands Beschlüsse von 1806 und 1807 das Staatsrecht
vernichtet und zur Erlangung der dadurch nothwendig gewordenen Bürg-
schaften die Vereinigung der Schelde, Maas, Rhein, Ems, Weser und
Elbemündungen mit Frankreich erforderlich geworden. Am 18. December
traf in Lübeck die Gewißheit ein, daß auch die schwergeprüfte Stadt dem
Schicksal der Einverleibung nicht entgehen werde. Drei Tage später
erhielt der leitende Bürgermeister Johann Matthäus Tesdorpf von dem
französischen Viceconsul Grasset Saint Sauveur einen diesbezüglichen Brief.
Es heißt darin: „Lübeck wird aufgefordert, die Bestimmungen des großen
Kaiserreiches zu theilen; es wird aus dem Zustand der Schwachheit, in
welchen es gefallen ist, herauskommen; es wird gleichsam wiedergeboren
werden." Das Schreiben wurde im Rath verlesen und dann den Bürger-
Aeltesten mitgetheilt. Auch in dieser schwierigen Lage verlor der Rath
keinen Augenblick die Fassung. Er sandte eine Antwort an den Consul,
welche in ihrem würdevollen Entgegenkommen ein Meisterstück staats-
männischer Klugheit ist·

„Die Stadt Lübeck leitete ihre alte Wohlfahrt von den glücklichen
Verhältnissen her, deren sie sich während sechs Jahrhunderte erfreute.
Sie legte den Werth darauf, den dieses geheiligte Erbtheil der Vorfahren
verdient, welches inmitten aller Veränderung der Dinge standhaft bewahrt
zu haben, sie sich zur Ehre anrechnete, und obwohl sie durch die Miß-
geschicke und grausamen Wechselfälle, welche sie hat erleiden müssen, tief
in ihrem Wohlstand herabgekommen war, so hörte sie doch nicht auf, für
die theuersten Interessen zu hoffen. — Der erhabene Monarch möge geruhen,
mit dem Tribute der Bewunderung, welchen seine neuen Unterthanen von
Lübeck ihm jederzeit gezollt haben, auch die aufrichtige Darbringung ihrer
Ergebenheit und Unterwerfung zu genehmigen u. s. w."

gez. J. M. Tesdorpf
dirig. Bürgermeister.

Dann wurde eine gemeinsame Berathung mit den Bürger-Aeltesten
gehalten. Johann Matthäus forderte alle Versammelten auf zu erklären,
daß sie bereit seien, das eine oder andere Amt bei der bevorstehenden Veränderung der Verwaltung zu übernehmen jedenfalls für die bis zum 1. Juli
in Thätigkeit bleibende, vorläufige Verwaltung. Das Wohl der Stadt
verlange aufopfernde Selbstverleugnung; man müsse so viel wie möglich
das Einsetzen fremdländischer Beamten verhindern. Die wichtigsten Aemter
müßten in den Händen der mit den Eigenthümlichkeiten der Stadt ver-
trauten Männer bleiben. Seine Amtsbrüder wie er würden sich den
französischen Behörden zur Verfügung stellen. Es folgten alle Anwesenden
der Aufforderung.

Am 30. December meldete sich der General l'Huillier bei Johann
Matthäus Tesdorpf. Er zeigte den Befehl vor, alle der Stadt gehörenden
Kassen nachsehen und versiegeln zu lassen. Es bemächtigte sich des Volkes

eine furchtbare Erregung, als bald darauf französische Grenadiere vor das
Rathhaus, die Kämmerei und die Wette¹⁶²) rückten. Die Kasse der
letzteren, welche der Rathsherr Peter Hinrich Tesdorpf verwaltete, enthielt
nur noch 359 ʒ 4 ß.

Wenige Tage später, am 9. Januar 1811, brach an der Börse ein
kräftiger Mann lautlos zusammen und verschied nach wenigen Augenblicken.
Es war der Weinhändler Peter Hinrich Tesdorpf aus der Mengstrasse.
Der reizbare, aufgeregte Mann sah mit der Einverleibung Lübecks die
letzte Hoffnung auf baldige Aenderung der Verhältnisse schwinden. Er
brach unter der Last der Erregung zusammen: ein Schlagfluß hatte ihn
getödtet.

Am 15. Februar erschien der Präfect, Baron de Coninck, vor dem
versammelten Rath und verlas die Verkündigung der Einverleibung der
Stadt in das französische Kaiserreich. Darauf mußten die Versammelten
mit erhobener Hand den Eid nachsprechen — und Lübecks altbewährte,
freie Verfassung hatte aufgehört zu sein. Im Rathssaal wurde das Ober-
tribunal eingerichtet. Daselbst hielten auch der Municipalrath und der
Finanzrath ihre Sitzungen. Johann Matthäus Tesdorpf wurde zum
provisorischen Maire der Stadt ernannt. Er nahm das schwere Amt an.
In seine Hände legten die Mitglieder des neuen Municipalraths den Eid
ab; durch ihn wurden sie in die neuen Aemter eingeführt. Der ehemalige
Rathsherr Peter Hinrich Tesdorpf gehörte der Administrativ-Kommission
des Municipalrathes an. Am 9. März mußte er als solcher sämmtliche
Waffengegenstände der Stadt an den französischen Befehlshaber abliefern.
Dieselben wurden nach Hamburg geschafft. Johann Matthäus Tesdorpf
wurde eine noch viel schmerzlichere Pflicht aufgetragen: er erhielt den Befehl,
das mit so viel Ruhm und Glanz umwobene Wappen Lübecks von allen
öffentlichen Gebäuden entfernen zu lassen. Lübeck erhielt ein neues Wappen,
ein jämmerliches.

Der Handel stockte nun vollständig. Während der ganzen Zeit der
Vereinigung Lübecks mit dem Kaiserreich lief kein einziges Schiff in den
sonst so belebten Hafen ein. Die Erwerbslosigkeit entnervte die Bevölkerung.
Noth, Jammer und Elend traten überall in grellen Farben hervor; zwei
fünftel der Bewohner lebten von Almosen. Dennoch mußten, dem Befehl
der Eroberer gehorchend, zu Ehren der denkwürdigen Tage des Kaiserreiches
glänzende Feste aller Art gefeiert werden, wobei den obersten Beamten die
schwere Pflicht oblag, dem mächtigen Sieger in schönklingenden Worten
zu schmeicheln und ihm die Ergebenheit und Unterwürfigkeit der neuen
Unterthanen zu betheuern. Immer wieder und wieder mußten außerordentliche Steuern und zwangsweise Erhebungen angeordnet werden, um
den beispiellosen Anforderungen der nur nach Bereicherung strebenden,
fremdländischen Beamten nothdürftig genügen zu können.

„Ungebeugten Muthes wirkte Johann Matthäus Tesdorpf voll weiser,
vermittelnder Umsicht in seiner mühevollen Stellung für seine geliebte
Vaterstadt. Die Einwirkung seines Beispiels im würdigen Dulden des

---

162) Gewerbe- und Wohlfahrts-Polizei.

Unvermeidlichen und bedachten Handeln trug ein Wesentliches dazu bei, daß den Gesetzen und der bürgerlichen Ordnung auch bei unzulänglichen Zwangsmitteln fortwährend Achtung verschafft werden konnte." Inmitten dieser sorgenvollen Zeit traf ihn der harte Schlag, daß am 5. Mai 1811 seine gute, milde Gattin sanft in ein besseres Jenseits hinüberschlummerte. Johann Matthäus empfand den Verlust gerade jetzt um so tiefer, als ihre ruhige Ergebung in den Willen Gottes ihm manchen Trost zugesprochen und ihn allzeit wieder aufgerichtet hatte. Kaum war die treue Gefährtin seines Lebens in die Gruft gesenkt, als am 13. Mai seine Ernennung zum wirklichen Maire eintraf. Mit der thatsächlichen Einsetzung der bisher nur provisorischen, französischen Obrigkeit schien ihm die Selbstständigkeit des Freistaates für immer verloren. Sie war das Element seines öffentlichen Lebens. Wirklicher französischer Beamter zu werden, vermochte er nicht: er lehnte die ihm zugedachte Ehre ab, indem er den Tod seiner Gattin und die Ueberanstrengung seiner Kräfte während der letzten Jahre als Behinderungsgrund vorgab. Aber der Präfect nahm Anstand, die Ablehnung gelten zu lassen. Er glaubte des vermittelnden Einflusses des milden, achtungswerthen Mannes bei den Bürgern nicht entbehren zu können. Erst nach wiederholten Gesuchen gelang es Johann Matthäus, seinen Willen durchzusetzen. „Aber auch in seiner Zurückgezogenheit — er hatte nur die amtliche Sorge für die Kirchen und die milden Stiftungen behalten — blieb der Einfluß höchst wichtig und wohlthätig, den die Achtung gebietende Persönlichkeit namentlich auf den französischen Präfecten ausübte, und es gelang seiner Vermittlung in unzähligen Fällen, das drückende der aufgedrungenen Ordnung zu mildern."

Die Auflösung der provisorischen Regierung verzögerte sich bis Ende August. Dann erst trafen der neue Präsident und die Tribunalräthe ein. Inzwischen hatte Johann Matthäus noch viele harte Kämpfe zu bestehen wider das Mistrauen, welches die französischen Beamten gegen die Ehrlichkeit des ehemaligen Rathes offen zur Schau trugen. So lief am 21. Juni 1811 plötzlich bei ihm ein Schreiben des Präfecten ein, welches mittheilte, daß dem Prinzen von Eckmühl ein Bericht zugegangen sei, nach welchem der ehemalige Rath das der Stadt gehörige, silberne Tafelgeräth für 36 Gedecke unter sich vertheilt habe. Ferner sollten 100,000 ₣ aus dem Vermögen des St. Johannis-Klosters auf gleiche Weise verschwunden sein. Der ehemalige Rath war auf das höchste entrüstet ob solcher frevelhaften Beschuldigungen. Er betraute Johann Matthäus Tesdorpf damit, dem Präfecten eine freimüthige Antwort zugehen zu lassen. Dieselbe sprach die volle Entrüstung der Angeschuldigten über die abscheuliche Verleumdung aus. Das Silberzeug sei noch an seiner alten Stelle, und von dem Gelde des St. Johannis-Klosters habe der Rath nicht einen Heller genommen. „Wer sind diese unwürdigen Angeber, mein Herr Präfect, welche die Vermessenheit haben, den Prinzen General-Gouverneur zu täuschen und auf eine infame Weise die bisher unangetastete Ehre eines Magistrates anzuschwärzen, dessen Glieder Opfer der Ereignisse sind und in ihrem Falle nichts davon getragen haben, als das Bewußtsein einer durchaus erprobten Redlichkeit und Uneigennützigkeit? O, weit entfernt, sich durch den Raub der Güter, welche Eigenthum ihrer Untergebenen sind, zu bereichern, sind sie größtentheils diesen auf der Bahn der Verarmung vorangegangen. Möchte man ihnen doch die Gerechtigkeit gewähren, diese niederträchtigen Verleumder namhaft zu machen, um sie zu belangen, um sie in Schrecken zu setzen, um in ihrer strengsten Bestrafung der Welt ein unverwerfliches Document über die Heiligkeit des Gouvernements vorzulegen."

Aber weder von Seiten des Prinzen noch des Präfecten erfolgte eine Antwort auf dieses Schreiben, und die falschen Angeber blieben verborgen. Ja, man schämte sich nicht, bald darauf den ehemaligen Rath auch noch der Fälschung der Hypothekbücher zu beschuldigen.

Durch die Einführung der Regie des Droits réunis waren die bisherigen indirecten Steuern fortgefallen. Um die dadurch hervorgerufene Geldknappheit der öffentlichen Kassen zu heben, drang der Präfect auf Einführung eines Municipal-Octroi auf Getränke, Lebensmittel, Futterungsgegenstände, Brenn- und Baumaterialien. Die nöthige Behörde wurde eingesetzt, und in ihr erhielt am 27. Januar 1812 der bisherige Municipalrath, der ehemalige Rathsherr Peter Hinrich Tesdorpf eine Anstellung als provisorischer „Percepteur central".[163]) Er mußte eine Kaution von 8000 Frcs. stellen. Die Anstellung war mit einer verhältnißmäßig großen Einnahme verbunden, und auf diese kam es Peter Hinrich bei Annahme derselben vornehmlich an; denn seine Vermögensverhältnisse hatten sich in den Jahren seit der Erstürmung Lübecks zusehends verschlechtert; er befand sich in einer Noth, welche es ihm kaum noch möglich machte, den bisher noch immer gewahrten äußeren Schein eines wohlhabenden Mannes zu behaupten. Indessen verdachte man ihm die Annahme der Anstellung sehr.

Lübeck's Handel verfiel mit der Zeit mehr und mehr. Bis Ende 1812 stellten 200 Handelshäuser ihre Zahlungen ein; über 300 Grundstücke waren zum Verkauf ausgeboten; 276 an der Straße liegende Häuser waren geschlossen. Die Dürftigkeit und Armuth trat überall grell hervor. Während dieser traurigen Zeit war die französische Besatzung nur eine geringe. Der übermüthige Corse hatte alle entbehrlichen Truppen auf seinem Zuge nach Rußland mitgenommen. Der Einzug des französischen Heeres in Moskau wurde mit Glockengeläute und Tedeum gefeiert. Das stolze russische Reich schien bezwungen. Aber kaum einen Monat später durchliefen schon vereinzelte, dunkle Gerüchte von einem eiligen Rückzug des Siegers die Stadt. Ein Hoffnungsstrahl durchdrang die Finsterniß. Die Gemüther der Geknechteten frohlockten. Bald kamen auch redende Beweise der Niederlage in Lübeck an: einige durch Kälte und Wunden gräßlich verstümmelte Offiziere. Sie berichteten vom gänzlichen Untergange der Armee, schalten auf die schlechte Heerführung, auf ihren Kaiser und schilderten in wüthender Erregung das furchtbare Elend, welches sie durch Hunger und Frost erlitten hatten. Endlich am 28. December verkündete ein kurzer Kriegsbericht den Rückzug aus Rußland. Es bemächtigte sich des Volkes eine erwartungsvolle Unruhe. Man bemerkte sehr wohl, daß die französischen Beamten sich auf die Abreise vorbereiteten; sie waren niedergeschlagen, höflich und zuvorkommend,

---

163) Seine endgültige Einführung erfolgte erst am 1. Januar 1813.

nicht mehr stolz und hoffärtig wie bisher. Da traf die Nachricht ein, daß der russische Oberst Tettenborn auf Hamburg marschire. Das Volk wurde aufgeregt; es beschimpfte die französischen Beamten, riß die fremden Adler herunter, bewarf die Wachen mit Steinen. Einige 100 ordnungsliebende Bürger traten zusammen, errichteten eine Bürgerwache und stellten mit Mühe die Ruhe wieder her. Sie sorgten auch für die Ordnung in der Stadt, als endlich am 20. Februar die letzten Franzosen abgezogen waren. Die obrigkeitlichen Geschäfte stockten nun ganz.

Als am 17. März bekannt wurde, daß Oberst Tettenborn im Begriff stehe, in Hamburg einzurücken, eilten sofort einige Mitglieder des ehemaligen Rathes als Abgesandte der Stadt dorthin. Zwei Tage später meldete ein von ihnen gesandter Eilbote, daß der Oberst erklärt habe, es sei der Wille der hohen Verbündeten, den Hansestädten ihre alte Freiheit, ihre alte Verfassung wiederzugeben. Diese Nachricht versetzte Lübeck's Bevölkerung in endlosen Jubel. „In Schaaren stürmte das Volk durch die Stadt, überall die frohe Botschaft verkündend. Alles eilte auf die Straßen, umarmte sich, vergoß Thränen der Freude, sang und tanzte." Inzwischen hatte sich der Maire Gütschow und der gesammte Municipalrath zu den beiden ehemaligen Bürgermeistern Lindenberg und Johann Matthäus Tesdorpf begeben, um die Verwaltung in ihre Hände zurückzuverlegen. Aber beide weigerten sich, die ehemalige Obrigkeit schon jetzt wieder einzusetzen, jetzt, wo der Feind noch jenseits der Elbe stehe und sich sammle, wo Lübeck durch kein Heer der Verbündeten gedeckt sei. Sie gaben zu bedenken, welch' entsetzliches Elend über die Stadt hereinbrechen würde, wenn der Feind wieder siegreich vordringe; man solle sich bedenken, warten. Aber dem stand die bestimmte Erklärung Tettenborn's entgegen, daß das vom Norden nahende Siegesheer der Stadt nur dann Schutz verleihen werde, wenn es die alten Verhältnisse wieder hergestellt finde; dem stand vor allem anderen entgegen die jubelnde Begeisterung des gesammten Volkes, welches die Wiedereinsetzung des Rathes stürmisch verlangte. Dennoch willigten die beiden weitschauenden Männer nur widerstrebend ein. Alsobald wurde eine Versammlung des Rathes im alten Rathssaale angesetzt. Dazu wurden alle ehemaligen Rathsherren gefordert, nur nicht Peter Hinrich Tesdorpf, dessen Erklärung, ob er auch seinen einträglichen Posten als Octroieinnehmer behalten wolle,[164] man abwarten zu müssen glaubte. Indessen als derselbe unaufgefordert erschien, wurde auch er wieder als Rathsherr eingesetzt.

Die Auffahrt des Rathes gestaltete sich zu einer erhebenden, rührenden Begebenheit. „Unter dem Geläute aller Glocken, dem Jauchzen und Jubeln der Menge jeglichen Alters und Geschlechtes, begleitet von der Bürgerwache zu Pferde und zu Fuß, fuhren nach der schweren, trübsalvollen Zeit „die Herren" wieder zu Rathe, wie es Sitte gewesen seit Jahrhunderten in Lübeck. Ergriffen von der gewaltigen, tiefen Erregung des schönen Augenblicks spannten die Bürger die Pferde am Wagen der Bürgermeister Johann Matthäus Tesdorpf und Lindenberg aus und zogen die Väter

[164] Brief Gütschow's in den Lübeckischen Blättern 1875. Seite 323.

der Stadt mit eigener Hand zum Rathhause." [163] Daselbst angelangt hob man unter endlosem Jubeln die beiden ehrwürdigen Greise aus dem Wagen und trug sie in den Rathssaal. Sämmtliche ehemalige Rathsherrn waren daselbst versammelt. Während nun der Rath berieth, wogte draußen in der Nähe des Rathhauses und auf dem Markt eine nach Tausenden zählende, freudig erregte Menschenmenge. Die Bürger-Aeltesten rückten mit Fahnen an, die Bürgerreiterei und Bürgerwehr mit Musikchören. Als dann die Sitzung beendet war und die beiden Bürgermeister wieder auf der Schwelle des Rathhauses erschienen, da loderte in jedem Auge das Feuer heiliger Begeisterung. Wie aus einer Seele strömte aus der ganzen versammelten Einwohnerschaft ein herzliches: Nun danket alle Gott! zum Himmel empor; wiederum spannten die Begeisterten die Pferde am Wagen der Bürgermeister aus; wiederum wurden die geliebten ehrwürdigen Männer jauchzend von dannen gezogen. Alles drängte sich herbei; ein jeder betrachtete es als Ehrensache, selbst einige Augenblicke mit Hand angelegt zu haben, und des Jubelns war kein Ende.

Am nächsten Tage entsagte der Bürgermeister Lindenberg wegen vorgerückten Alters dem Amte eines leitenden Bürgermeisters; dasselbe wurde Johann Matthäus Tesdorpf übertragen. Derselbe stand im 63. Lebensjahre. Ihm ging ein Brief Tettenborn's zu, welcher meldete, daß am nächsten Tage 500 Mann Kosaken unter Führung des Oberstlieutenants von Benckendorff in Lübeck einrücken würden. Man empfing den Obersten mit Freude und Begeisterung, wenn auch etwas enttäuscht über die kleine Zahl seiner Truppen. Auch die erwarteten Verstärkungen trafen nicht ein, und schon nach kurzer Zeit erkannte man, daß man im Falle der Noth ganz und gar auf Selbsthülfe angewiesen sein werde. Daraufhin zielten auch die Befehle des russischen Obersten, welcher sogleich die Anwerbung einer, den vorrückenden Heer sich anschließenden Truppenabtheilung und die Bildung eines Bremen, Hamburg und Lübeck umfassenden Freicorps, zum besonderen Schutze der Stadt anordnete. Dieses Freicorps erhielt den Namen „hanseatische Legion."

Der Rath erließ einen Aufruf zur Beschaffung der Ausrüstung und Besoldung der Legionäre: „der Jugend, die sich von den heiligsten Antrieben begeistert, dem Vaterlande weiht", und es theilte sich sofort allen Kreisen eine glühende Begeisterung für die Sache mit. Das Geld floß in genügender Menge zusammen; zahlreich eilten Jünglinge und Männer, zum Theil aus den ersten Familien, herbei, um sich in die Legion einreihen zu lassen. Unter diesen befand sich auch der zweite Sohn des 1811 gestorbenen Weinhändlers Peter Hinrich Tesdorpf in der Mengstraße. Er trug die Namen seines Vaters: Peter Hinrich (Linie Tesdorpf-von Schröder). Als Junge von 13 Jahren hatte er im Jahre 1806 die rohen Horden des Feindes das Hab und Gut seines Vaters vernichten sehen. Er war Zeuge gewesen jener wüsten Zechgelage, welche die französischen Offiziere im elterlichen Hause gefeiert hatten, und er hatte seinen geliebten Vater an der Erregung über die jammervollen, hoffnungslosen Zustände zu Grunde gehen sehen. Das alles hatte einen tiefen Eindruck auf ihn hinterlassen, hatte

---

[163] Lübeckische Chronik, Lübeck 1842, Aschenfeldt.

ihm, dem geborenen Franzosen, einen glühenden Franzosenhaß eingeimpft, welcher ihn jetzt, vereint mit begeistertem Freiheitssinn, zu den Waffen wider die Unterdrücker trieb. Er blieb taub gegen die Bitten seiner Mutter, welche noch immer von Herz und Seele Französin war. Als der schöne, schlanke, 20 jährige Jüngling,[166] dessen Liebenswürdigkeit und feurige Beredsamkeit aller Herzen gewann, die Absicht, in den Reihen der Legion mit in's Feld zu ziehen, seinem Geschäftsherrn, C. Platzmann, kund gab, fand er bei demselben nicht nur volle Billigung seines Vorhabens, sondern dieser, sein väterlicher Freund, stellte ihm sofort die ganzen Kosten der Kriegsausrüstung zur Verfügung. Peter Hinrich trat als „Cornet" in die 5. Schwadron der hanseatischen Reiterei. Diese Schwadron, welche 106 Mann stark war, zeichnete sich vor den übrigen „durch treffliche Leute und besonders schöne Pferde aus." Die Bekleidung bestand aus dunkelgrünem Oberrock ohne Knöpfe, weiten Beinkleidern in gleicher Farbe und grauer Mütze mit Schirm. Ursprünglich sollte die Truppe als reitende Jäger ausgerüstet werden, allein, da es an Waffen fehlte, verwandelte man sie in Lanzenreiter. Am 31. März (1813) verließ die Schwadron die Vaterstadt, geführt von dem Rittmeister von Dobeneck. In ihren Gliedern herrschte begeisterte Stimmung. Ihre Losung war: Gott! Freiheit! Vaterland!

Bald darauf trat es immer deutlicher zu Tage, daß die Franzosen sich vorbereiteten, die geräumten Länderstrecken wieder zu besetzen. Zunächst rückten sie gegen Hamburg vor und eröffneten die Beschießung der unglücklichen Stadt. Die Nachricht hiervon verbreitete Angst und Schrecken in Lübecks Mauern. Besonders der Rath sah in eine sehr düstere Zukunft; hatte doch Napoleon am 7. Mai den Befehl erlassen, daß nach Wiedereinnahme Hamburg's alle diejenigen, welche daselbst unter dem Titel „Senator" Dienste genommen hätten, verhaftet, vor ein Kriegsgericht gestellt und die fünf strafbarsten erschossen, die übrigen aber in ein Staatsgefängniß nach Frankreich geschafft werden sollten. Als Hamburg genommen und die Wiederbesetzung Lübecks jeden Augenblick zu erwarten war, zog der Rath es vor, (am 2. Juni 1813) sein Amt niederzulegen. Schon Tags darauf rückten 500 dänische Jäger in Lübeck ein. In ihrem Gefolge befand sich der neue Befehlshaber der Stadt, der Capitain Laloy. Das Volk zeigte eine bedenkliche Unruhe; der Präfect glaubte das Ernsteste befürchten zu müssen und bat um Verstärkungen. Dieselben trafen in in Höhe von 5000 Mann aus Hamburg ein. Nun wurde die französische Obrigkeit wieder eingesetzt. Die meisten in derselben früher angestellt gewesenen Bürger wurden wiederum mit Aemtern betraut. Peter Hinrich Tesdorpf wurde auf's neue zum Receveur des Octrois ernannt.

Kaiser Napoleon war über den schnellen Abfall der Hansestädte sehr aufgebracht gewesen; jetzt ließ er sie seinen Zorn entgelten. Die Abwesenden und die ehemaligen Rathsherrn wurden zunächst davon betroffen. Es wurde verkündet, daß das Eigenthum derselben mit Beschlag belegt werden solle. Das traf alle Kreise, und es bemächtigte sich der Bevölker-

---

[166] Er lernte den Handel in dem Hause C. Platzmann und Sohn, welches ein ausgedehntes Geschäft in russischen Waaren betrieb.

ung eine bedrohliche Erregung. Aeußerungen der Unzufriedenheit über die empörende Knechtschaft wagten sich laut hervor. Das führte die Verhaftung von fünfzig der „unruhigsten" Köpfe herbei, welche als Geißeln nach Hamburg geführt werden sollten. Unter den Verhafteten befand sich Franz Bernhard Tesdorpf, der älteste Sohn des verstorbenen Weinhändlers Peter Hinrich Tesdorpf in der Mengstraße. Mitten in der Nacht vom 25. auf den 26. Juni wurde er aufgehoben und in die Kapitelstube auf dem Domkirchhof geschleppt. Er verdankte seine Verhaftung nicht so sehr einigen unbedachten Aeußerungen als vornehmlich dem Umstande, daß sein Bruder der hanseatischen Legion beigetreten war. Unter 300 Mann Bedeckung brachte man die zuerst Aufgehobenen, 32 an der Zahl, heimlich zu Wagen nach Hamburg. Am 27. Juni trafen sie daselbst ein. Sie wurden auf das im Hafen liegende, zweideckige Segelschiff „Ceres" überführt und strenge bewacht; doch konnten sie sich an Bord des Schiffes frei bewegen. Anfangs auf Strohlager und jämmerliche Kost angewiesen, wurde ihnen später gestattet, sich die gewünschten Lebensbedürfnisse für eigene Rechnung herbeischaffen zu lassen. Von nun an war man guter Dinge; ja, man fiel in der Langweile auf allerhand heitere Späße. Man errichtete unter sich eine Art freistaatlicher Verfassung mit Aemtern und Würden, und Franz Bernhard Tesdorpf war, seiner Naturanlage gemäß, einer der lustigsten dabei. Die ganze Haft währte übrigens nicht lange; schon am 19. Juli wurde die Freilassung beschlossen, und bald darauf kehrte Franz Bernhard nach Lübeck zurück.

Inzwischen war über 33 der ersten Bürger der Stadt eine außerordentliche Besteuerung von 3 Millionen Francs verhängt worden. Der ehemalige Bürgermeister Johann Matthäus Tesdorpf sollte 20,000 Fcs., sein Schwiegersohn, Kaufmann Arnold Feldmann 45,000 Fcs., (C. Platzmann sogar 100,000 Fcs. und Demoiselle Rodde 300,000 Fcs.) zahlen. Die so hoch Besteuerten sandten Abgeordnete nach Hamburg, um die Aufhebung oder jedenfalls eine Ermäßigung der Verfügung zu erwirken. Man erreichte indessen nichts; als Antwort traf der Befehl ein, die Häuser der Besteuerten mit Wachen zu belegen, bis die Summe gezahlt sei; einige der angesehensten erhielten Hausstaft. Nach langen Verhandlungen gelang es endlich die Gesammtsumme auf 210,000 Fcs. zu ermäßigen, welche Summe sofort gezahlt werden sollte. Als das Geld nicht sogleich zusammenkam, ließ der Unterpräfect die Besteuerten auf das Rathhaus bescheiden. Dreizehn erschienen, unter ihnen Johann Matthäus Tesdorpf. Sie wurden für verhaftet erklärt, und erst entlassen, nachdem die ganze Summe gezahlt war.

In gleicher Weise wurde die übrige Bevölkerung geknechtet, und die Gährung des Volkes wuchs zusehends. Die Beamten und Soldaten fürchteten einen Aufstand und nahmen ihre Zuflucht zu verschärften Mitteln. Allein auch die Erschießung des unglücklichen Schlachters Prahl, welcher die Wache beschimpft hatte, vermochte es nicht, die Wuth des Volkes einzuschüchtern. Nicht lange darnach traf der Befehl des Prinzen von Eckmühl ein, die Truppen zusammenzuziehen. Die Mehrzahl der französischen Besatzung verließ die Stadt.

Ein Hoffnungsstrahl auf baldige Erlösung durchdrang das schwergeprüfte Lübeck, als am 5. September vom Burgthor das Erscheinen der Reiterei der hanseatischen Legion gemeldet wurde; aber erst drei Monate später, am 5. December 1813, brach der langersehnte Tag an, welcher die endliche Befreiung vom französischen Joche bringen sollte.

Es war ein Sonntag. „Schon am ganzen Tag vorher hatte fernrollender Kanonendonner den freudigerregten Bewohnern die Gewißheit verkündet, daß das Heer der Verbündeten nahe sei." Aber wer war der Führer desselben? Das war derselbe Marschall Bernadotte, jetzt Kronprinz von Schweden, welcher im Jahre 1806 als Sieger in die erstürmte Stadt eingezogen war! Obwohl die Besatzung Lübecks nur noch eine kleine war, verweigerte der französische Befehlshaber lange und hartnäckig die Uebergabe, und erst um 4½ Uhr kam dieselbe zu Stande. Der Kronprinz rückte ein; aber das Volk jubelte nicht; es war still, ernst, in sich gekehrt. Das Glockenspiel von St. Marien spielte: Nun danket alle Gott!

Am nächsten Tage berief der Kronprinz den ehemaligen Rath. Er erklärte demselben, daß die Verbündeten den Hansestädten ihre alte Verfassung wiedergeben wollten. Der Rath wurde alsbald wieder eingesetzt; ihm gehörten Johann Matthäus Tesdorpf als Bürgermeister und Peter Hinrich Tesdorpf als Rathsherr an.

Johann Matthäus übernahm das Amt des leitenden Bürgermeisters. „Mit verjüngter Kraft begann er das große und schöne Tagewerk der Wiedergeburt des Freistaates." Allein es bedurfte ungeheurer Anstrengungen, „um die schweren Schäden zu heilen, welche durch die endlosen Erpressungen und das entnervende Siechthum einer vieljährigen Erwerblosigkeit hervorgerufen waren". Während der traurigen Gewaltherrschaft waren alle Verhältnisse auf den Kopf gestellt worden; alles hatte sich geändert; mit dem Alten war nirgends mehr auszukommen; viele der französischen Einrichtungen waren von dauerndem Werth und mußten beibehalten werden. „Aller dieser Schwierigkeiten wurde der Rath unter weiser, umsichtiger Führung des würdigen Johann Matthäus Tesdorpf gerecht." Er wurde ihnen so sehr gerecht, daß der verständige Rathsantrag auf Neuprüfung der Verfassung von den Bürger-Aeltesten als unnöthig betrachtet und abgelehnt wurde. Langsam aber stetig erholte sich Lübeck von den Folgen der schicksalsschweren Franzosenzeit.

Peter Hinrich Tesdorpf (Linie Tesdorpf von Schröder) in den Reihen der hanseatischen Legion.[67]

Am 5. Juli des Jahres 1814 hielt der lübeckische Theil der hanseatischen Legion seinen festlichen Einzug in die Vaterstadt. An der Spitze der 5. Schwadron sprengte, jubelnd begrüßt von den Seinen, der inzwischen zum Ober-Lieutenant beförderte, tapfere Peter Hinrich Tesdorpf. Er hatte in den Reihen der Vaterlandskämpfer die Gefahren des Kriegs und die schwersten Entbehrungen glücklich überstanden.

---

[67] Feldzug der Hanseaten in den Jahren 1813-14 von einem Augenzeugen (dem Stabsarzt der hanseatischen Reiterei Boye). Hbg. 1815.

Die 5. Schwadron war, nachdem sie am 31. März 1813 Lübeck verlassen hatte, auf Hamburg marschirt und daselbst Anfang April eingetroffen. Die aus allen Kreisen zusammengewürfelten und an kriegerische Uebungen meist ganz ungewohnten Mannschaften bedurften der unermüdlichen Schulung und Uebung im Felde, um nur einigermaßen zu einer geschlossenen und kriegstüchtigen Truppe herangebildet zu werden. Die begeisterten Männer unterzogen sich den großen Anstrengungen mit freudiger Selbstaufopferung. Indessen mußten schon zu Ende Mai, als die Franzosen von neuem anrückten, die so nöthigen Vorübungen abgebrochen werden. Gleich nachdem die Legion Hamburg verlassen hatte, rückten die Franzosen ein. Die noch gänzlich unvollendete Truppe war nun aller Hülfsquellen baar und irrte, in mehrere einzelne Theile zerstückt, eine lange Zeit planlos umher. Die Reiterei wurde von den Fußtruppen gänzlich getrennt. Es fehlte an einem Befehlshaber über die ganze Legion. Mehr und mehr trat es hervor, daß dieselbe der Spielball der Launen der einzelnen Abtheilungsführer war, welche sich auszuzeichnen suchten, ohne sich dem Ganzen unterzuordnen. Das lähmte die Erfolge der Truppe wie den Muth der Mannschaft. Während der Zeit des dann folgenden, kurzen Waffenstillstandes, welche eifrig zur weiteren Vervollkommnung der Kriegstüchtigkeit benutzt wurde, lag die Reiterei in den Dörfern zwischen Kriwitz und Goldberg. Das Unterkommen war schlecht; die verarmten Bauern und Gutsbesitzer litten selbst Mangel an Nahrung und vermochten dem Nothstand der Truppen nur geringe Abhülfe zu schaffen. Die Reihen derselben lichteten sich durch Krankheiten; die Bekleidung wurde zusehends schlechter, das Geld immer seltener; niemand sorgte für die Freiheitskämpfer. Noch immer war die Legion ohne Oberhaupt; ja, sie wußte überhaupt nicht einmal, zu wem sie eigentlich gehöre; das Bestehen der ganzen Legion schien in Frage gestellt. In diesem traurigen Zustande der Ungewißheit und der bittersten Armuth in der schlechtesten Gegend Mecklenburgs — es war kaum Milch und Brod zu erlangen — blieb dennoch der Muth der edlen Freiheitskämpfer ungebrochen. Sie wandten sich an die mecklenburgische Regierung um Hülfe und erlangten eine Unterstützung, welche der schlimmsten Noth half. Bald darauf nahm sich auch der russische Oberst Tettenborn der Legion an und musterte sie, die Reiterei am 16. Juli bei Malchin. Inzwischen hatte England, dessen deutsche Lande unter französischem Joche seufzten, sich bereit erklärt, die ganze Legion in Sold zu nehmen und den General Steward beauftragt, den Uebertritt derselben vorzubereiten. Der General besichtigte zu dem Zwecke die Legion am 18. Juli; aber die Verhandlungen mit demselben nahmen nur einen langsamen Fortgang, weil die Truppe, trotz des elenden Zustandes, in welchem sie sich befand, zu stolz war, um die gestellten Bedingungen anzunehmen: sie wollte ihre Selbstständigkeit nicht preisgeben. Am 22. Juli fand endlich der Uebertritt im Sinne der Wünsche der Legion [168]) statt. Von nun an lebte dieselbe in der besten Hoffnung. Die Reiterei wurde zunächst zwischen Plau und Müritzsee eingelagert. Am 29. Juli marschirte sie über Grabow nach Lübs. Gemäß dem Vertrage gab nun der General Wallmoden der Reiterei,

---

[168]) Das Abzeichen war ein rothes Kreuz auf weißem Felde an der Kopfbedeckung.

welche als Regiment gebildet wurde, am 2. August einen neuen Führer in der Person des Majors von Arnim. Dieser war ein düsterer, ernster, schweigsamer Mann, welcher die größte Strenge walten ließ und sich dadurch anfangs sehr unbeliebt machte. Besonders die Offiziere, von denen er nicht die beste Meinung zu haben schien, behandelte er mit eiserner Strenge; indessen er war eine achtunggebietende Persönlichkeit und Offiziere und Mannschaften folgten ihm willig, wohl einsehend, daß durch sein Vorgehen das Regiment erst Kriegstüchtigkeit erlange.

Als am 17. August die Feindseligkeiten wieder eröffnet wurden, rückte die Reiterei der Legion in sehr angreifenden Nachtmärschen bei dem schlechtesten Regenwetter bis Hagenow und bald weiter bis Toddin vor, wo das Regiment halten blieb. Es wurden Streifwachen gegen den Feind entsandt, welcher jenseits der Stecknitz lag. Als derselbe in der Folge auf Schwerin vorstieß, wich das Regiment aus und bezog zwischen Hagenow und dem Dorfe Kraak ein Lager. Hier war dasselbe in einer sehr mißlichen Lage; es wäre Davoust ein Leichtes gewesen, dasselbe zu vernichten; aber der sonst so schlagfertige General zog behutsam seine Truppen zusammen und ließ sich von General Wallmoden verfolgen. Der hanseatischen Reiterei wurde die Verfolgung der französischen Division Loison übertragen, welche meist aus gewaltsam zur Fahne getriebenen Conscribirten bestand und gänzlich zuchtlos war. Major von Arnim nahm die Verfolgung sehr hitzig auf; er ließ dem Feinde keinen Augenblick Ruhe, zeigte sich bald hier, bald dort, benützte jeden günstigen Augenblick zum Angriff und brachte Loison's Truppen eine große Furcht vor seinen kühnen Reitern bei. Für diese war der Dienst auf das höchste anstrengend, beschwerlich und aufregend.

Zwischen Warin und Hohen-Viechel hatte ein Theil der Fußtruppen Loison's ein Lager bezogen, etwa drei Bataillone mit mehreren Geschützen. Kaum hatten die Bataillone anderen Tages das sichere Lager verlassen, als sich die hanseatische Reiterei mit Todesverachtung auf den Feind warf. Gänzlich überrascht floh derselbe in völliger Unordnung bis über das Dorf Hohen-Viechel hinaus, von den verwegenen Reitern im Trabe verfolgt. Die Verluste der Hanseaten waren nur gering wie überall, weil die Franzosen an Schießbedarf Mangel litten und im Schießen ungeübt waren; das Massenfeuer ging stets über die Köpfe der Angreifer hinweg, ohne zu schaden.[16]) Um so bedauerlicher war es, daß die tapferen Streiter keine Fußtruppen zur Seite hatten, um die Erfolge zu vollenden.

Nach diesem Gefecht hielt der Major von Arnim eine Besichtigung über sein Regiment ab. Er war plötzlich ein anderer geworden; er zeigte freundliche Mienen, lobte das gute Benehmen seiner tüchtigen Reiter, „welche ihm den Beweis gegeben hätten, daß sie es mit der heiligen Sache ernst nähmen". Er feuerte sie zu ferneren Thaten an, und nunmehr folgte man dem unermüdlichen Mann mit vermehrter Freude und Begeisterung.

Der Feind zog sich weiter zurück, wüthend verfolgt von Arnim's Reitern. Im Morgengrauen des 5. September traf das Regiment, sieben

---

16.) Der lübeckische Theil der Legion verlor während des Feldzuges nur 38 Todte und etwa die fünffache Zahl an Verwundeten.

Schwadronen stark, auf einer Anhöhe vor Schönberg ein. In der Stadt und um dieselbe lagerte die ganze Division Loison. Unbekümmert um seine Schwäche dem Feinde gegenüber, beschloß Major Arnim anzugreifen. Ein wogender Nebel umhüllte die Fluren und verbarg die Stärke des Angreifers. Dies benutzend, ließ der Major einen Theil seiner Mannschaft absitzen und mit Karabinern und Pistolen in der Hand zu Fuß gegen die Brücke vor der Stadt anstürmen. Wiederum gänzlich überrascht, steckte der Feind die Brücke in Brand und schoß blindlings in den Nebel hinein; aber die Kugeln gingen weit über ihr Ziel hinaus, und die Verluste der Angreifer waren nur unbedeutend. Indessen machte der Brand der Brücke ein weiteres Vordringen unmöglich, und es blieb ihnen nichts übrig, als von der Höhe herab Augenzeuge zu sein der großen Verwirrung, welche sie hervorgerufen hatten, und des Brandes, welcher sich über einen Theil der Stadt ausbreitete.

Während darauf der Haupttheil des Regimentes nach Lübeck zog, setzten die 5. Schwadron, bei welcher Peter Hinrich Tesdorpf stand, und die 6. von Schönberg aus einem Theil der Division Loison nach, welcher auf Ratzeburg zurückging. Es gelang den beiden kühnen Schwadronen, welche zusammen kaum 180 Mann zählten, vermittelst eines überraschenden Angriffs 400 Gefangene zu machen. Allein die Freude über diesen schönen Erfolg wurde bitter getrübt durch die Kunde von dem Tode des geliebten Führers, des Majors von Arnim, welcher auf der Anhöhe bei Wesseloh vor Lübeck von einer feindlichen Kugel getroffen worden war. An seine Stelle trat nunmehr wieder der frühere Befehlshaber, der Graf von Westphalen.

Sobald es klar wurde, daß Davoust sich an der Stegnitz festzusetzen trachtete, erhielt die Reiterei den Befehl, über Schönberg nach Camin zu marschiren, woselbst die ganze Legion zusammengezogen wurde. Der Aufenthalt daselbst gestaltete sich zu einem entsetzlichen. Der Feind hatte die Lande vollständig ausgeplündert, und es herrschte ein solcher Mangel an Lebensmitteln, daß die Mannschaften tagelang ihren Hunger an unreifem Obst stillen mußten.

Als sich der Feind dann wieder Boitzenburg näherte, wurden ihm die 3. und 5. Schwadron und zwei Bataillone Fußtruppen entgegengesandt. Die Reiterei mußte den Vorpostendienst von Boitzenburg bis Büchen gegen Lauenburg übernehmen. Es war ein überaus beschwerlicher Dienst vornehmlich wegen des immerwährenden Regens. Am 18. September machte der Feind mit 700 Mann Fußtruppen, 72 Mann Reiterei und 2 Geschützen von Lauenburg aus einen Vorstoß auf Boitzenburg. Daselbst stand die 5. Schwadron der hanseatischen Legion, ihr zur Seite 50 Mann Lützower Jäger. Ohne Hülfe war es unmöglich, den Feind zurückzuwerfen. Rittmeister von Dobeneck benachrichtigte deshalb eiligst die 3. Schwadron, welche bei Gresse gegen Büchen stand. Dieselbe eilte herbei, und sofort rückten beide Schwadronen zum Angriff vor.

„Der Feind hielt uns für stärker, als wir waren; er machte eine rückgängige Bewegung gegen Horst. Kaum hatte die feindliche Infanterie den vor Horst gelegenen Tannenwald verlassen, als sich die beiden Escadrons mit Ungestüm auf den Feind warfen und ihn bis in seine Verschanzungen vor Lauenburg zurücktrieben. Nur wenige Mannschaft von uns war bei dem Angriff blessirt, unter diesen befand sich auch der Cornet Tesdorpf. In der schrecklichsten Dunkelheit und Platzregen kehrten wir wieder nach Boitzenburg zurück, wo wir völlig durchnäßt und bei strömendem Regen vor der Stadt bivouaquirten. Die dankbaren Boitzenburger brachten uns Erfrischungen aller Art."170)

Die Verwundung Peter Hinrich Tesdorpf's war nicht von Bedeutung. Eine Streifkugel hatte die grosse Zehe des Fusses getroffen, war aber im Steigbügel sitzen geblieben. Er scheint den Dienst auch nicht oder doch nur auf kurze Zeit verlassen zu haben; jedenfalls war er am 30. October wieder bei der Truppe.

Am Tage nach dem Gefecht wurden die beiden Schwadronen von Rosaken abgelöst. Sie marschirten nach Roggendorf, woselbst die Legion Lager bezog, um das bei Ratzeburg befindliche, französisch-dänische Corps zu beobachten. Wiederum war der Dienst sehr beschwerlich besonders für die Reiterei, welche in einem schmalen Waldstrich Posten beziehen mußte, einem Waldstrich, welcher durch das anhaltende Regenwetter zu einem Sumpf geworden war. Auch herrschte Mangel sowohl an Nahrung als an Kleidung; die Schuhe und Stiefel waren in dem jämmerlichsten Zustande. Der Feind verhielt sich während dieser Zeit vollkommen ruhig. Als die Witterung sich noch immer mehr verschlechterte, verließ die Legion das Lager bei Roggendorf und suchte Unterkommen in Gadebusch und Umgebung, während bei Roggendorf nur Feldwachen zurückgelassen wurden.

In Gadebusch wurde die Legion am 30. October durch eine allgemeine Beförderung erfreut, welche auf Befehl Wallmoden's für die bewiesene Tapferkeit erfolgte. Bei dieser Gelegenheit wurde der Cornet Peter Hinrich Tesdorpf zum Unter-Lieutenant ernannt. Bald darauf traf der englische Sold für vier Monate ein, und die Legion war nun wieder frohen Muthes und voll Vertrauen in ihre gute Sache. Das Vertrauen wuchs, als die Nachricht von dem Sieg der Verbündeten bei Leipzig eintraf. Das frohe Ereigniß wurde mit einem erhebenden Gottesdienste auf der Anhöhe vor Gadebusch und einer Speisung der Mannschaften gefeiert. Am Abend gaben die Offiziere auf ihre Kosten einen glänzenden Ball im Rathhause zu Gadebusch. Man theilte dem Feind die Niederlage des französischen Heeres mit; allein derselbe schenkte der Nachricht keinen Glauben und hielt Stand. Plötzlich aber schien Davoust die Tragweite der Schlacht bei Leipzig erfaßt zu haben; er zog sich eilends hinter die Wälle Hamburg's zurück. Die Legion folgte ihm auf den Fusse. Bei Ratzeburg und Mölln kam es zum Gefecht. Während desselben rückte die Reiterei rechts von Mölln gegen die Stecknitz vor, schwamm, weil die Brücke vom Feinde abgerissen war, durch diesen Fluß und beunruhigte den Feind von der Seite. Dann, als sich derselbe weiter zurückzog, marschirte sie über Nuß und Casdorf nach Lübeck. Jedoch wurde nur der dritten Schwadron die Freude zu Theil, am 5. December als Befreier in die Vaterstadt einzuziehen. Die ganze Legion wandte sich nun gegen die Dänen, welche in Segeberg standen. Als der Vortrapp der Reiterei am 6. December in die Stadt sprengte, war

170) Stabsarzt Boye's Bericht

dieselbe bereits geräumt. Weiter ging es dem Feinde nach auf Rendsburg zu. Die Festung wurde umzingelt. Der Reiterei lag die schwere Pflicht ob, die Einschließung zu vollenden. Während der Belagerungszeit war dieselbe in elenden Dörfern untergebracht und litt wiederum großen Mangel. Bald nach dem Waffenstillstand am 15. December ging die Legion über die Eider und rückte bis Eckernförde vor. Endlich wurde der Friede unterzeichnet. Die Offiziere der Legion feierten den Tag mit einem Fest auf dem schönen Landsitz des Landgrafen von Hessen.

Am 17. Januar 1814 trat die Legion in starkem Schneefall den Rückmarsch an. Sie bildete den Nachtrapp der Verbündeten. Der Marsch ging über Nortorf, Bramstedt, Barmstedt, Pinneberg nach Blankenese a. d. Elbe. Ueberall jubelte ihnen die Bevölkerung als Befreiern entgegen; überall trafen sie aus Hamburg Vertriebene; überall war die entsetzlichste Noth, das erbarmungswürdigste Elend. Die Legion selbst war nicht besser daran. Bei der Reiterei sah man Hosen und Röcke von allen Farben; die Waffenröcke waren ihrer Schöße beraubt; man hatte dieselben zum Ausbessern verwenden müssen; in großen Bauernstiefeln, zum Theil sogar in Schuhen saßen die Reiter zu Pferd. Aber alle die Leiden und Entbehrungen hatten den Muth der tapferen Streiter nicht zu brechen vermocht, und mit Freude übernahmen sie trotz der rauhen Jahreszeit und der Beschwerlichkeit des Dienstes die Vorposten vor Hamburg. Erst am 4. April wurden sie durch russische Truppen abgelöst. Nun marschirte die Legion nach Bremen, woselbst sie neu ausgerüstet werden sollte.

Inzwischen traf bei der Truppe die Nachricht von dem Einmarsch der Verbündeten in Paris ein und wurde nicht minder jubelnd begrüßt, wie die Mittheilung, daß Napoleon dem Kaiserthron entsagt habe.

Der neue grüne Waffenrock, welchen die Reiterei in Bremen erhielt, war in hohem Grade geschmackvoll, und als der Herzog von Cambridge das Regiment am 23. Mai musterte, waren das Aussehen und die militärische Haltung desselben tadellos. Acht Tage später zogen die Russen unter Benningsen in Hamburg ein. Eine nunmehrige Anfrage der Abgeordneten Hamburgs und Lübecks bei dem Befehlshaber der Legion betreffs Rückkehr der Mannschaft in die Heimath hatte die Einwilligung in die Auflösung der Legion zur Folge. Indessen setzten sich der Rückkehr unerwartete Schwierigkeiten in den Weg, indem Benningsen erklärte, den Durchmarsch durch Hamburg und Holstein vorläufig nicht gestatten zu können, weil die Gegenden von Truppen überfüllt seien. Endlich am 24. Juli 1814 lief zur allgemeinen Freude der Mannschaften der langersehnte Befehl zum Rückmarsch ein. Der Einzug in Hamburg erfolgte am 30. Juni, derjenige des lübeckischen Theiles in die Vaterstadt am 5. Juli. Die fünfte Schwadron bestand bei dem feierlichen Einzuge aus 125 Mann, geführt von dem Rittmeister von Bassewitz; ihm zur Seite ritt der inzwischen zum Oberlieutenant beförderte, in seiner schönen Uniform besonders stattlich aussehende Peter Hinrich Tesdorpf.[171]) Als sich die heimkehrenden Vaterlandsvertheidiger dem Mühlenthor näherten, rückten ihnen die Jägercompagnie der Bürgerwehr mit klingendem Spiel und 100 Reitern entgegen. Am Thore prangten

---

[171]) Er war bereits am 26. Februar 1814 zum Oberlieutenant ernannt worden, siehe Asmus, Kleine Lübeckische Chronik, Lübeck 1852, Seite 153.

in einer mächtigen Ehrenpforte die Worte: „Friede, Werk der Tapferkeit!"
Auf den Bühnen zur Rechten und Linken standen die Mütter, Schwestern
und Anverwandten der Einziehenden; Abgesandte des Raths und der
Bürgerschaft traten ihnen entgegen; der Syndicus Curtius hielt eine
begeisterte Ansprache; zwei anmuthige Mädchen, die Töchter der Bürgermeister Johann Matthäus Tesdorpf[172]) und Overbeck überreichten dem
Obersten Ehrentrunk und Lorbeerkranz, und geführt von zweihundert
weißgekleideten Jungfrauen, welche den Kriegern Blumen auf den Weg
streuten und den Friedensreigen sangen, zogen die tapferen Kämpfer
durch die von der jubelnden Menge dichtgefüllten, festlich geschmückten
Straßen, während von allen Thürmen die Glocken läuteten und der Donner
der Kanonen von den Wällen erschallte.[173]) „Mit offenen Armen empfing
Jung und Alt die edlen Söhne des Vaterlandes, die tapferen Krieger, die
da ausgezogen waren aus der Vaterstadt in einer Zeit, wo es noch den
schweren, blutigen Kampf galt um Recht und Freiheit, die da wiederkehrten,
geschützt von der Vorsehung, um das ruhmvoll geschwungene Schwert auf
dem Altar des Friedens niederzulegen."[174]) Aus allen Herzen strömte ihnen
begeisterter Dank entgegen „für den hochherzigen Sinn, mit welchem sie sich
unter die Fahnen des Vaterlandes gestellt, für den Heldenmuth, welchen sie in
Schlachten und Gefahren aller Art gezeigt, für die unerschütterte Ausdauer,
womit sie alles Ungemach und die Beschwerden des Krieges erduldet hatten,
um das erhabene Ziel, die Befreiung Deutschlands von dem Joche, unter
welchem es zu erliegen drohte, mit erkämpfen zu helfen".[175])

Die Legion, deren Gesammtstärke bei der Rückkehr 171 Offiziere und
3930 Mann betrug, wurde noch bis zum 1. August vollzählig zusammen-
gehalten, jeden Augenblick den Befehl erwartend, nach dem Rhein in's
Feld zu rücken. Anfang August erfolgte die theilweise Entlassung, am
29. August 1814 die vollständige Auflösung der Legion. Mit dem Abschied
erhielt Peter Hinrich Tesdorpf die Ernennung zum Stabs-Rittmeister.[176])
Die Denkmünze des Feldzuges von 1813—1814 zierte seine Brust.

Johann Matthäus, 1749—1824, Dr. jur., Rathsherr und Bürgermeister in Lübeck.
(Zweiter Theil.)

Noch während zehn Jahren führte der Bürgermeister Johann Matthäus Tesdorpf ununterbrochen die oberste Leitung der öffentlichen Angelegenheiten Lübecks, immer bestrebt, das Gemeinwesen fest und umsichtig zu
regeln und die enstandenen Schäden zu heilen. „Er bot für das wieder-
geschenkte Gemeingut der Selbstständigkeit freudig alles auf, was er zu
sein und zu leisten vermochte." Ueberall gab er das Vorbild der Selbstverleugnung, Mäßigung, Besonnenheit und Ausdauer.[177]) Aus dieser Zeit
seiner Amtsthätigkeit sind in den lübeckischen Blättern von 1836 zwei Aus-
sprüche von ihm mitgetheilt, welche den weisen Staatsmann kennzeichnen:

---
[172] Catharina Elisabeth Tesdorpf, die spätere Gattin des Kaufmanns Friedrich Wilhelm Feldmann.
[173] Klug's Geschichte Lübeck's in den Jahren 1813—15
[174] Syndikus Curtius Rede
[175] Kundgebung des Rathes.
[176] Denkschrift zu der Errichtung des Denkmals für Major von Arnim
[177] Gütschow's Rede

"Jede Regierung, sagte er, „die am Volke Ungerechtigkeit, auch still geduldet, übt, bettet damit einen grimmigen Löwen schlafend sich zur Seite. Erwachend früh oder spät, zerreißt er unfehlbar mit Wuth seinen Herrn", und ferner: „Die Wuth der Plusmacherei macht die Finanzleute kleiner Staaten oft ganz blind. Von ihr befallen, springen sie über Ehre und Recht hinweg nach jedem scheinbaren Gewinn, bis sie den Hals gebrochen."

Die Jahre schwanden in rüstiger Arbeit. Wurde der Körper auch mit dem zunehmenden Alter gebrechlich, dem Geist blieb die ungeschwächte Jugendkraft erhalten. Der ehrwürdige Greis genügte sich auch jetzt noch nicht in einseitig ausschließendem Geschäftsleben, sondern er pflegte nach wie vor den Verkehr mit den Wissenschaften und vornehmlich auch mit den „römischen Klassikern", welche in seiner Handbibliothek reichlich vertreten waren". Darüber hinaus war es besonders der Kreis seiner geliebten Enkelkinder, welcher ihm das Alter verschönte. Die ganze, große Herzensgüte, welche dem seltenen Manne innewohnte, trat in dem Verkehr mit ihnen hervor.

So kam der Tag heran, an welchem Johann Matthäus das schöne Fest seiner 50jährigen Amtsführung feierte. „Dieser Tag, an den so manche Rückerinnerung an frohe und düstere Stunden sich reihte, brachte die Gefühle der Liebe und Dankbarkeit, welche Lübecks Bürger zu dem verehrten Greise im Herzen trugen, zum öffentlichen Ausdruck und ließ ihn zu einem allgemeinen, frohen Bürgerfeste werden."

Als der Morgen des 2. October 1823 anbrach, wurde Johann Matthäus in seiner Wohnung, Königstraße Nr. 56, durch ein Ständchen, ausgeführt von den Musikern der Bürgerwehr, geweckt. Bald darauf erschienen die Abgesandten des Raths und der Bürgerschaft, der Geistlichkeit u. s. w. zur Beglückwünschung. Ihnen schloß sich der dänische Consul an, welcher im Auftrage des auswärtigen Amtes dem Gefeierten die wohlwollenden Gesinnungen seines Königs zu erkennen gab. Auch die Städte Hamburg und Bremen ließen durch Abgesandte ihre Glückwünsche darbringen, während die Juristenfacultät zu Göttingen ihn dadurch besonders ehrte, daß sie ihm durch den Präsidenten des Oberappellationsgerichts Dr. Heise die Ernennungsurkunde zum Doctor der Rechte überreichen ließ. Endlich trafen auch noch die Gewerkschaften der Stadt in buntem Zuge ein, um ihre herzlichen Glückwünsche kundzugeben. Johann Matthäus empfing sie alle mit der ihm eigenen, würdevollen Freundlichkeit und mit herzlich erwiderndem Ausdrücken."[178])

Am Mittag wurde Johann Matthäus von einigen abgesandten Bürgern zu einem Festmahl abgeholt, welches die Bürgerschaft im großen, geschmackvoll ausgeschmückten Ebbe'schen Concertsaal veranstaltete.[179]) An demselben nahmen die Mitglieder des Raths und des Oberappellationsgerichtes, die Prediger der Stadt, die bevollmächtigten Consuln der fremden Mächte, die Professoren der hohen Schule und sämmtliche Aeltesten der bürgerlichen Collegien Theil. „Jeder Zwang, jeder Unterschied des Standes war aus diesem Kreise verbannt. In den gemischten Reihen herrschte allgemeiner Frohsinn, der zur Begeisterung stieg, als der Wortführer der Bürgerschaft

---

[178]) Hamburgischer unpartheyischer Correspondent, 1823 Nr. 60 und Lübeckische Zeitung 1823 Nr. 80).
[179]) Jent Kasino, siehe: Die Feier der 50jährigen Amtsführung Sr. M. des Herrn J. M. T u s. w. Lübeck 1823, S. L. Schmidt.

nach einigen gefühlvollen Worten das Wohl des „väterlich gesinnten Bürgerfreundes" ausbrachte." In demselben Augenblick hob sich ein dem Gefeierten gegenüber angebrachter Vorhang und enthüllte die im Auftrage des Rathes von Director Schadow in Berlin in Marmor ausgeführte Büste des verehrten Mannes. Auf dem breiten Sockel prangten in goldenen Lettern die Worte:

Viro
Pietate · Sapientia · Constantia
Insigni
Joanni · Mattheo · Tesdorpf J. V. D.
Consuli
D. II. Octob. MDCCCXXIII
Munerum
Per · L · Annos · Publice · Gestorum
Sollennia · Celebranti
Grato · Animo · Posuit
Senatus · Lubecensis

* * *

Die Erwiderung des so Gefeierten auf die Anrede des bürgerlichen Wortführers erregte die tiefste, allgemeine Rührung. In bescheidener Weise dankte er für die ihm bewiesene Liebe und Ehre; aber den Ruhm des unter seiner 17jährigen Bürgermeisterschaft entstandenen Guten lehnte er ab: der gebühre nicht ihm, sondern einzig und allein der steten Eintracht zwischen Rath und Bürgerschaft, der Grundlage allen Gedeihens der geliebten Vaterstadt, und es sei der einzige Wunsch seines Lebensabends, daß die bewährte, schöne Eintracht immerdar so erhalten bleibe wie bisher.

Nach der Mahlzeit geleiteten einige Mitglieder des Rathes und der Bürgerschaft Johann Matthäus in das geschmackvoll gezierte Schauspielhaus. Daselbst empfing ihn der laute Jubel der zahlreich versammelten Zuschauer. Die Vorstellung wurde mit einem Festgedicht mit Gesang von G. H. Böttcher eröffnet. In demselben heißt es u. a.:

> „Bewundernd stehn wir vor dem Lebensbild,
> Ehrwürd'ger Greis, das Deine Bahn uns zeigt;
> Schon auf der Jugend frühem Lenzgefilde
> War Dein Gemüth dem heil'gen Dienst geweiht.
> Dich bildete mit mütterlicher Milde
> Die Bürgertugend, und vielfach verzweigt,
> In Deinem Wirkungskreis, auf alle Stufen
> Des Amtes hat den Jöngling sie gerufen.
>
> Jetzt, wie der Vater in dem Hause waltet,
> So Du in der geliebten Vaterstadt.
> Sie lebt in Dir; Du stellst sie dar; gestaltet
> Durch Dich wird Alles, was sie Theures hat.
> Wie nie der freien Städte Bund veraltet,
> Den sie gestiftet, Deine Vaterstadt:
> So soll Dich Nachruhm's Eichenkrone schmücken,
> Wenn Enkel Dich in der Geschicht' erblicken."
> u. s. w.

„Hierauf folgte die Aufführung des Houwald'schen Drama's: „Der Fürst und der Bürger".[179a]) Nach Schluß des ersten Aufzuges kehrte der Jubilar, vom freudigen Zuruf der Menge begleitet, zu der Versammlung zurück, in deren Kreise er bis fast gegen Mitternacht verweilte."

„So wie in der Versammlung die herzliche Theilnahme der Einzelnen sich bekundete, so und noch weit beredter sprach sich das allgemeine Mitgefühl der Bevölkerung durch freiwillige, festliche Erleuchtung aller Häuser aus." Die erhellten Straßen wurden durchwogt von einer fröhlichen Menschenmenge, welche sich an dem blendenden Lichterglanz und den verschiedenen theils ernsten, theils heiteren Inschriften ergötzte. Da war u. a. am Hause Nr. 899 im Fegefeuer (Straße) zu lesen: „Wir freien Lübecker feiern heute fröhlich Dein Jubelfest, Bürger-Meister und Bürger-Vater Tesdorpf. — Unser Wohl ist stets Dein Glück, unser Glück Dein froher Blick"; in der Johannisstraße Nr. 16: „Weises Regiment erhöht den Ruhm einer Stadt, und der Fremdling fühlt sich wohl in ihren Thoren" u. s. w.; in der Depenau Nr. 492 aber prangten die Worte: „Ein treues Herz für's Vaterland ist besser, als viel Licht verbrannt."

Es wurde aber an diesem frohen Tage nicht nur der Freude geopfert, sondern auch den Forderungen der Mildthätigkeit in reichlichem Maße Genüge gethan, u. a. auch durch eine vom Rath verordnete, allgemeine Speisung der Armen und hülfsbedürftigen Kranken der Stadt. Des weiteren hatte der Rath Johann Matthäus' Bildniß nach dem Suhrlandt'schen Oelgemälde von dem Maler F. C. Gröger auf Stein zeichnen und vervielfältigen lassen, während die Bürgerschaft ihn dadurch ehrte, daß sie eine Denkmünze in Gold und Silber, von dem berühmten Münzstecher Loos in Berlin geprägt, zur Austheilung brachte. Diese durch ihre

künstlerisch vollendete Ausführung besonders ausgezeichnete Denkmünze zeigt auf der Vorderseite Johann Matthäus' Brustbild in der alten, ehrwürdigen Bürgermeistertracht sowie Namen, Würde und Geburtsjahr. Die Rückseite trägt, umrahmt von einem Eichenkranz, die schöne Aufschrift: „Dem Bürgerfreunde nach 50jähriger Wirksamkeit im Dienste des Staats. Die dankbaren Bürger am 2. October 1823."

[179a]) Eine von Ludwig Giepe für die Feier gedichtete und bei Borchers gedruckte „allegorische Dichtung mit Gesang", betitelt: „Traum und Würklichkeit" gelangte nicht zur Aufführung. Siehe Anhang IX.

Die Jubelfeier wurde ferner noch durch eine Anzahl mehr oder weniger wohl gelungener Gedichte verherrlicht."⁷)

So sang der Professor Dr. H. Kunhardt, in einem elfstrophigen Gedicht:

„Andre mögen Heldengröße preisen,
Die nach Siegeskronen eifrig strebt:
Ich erwähle mir den stillen Weisen,
Der dem Glück des freien Bürgers lebt;
Ihm, der mit des Vaters Ernst die Milde,
Seelenadel mit Bescheidenheit
Einiget zum hohen Musterbilde,
Nur dem Wohlthun seine Tage weiht!
u. f. w.

Frommer Greis, von deutscher Biedersitte,
Fordre lange noch der Deinen Glück!
Spät erst kehre heim aus unsrer Mitte,
Gieb dem Himmel spät den Geist zurück.
Selig, wem am Abend seines Lebens
Hell der Stern am Westgewölke winkt,
Wer, wie Du: Ich lebte nicht vergebens!
Sagen darf, wann ihm die Sonne sinkt."

Auch Christine Westphalen, geborene v. Axen, die bekannte Dichterin, widmete ihm ein längeres Gedicht, in welchem es u. a. heißt:

„Heil Dir, der so gerecht als weis' und milde
Vertritt der guten Bürger Recht und Glück,
In Tugenden dem Volk zum Musterbilde,
Gleich festen Sinn's in Freud und Mißgeschick!

Heil Dir, der in dem vielbewegten Leben
Die mitgefühlte Noth mit Muth bekämpft,
Mit Gott und mit der Seele höchstem Streben
Des Unheils Gluthen im Entstehn gedampft!

Der mit den grausen Widerwärtigkeiten
Unholder Zeit gerungen als ein Mann,
Der tief empfand: wo alle Stützen gleiten,
Daß jene, Weisheit noch besiegen kann!
u. f. w.

———

Nicht lange nach der Jubelfeier begannen die Kräfte des verehrten Mannes zusehends abzunehmen. Es zeigten sich die Vorboten des herannahenden Todes. Um die Mitte des Januar 1824 befiel ihn eine schwere Krankheit, welcher seine schwachen Kräfte nicht zu widerstehen vermochten, und am Nachmittag des 25. Januar um zwei Uhr erlöste ihn ein sanfter, schmerzloser Tod von fernerem Leiden. Die Kunde von dem erfolgten Hinscheiden des vielgeliebten und allseitig verehrten Mannes versetzte die Stadt in allgemeine Trauer. Die Todtenfeier in St. Marien gestaltete sich zu einer erhebenden und rührenden. Kopf an Kopf waren die weiten Räume der unvergleichlichen Kirche von einer ernsten, tiefbewegten Menge gefüllt, welche in dem Verstorbenen den Vater, den Freund, den seltenen Mann ehrte. Von Blumen und kostbaren Kränzen überschüttet stand der einfache Sarg auf hoher Bahre. Als der Prediger seine ergreifende Rede beendet hatte, und die Klänge der Orgel feierlich die weiten Gewölbe durchhallten, traten die nächsten Freunde und Verehrer des Verblichenen und eine Anzahl Studenten der Kieler Hochschule, welche herbeigeeilt waren, an den Sarg hinan und hoben ihn auf ihre kräftigen Schultern; wer aber nicht mitzutragen vermochte, legte in tiefster Rührung die Hand auf die Decke des Sarges. So bewegte sich der Zug langsam der Familienkapelle zu. Mit feierlichem Grabgesang und unter dem Klingen und Singen der Glocken aller Thürme der Stadt wurde der Sarg in die Gruft gesenkt, in welcher vor genau 100 Jahren auch die irdischen Reste des ehrwürdigen Grossvaters des Bürgermeisters Peter Hinrich Tesdorpf, ihre letzte Ruhe gefunden hatten.

Auf dieser Stätte wurde später das von der Stadt Johann Matthäus geweihte Denkmal, die Büste von Schadow's Hand, errichtet, welche bis dahin in der Stadtbibliothek aufgestellt gewesen war.

In den lübeckischen Anzeigen vom 28. Januar 1824 wurden seinem Andenken die folgenden „Worte des Trostes am Grabe des unvergesslichen abgerufenen Vaters dieser Stadt" gewidmet:

> Noch manche ernste, wehmutsvolle Stunde
> Bleibt Deinen Manen, edler Greis! geweiht.
> Ach! — Wem schlug Dein Verlust nicht eine Wunde
> Und wen versetzt er nicht in tiefes Leid? —
> Den Vater haben wir, den Freund in Dir verloren.
> Den Menschen wir, der selten wird geboren.
>
> Er endete sein thätig frommes Leben;
> Sein stilles Streben sah die Menge nicht
> Sich ganz der Menschheit hinzugeben
> Das war des Edlen höchste Pflicht,
> Dass viele ihn als ihren Retter preisen
> Mag jetzt manch' thränend Aug' beweisen.
>
> Nie wird die Nachwelt seine Lorbeern brechen;
> Er hat gelebt — die Zierde seiner Zeit.
> Drum lasset uns mit einem Schiller sprechen:
> „Gelebt hat solch' ein Mann für alle Zeit;"
> Verlasst uns gleich des Theuren ird'sche Hülle
> Sein Geist — das, was er schuf — lebt fort in Kraft und Fülle.
>
> Das schönste Denkmal hat er selbst errichtet,
> In unsern Herzen soll es feste stehn;
> Das hat der Sturm der Zeit noch nie vernichtet;
> Das blüht und reift zum ew'gen Wiedersehn.
> Flieht schon der Geist, wir werden ihn doch finden.
> Uns ewig, ewig fest mit ihm verbinden.

Johann Matthäus hinterliess als Erben seines nicht unbeträchtlichen Vermögens einen Sohn und zwei Töchter, während drei andere Kinder bereits im ersten Kindesalter an allgemeiner Körperschwäche zu Grunde gegangen waren. Während beide Töchter sich in hohem Grade durch Klugheit, Herz und Gemüth auszeichneten[129]) und beide in musterhaften

---

[128]) Der Sohn der Tochter Catharina Elisabeth war der als Uebersetzer von Tennyson's Dichtungen bekannte Dr. jur. Heinrich Arnold Feldmann, welcher Catharina Susette Tesdorpf (Linie Tesdorpf-von Schröder) heirathete und am 14. Juni 1888 zu Lübeck starb.

Eben und reichem Kindersegen das volle Erdenglück fanden, vermochte der Sohn

Ludwig, 1788—1826,

nicht, im Leben festen Fuß zu fassen und Glück und Zufriedenheit zu erringen. Er war eine unbeugsame, zügellose Natur, welche sich keiner Lage des Lebens gewachsen zeigte. Zum Theil lag die Ursache hiervon in der Erziehung. Die milde, herzensgute Mutter hatte geglaubt, es ihrem geliebten, vielbeschäftigten und sorgenumdrängten Gatten schuldig zu sein, alle Unannehmlichkeiten des täglichen und des Familienlebens aus dem Wege zu räumen, zu verheimlichen. Sie verschwieg ihm die unbesonnenen, leichtsinnigen Streiche des Sohnes, ließ den so sehr der strengen Zucht und Ordnung bedürftigen Knaben ungestraft gewähren und fügte sich seinen Launen. Als derselbe später zur Erlernung des Weinhandels nach Bordeaux gesandt wurde, gelang es ihm daselbst nicht, den Gefahren des großstädtischen Lebens auszuweichen, und als er nach einigen Jahren in das Vaterhaus zurückkehrte, war die Kraft seines Körpers gebrochen. Er suchte Genesung auf einem Landgute in der Nähe Lübecks, und dieser Aufenthalt ließ in ihm den Entschluß reifen, sich ganz dem Landleben zu widmen. In der Folge wurde er Pächter des Hofes Neu Lauerhof bei Lübeck. Daselbst verheirathete er sich am 14. September 1825 mit Maria Johanna Rüdinger, der Tochter des Pastors C. L. Rüdinger zu Schlutup. Schon bald darauf verfiel er in Schwermuth, welche sich mit den Jahren steigerte und verursachte, daß er am 28. November 1826 Hand an sein Leben legte. Sein Tod erfolgte am 1. December. Sein einziger Sohn Ludwig, welcher sich der landwirthschaftlichen Laufbahn gewidmet hatte, erlag der Auszehrung am 25. März des Jahres 1858, ohne männliche Leibeserben zu hinterlassen. Mit ihm starb die Nachkommenschaft des verdienstvollen Johann Matthäus Tesdorpf im Mannesstamme aus.

Peter Hinrich (Linien Tesdorpf Rücker und Meyer) 1751—1832, Kaufmann, Rathsherr und Bürgermeister in Lübeck.

(Zweiter Theil.)

Der Rathsherr Peter Hinrich Tesdorpf in der Aegidienstraße bildete sich mit dem zunehmenden Alter immer mehr zum Sonderling aus. Seit seiner Wiedereinsetzung nahm er im Rath eine abgesonderte, wenig beachtete Stellung ein. Seine Vermögensverhältnisse waren die denkbar schlechtesten. Er war fast ganz auf das kärgliche Rathsgehalt angewiesen. Dennoch wahrte er nach außen hin die Würde seiner Stellung. Wenn er in der Oeffentlichkeit erschien, so war seine Kleidung nach wie vor tadellos, wenn auch ganz aus der Mode. Das ließ aber „den alten Marquis" um so mehr als Sonderling erscheinen, und er war es zufrieden, daß man seine Sparsamkeit, Einfachheit und Zurückgezogenheit als Geiz auslegen zu müssen glaubte. Im Hause sah es in den Staatszimmern, welche jährlich ein- bis zweimal zu den nöthigen amtlichen Gesellschaften geöffnet wurden, noch immer verhältnißmäßig stattlich aus, wenn auch die Bezüge der veralteten

Möbel verblichen und schadhaft waren. Man merkte es nicht, daß ein Kunstwerk nach dem anderen, eine Kostbarkeit nach der anderen dem Mangel an dem Allernöthigsten des täglichen Lebens zum Opfer gefallen war. Die vom Vater ererbte Sammlung von Naturseltenheiten war schon im Jahre 1828 veräußert worden.

Es ging überaus ärmlich im Hause zu; aber das nahm Maria Margarethen die ihr innewohnende Zufriedenheit nicht. Sie hatte sich ihren frischen Geist bewahrt, und der half ihr, sich über die vielen Entbehrungen hinwegzusetzen. Nach wie vor führte sie in den Mußestunden ein geistig angeregtes Leben mit gleichgesinnten Freundinnen und mit ihrer jüngsten Tochter Lisette, welche vielseitige Begabung, u. a. auch zum Malen, besaß.[131] Maria Margaretha bewohnte die Räume des Erdgeschosses. Vor ihrem Blick lag der zwar nicht große, aber freundliche Garten, in welchem die wärmende Sonne jedes Frühjahr vielerlei Blumen hervorzauberte und im Herbst am Gravensteiner Apfelbaum eine große Menge der schönsten Aepfel reifen ließ. Diese waren die besondere Freude der alten Frau. Ein jeder Gast, den sie gerne sah, erhielt davon einen Bratapfel; sie selbst aß am liebsten die leicht angefaulten Aepfel.

Früh Morgens schon verließ sie das Lager und that Hausarbeit. Nach dem Morgenbrod liebte sie es, einige Zeit auf dem Tafelklavier zu spielen (meist geistliche Lieder), oder die Tagesneuigkeiten in den Zeitungen zu lesen. Dann eilte sie in Küche und Keller, um das einfache Mittagsmahl bereiten zu helfen. War die Tagesarbeit gethan, so ging sie eine Weile im freundlichen Garten spazieren, hielt über die Gartenmauer hinweg ein Plauderstündchen mit den Nachbarn, oder ließ sich die Kinder der Nachbarschaft kommen, um sich an der Jugendfrische der Kleinen zu erfreuen und mit ihnen nach Herzenslust im Garten und auf der großen Hausdiele zu spielen. Wer artig war, bekam zur Belohnung einen schönen Bratapfel. Zu den größten Freudentagen gestalteten sich immer diejenigen, an welchen die Schaar ihrer kleinen Enkelkinder zum Besuch eintraf. Dieselben hingen an ihr mit der gleichen Liebe, wie sie an ihnen.

In den letzten Jahren erschien Peter Hinrich nur noch zum Mittagmahl im Kreise der Seinen. Dabei wurde immer die steife Förmlichkeit früherer Zeiten beobachtet. War das Mahl bereitet, so mußte bei ihm angesagt werden. Dann währte es pünktlich eine viertel Stunde, bevor sich die sonst immer verschlossen gehaltene Thür seines Wohnzimmers aufthat und der alte Mann über die Schwelle trat in verblichenem Tressenrock, Kniehosen, seidenen Strümpfen und Hackenschuhen. Langsam kam er die Treppe hinab (das Gehen wurde ihm schwer in Folge eines Bruchleidens); langsam ging er durch die für ihn offen gehaltene Thür des Eßzimmers auf seinen Stuhl zu und setzte sich mit feierlicher Miene nieder. War das Tischgebet gesprochen, so gab er das Zeichen, daß nunmehr auch die übrigen sich setzen dürften. Gesprochen durfte nur werden, wenn er die Unter-

---

[131] Ihre Beanlagung hierzu war nicht hervorragend, jedoch verrathen ihre vielen größeren und kleineren Gemälde Verständniß, Wollen, Schule und Selbstständigkeit. Sie sind wohlthätige Zeugen eines emsigen Fleißes, der Künstlerschaft erstrebte und vereinzelt auch erreichte. Sie verfertigte auch ein gutes Oelbildniß ihrer Mutter, welches die würdige Frau in den letzten Lebensjahren darstellt. Die Hände, der Stolz Maria Margarethens und besonders schön gemalt. Das Bild ist im Besitze von Dr. Gustav Theodor Lesdorpf in Hamburg.

haltung begonnen hatte; indessen geschah das gewöhnlich nicht, und so saß die Familie meist schweigsam um den Tisch herum. Mit dem Essen ging es gerade ebenso; niemand durfte eher beginnen, als er; niemand durfte nachklappen; doch aß er sehr langsam und beachtete peinlichst, daß er nicht eher fertig werde, als die übrigen. Seine Lieblingsspeise bestand in Brot, von welchem stets mehrere Sorten auf dem Tische sein mußten. Das Ende der Mahlzeit wurde ihm wiederum durch die aufwartende Dienstmagd angesagt. Dann hob er die Tafel auf, küßte seiner Gattin die Hand, dankte ihr für das Mahl und ging langsam und feierlich, wie er gekommen war, auf seine Stube zurück. Hier setzte er sich vor einen kleinen Tisch, zündete sich eine lange Kalkpfeife an und las, in regelmäßigen Absätzen den Rauch von sich blasend, die Tagesneuigkeiten, oder blätterte und das mit Vorliebe — in französischen Modezeitungen. Bei Dunkelwerden wurde der Tisch durch drei Talglichter erhellt, eins vorn, je eins rechts und links stehend. Dann brachte das Mädchen ein großes Becken voll glühender Holzkohlen und einen großen Kessel heißen Wassers, und hinter verschlossener Thür braute der sonderbare Mann, auf jede Tasse einen Löffel voll nehmend, sich bitterstarken Thee, von dem er trank, so lange er wachte, oft die ganze Nacht hindurch. Um 6 Uhr morgens erschien die Dienstmagd wiederum mit einem Becken voll Kohlen und einem Kessel Wassers, und dann begann das Theetrinken von neuem. Es gab Tage, an denen er 25 Tassen und mehr trank. Er glaubte, durch reichlichen Genuß dieses Getränkes sein Leben verlängern zu können.

An jedem Morgen um acht Uhr schellte er zweimal. Dies war das Zeichen, daß er seine Gattin erwarte. Sie kam und berichtete ihm über das Häusliche und über die Stadtneuigkeiten. Um seine Enkelkinder bekümmerte er sich wenig oder gar nicht. Um 7 Uhr erschien der Haarkünstler, Namens Fülleborn, welcher eine Vertrauensperson des alten Mannes war. Derselbe wußte den ganzen Stadtklatsch haarklein zu berichten und schwatzte ohne Unterbrechung. Peter Hinrich hörte ihm schweigend zu. Lange Jahre that dieser Haarkünstler bei festlichen Gelegenheiten die nöthigen Dienste als Hausdiener; bei der Auffahrt zu Rath stand er auf dem hinteren Trittbrett des Wagens.

Im Rathe wurde Peter Hinrich nur noch wenig beschäftigt. Sein schwacher Geist und Körper ließen keine Anstrengungen mehr zu. Während der Sitzungen schlief er meist, und um die Verhandlungen nicht aufzuhalten, stimmte er dann am Schlusse allem zu. Es konnte somit nicht Wunder nehmen, daß er mehrmals bei der Bürgermeisterwahl übergangen wurde. Schließlich wurde er dennoch zu der Würde erhoben; aber das geschah mehr, um ihm das so dringend nöthige, bessere Gehalt eines Bürgermeisters zukommen zu lassen. Nichtsdestoweniger war das alte Ehepaar sehr stolz auf die Ernennung, welche am 19. Februar 1827 erfolgte. Mit Hülfe seines mildherzigen, liebevollen Sohnes Friedrich Jacob (Linie Tesdorpf-Rücker), welcher Kaufmann in Hamburg war, gestalteten sich ihm die letzten Lebensjahre sorgenfrei.

Ein jeder Sonntag sah das alte Paar zum Frühgottesdienst in die St. Marien Kirche wandern. Ein solcher Kirchgang wurde die Ursache des gleichzeitigen Todes beider Eheleute. Die kalten Winde, welche am 2. Mai des Jahres 1832 unerwartet einsetzten, fügten ihnen beiden heftige Lungenentzündungen zu, welchen sie erlagen. Man verschwieg den alten Eheleuten die gleichzeitige Erkrankung; auch den am 2. Mai erfolgten Tod Maria Margarethen's erfuhr der Gatte nicht. Er folgte ihr am 6. Mai im Tode nach.

Die gemeinschaftliche Beisetzung der Entseelten in der Familiengruft Nr. 368 vor der Taufe zu St. Marien fand am 9. Mai 1832 statt. Der „Hamburgische Beobachter" (Jahrgang 1832, Nr. 21) theilt darüber eine sonderbare „Correspondenz aus Lübeck" mit: „Heute Morgen um 6 Uhr, heißt es da, wurden die Ueberreste des am 6. dieses Monats im 81. Lebensjahre dahingeschiedenen Bürgermeisters Herrn Peter Hinrich Tesdorpf, sowie seiner Gattin, Frau Maria Margaretha Tesdorpf, welche ihm im 76. Jahre am 3. dieses Monats im Tode vorangegangen war, in der hiesigen Marienkirche beigesetzt. Sie war die 52jährige Gefährtin seines Lebens in einer zufriedenen, glücklichen Ehe u. s. w. Dann heißt es weiter: „Machen Sie sich, Verehrtester, aber keinen zu hohen Begriff von der letzten Ehre, welche man einem Bürgermeister der freien Hansestadt Lübeck zollt; es war vielmehr die einfachste Leichenbestattung, welche ich je gesehen habe. Es fand schon keine officielle Anzeige von Seiten des Magistrats statt; nur die Familie giebt unter Verbittung aller Beileidsbezeugungen theilnehmenden Verwandten davon Nachricht. Alles ist stille; kein Glockengeläute, kein Orgelspiel, keine Kirchen oder Trauermusik, keine Chorgesänge ertönen; kein Geistlicher, keiner seiner Rathscollegen, kein Schülerchor, kein Militär folgt dem Sarge des Entschlafenen, nur bezahlte Diener tragen und begleiten die Leiche, welcher ein einziger Wagen mit dem Sohne des Verstorbenen (F. J. Tesdorpf) und zwei oder drei Anverwandten folgt. Die ganze Auszeichnung bestand darin, daß ein Dreieck hinten am Sarge im Sterbehause angenagelt und in der Kirche wieder abgebrochen wurde, worüber man eine schwarze Sammetdecke hing. Man nennt dieses Ehrenzeichen des Bürgermeistersarges: die „Timpe". In der Kirche brannten 20—30 Lichter, welche bei dem hellen Sonnenschein durch ihr falbes Licht eine recht passende Wirkung auf die ganze Feierlichkeit machten. Den Sarg trugen die sogenannten reitenden Diener u. s. w." In Nr. 24 desselben Blattes wird in Beantwortung der „Correspondenz aus Lübeck" folgendes angeführt: „Es seien nicht einer sondern zwei Wagen dem Sarge gefolgt. Nicht 20—30 sondern 130 Lichter hätten in der Kirche gebrannt. Es sei im Laufe des Tages drei Stunden lang mit der größten Glocke, dem „Puls", geläutet worden: von der Marienkirche, wo das Begräbniß stattfand, von der Petrikirche, wo er Obervorsteher gewesen und von der Aegidienkirche, in deren Bezirk er gestorben sei. Ueberdies habe das Glockenspiel von St. Marien zwei Stunden lang Sterbelieder gespielt. Endlich sei dies schon längst eingeführte Beerdigen der Leichen in der Stille am Morgen eine Folge der Aufklärung der Zeit, die den Lebenden jede, durch ein feierliches Begräbniß am Tage veranlaßt werdende Erinnerung an den Tod möglichst zu ersparen suche. Bei den frühen Begräbnissen mache man niemals besondere Umstände; es sei die Einfachheit durchaus nichts Ungewöhnliches."

Der Hauptgrund der einfachen Bestattung lag in den schlechten Vermögensverhältnissen des Verblichenen. In seinem Nachlasse fand sich an barem Gelde nichts weiter vor, als eine Anzahl Goldmünzen verschiedener Länder, welche in einer Schieblade des Wäschekastens sorgfältig versteckt waren. Zu den übrigen Sonderbarkeiten des Nachlasses zählten 24 Paar französische Hackenschuhe und einige zwanzig Nagelscheeren.

Wie tief die Kinder den Verlust ihrer theuren Mutter empfanden, geht aus einem Briefe der Tochter Lisette (de Sadet) an eine Freundin hervor. Sie schreibt:

„Gedenkst Du meiner unvergeßlichen, verehrten, heißgeliebten Maman, so vergegenwärtige Dir stets ihre außerordentlichen Eigenschaften, aus jeder Sache das Gute zu ziehen. Mit welchem starken, großen Geist hat sie alle möglichen Prüfungen ertragen! Nie und durch nichts hat sie sich in ihrem Character stören lassen; sie blieb sich immer gleich, wohlthuend, milde, ruhig, besonnen, ja heiter! unermüdet thätig, ihre Würde behauptend unter allen Lagen. Ach, könnten wir ihr nachahmen! stünde ihr Beispiel uns noch lebend vor Augen! Laß uns wenigstens es im Geiste festhalten, auf daß der herzensreiche Einfluß, den diese große Seele ausübte, auch noch nach ihrem Tode kräftig wirke."

Die vier Brüder:

Franz Bernhard (Linie Tesdorpf Roeck), 1784–1865, Weinhändler, später Travenvogt und endlich Zoll- und Accise-Einnehmer in Lübeck,

Johann Hinrich, 1787–1826, Weinhändler in Bordeaux,

Peter Hinrich (Linie Tesdorpf von Schröder), 1793–1859, Weinhändler in Lübeck und

Johann Jacob (Linie Tesdorpf-Hamlin), 1799–1863, Weinhändler in Nörrköping in Schweden.

Sie waren die Söhne des Weinhändlers Peter Hinrich Tesdorpf in der Mengstraße, welcher Rahel Susanna, geborene Schyler, zur Gattin hatte. Der zweite der vier Brüder, Johann Hinrich, siedelte auf Wunsch seines Großvaters Johann Hinrich Schyler im Jahre 1803 nach Bordeaux über, um daselbst in dem großväterlichen Geschäfte den Weinhandel zu erlernen. Im Jahre 1814 wurde er Theilhaber desselben. Die Reisen, welche er für das Geschäft unternahm, führten ihn häufig nach Frankfurt am Main. Daselbst lernte er seine spätere Gattin, Elisabeth Friederike Rüpel, kennen, mit welcher er sich im August des Jahres 1815 verheiratete. Das eheliche Band wurde indessen schon nach wenigen Wochen zerrissen. Aus unbekannten Gründen gab sich die junge Frau selbst den Tod, indem sie sich während eines Besuches in Lübeck in die Trave stürzte. Johann Hinrich erkrankte bald darauf an einem Nervenleiden. Er suchte in der Folge die verschiedensten Heilanstalten auf, ohne die gehoffte, gänzliche Genesung zu finden. Mehrmals war er zur Benutzung der Kur in Warmbrunn in Schlesien.

Dort weilte Maria Caroline Auguste Lessing, die Tochter des Hofraths Friedrich Lessing, eines Neffen Gotthold Ephraim Lessing's. Sie war eine überaus liebreizende Erscheinung. Die nähere Bekanntschaft mit derselben führte Johann Hinrich zum Eingehen eines zweiten Ehebündnisses, welches im Jahre 1819 geschlossen wurde. Demselben entsprossen außer einer Tochter nur ein Sohn, welcher indessen schon im 6. Lebensjahre starb. Johann Hinrich erfreute sich des Glückes der zweiten Ehe nur wenige Jahre. Seine zerrüttete Gesundheit setzte seinem Leben ein frühes Ziel. Er starb am 1. August 1826 zu Bordeaur.

Bald nachdem der Friede mit Frankreich unterzeichnet und die hanseatische Legion aufgelöst worden war, hatte der dritte der vier Brüder, Peter Hinrich (Linie Tesdorpf-von Schröder), die Vaterstadt verlassen und war ebenfalls nach Bordeaur ausgewandert, woselbst sein Bruder Johann Hinrich ihm in seinem Geschäfte (Schröder, Schyler & Co.) eine Anstellung gab. In derselben wurde Peter Hinrich Gelegenheit gegeben, den Weinhandel gründlich kennen zu lernen. Später bereiste er für das Geschäft die nordischen Königreiche und Rußland. Seine äußeren Vorzüge, verbunden mit herzlicher Liebenswürdigkeit und feinem, militärischem Anstande, machten ihn überall zum gern gesehenen Gast in den Familienkreisen der ersten Handelshäuser, welche er in Geschäftsangelegenheiten aufsuchte. Zu Riga's reichsten und angesehensten Kaufleuten gehörte zu damaliger Zeit Theodor Heinrich von Schröder. Peter Hinrich hatte Gelegenheit, häufig im Familienkreise desselben zu verkehren, und die in ihm erwachende Liebe zu der Tochter des Hauses, Henriette Wilhelmine, ließ sein Lebensschifflein alsbald dem Hafen der Ehe zusteuern. Der Erfüllung seines Herzenswunsches stand nur im Wege, daß er noch keine Selbstständigkeit besaß. Im Schröder Schyler'schen Geschäfte war keine Aussicht hierzu vorhanden; dagegen bot sich in seiner Vaterstadt Lübeck eine günstige Gelegenheit, dieselbe zu erlangen. Daselbst betrieb sein Bruder Franz Bernhard ein Weingeschäft. Er hatte dasselbe am 1. Juni 1814 im Verein mit seinem Schwager Harald Camille Hernozant[17²) unter der Firma Tesdorpf & Hernozant gegründet. Die zarte Gesundheit des letzteren, welcher von Geburt Elsässer war und sich an die nordischen Witterungsverhältnisse nicht gewöhnen konnte, hatten denselben im Jahre 1821 veranlaßt, nach Bordeaur auszuwandern, wohin seine Schwiegermutter, Rahel Susanna Tesdorpf, geborene Schyler, bereits Ende 1820 zurückgekehrt war. In der Folge hatte Franz Bernhard das Geschäft für alleinige Rechnung und unter eigenem Namen fortgeführt. Indessen konnte er allein den Anforderungen desselben nicht gerecht werden, und er war daher freudig bereit, seinen rastlos thätigen und vielerfahrenen Bruder Peter Hinrich als Theilhaber aufzunehmen. Das geschah am 1. Juni 1823; fortan hieß das Handelshaus: Gebrüder Tesdorpf. Noch am 24. December desselben Jahres fand die Hochzeit Peter Hinrich's mit Henriette Wilhelmine von Schröder statt. Der Ehe entsprossen 11 Kinder, von denen 9 das erwachsene Alter erreichten. Sein Bruder Franz Bernhard war bereits seit dem 12. September 1815 mit Catharina Marie Caroline, geborene

---

[152] Dem Gatten von Rahel Susanna, geborene Tesdorpf.

Roeck, der Tochter des Inspectors am heiligen Geist-Hospital Joh. Ph. Roeck, verehelicht, welcher Ehe drei Söhne entsprossen waren.

Uneinigkeiten zwischen den beiden Brüdern führten am 30. April 1840 den Austritt Franz Bernhard's aus dem Geschäfte herbei. Derselbe nahm in der Folge eine Anstellung als Travenvogt und später als Zoll- und Accise-Einnehmer am Burgthor an, welche dem gutherzigen, durch gleichmäßig heitere Zufriedenheit bis an sein Lebensende ausgezeichneten Mann ein genügendes Einkommen für sich und seine Familie bot. Sein Bruder Peter Hinrich führte das Geschäft für eigene Rechnung fort. Derselbe bewohnte während der Winterszeit das Geschäftshaus in der Mengstraße 70, im Sommer dagegen ein Landhaus vor dem Burgthor, Roeckstraße 4, woselbst er seiner Liebhaberei für Gartenwirthschaft und bauliche Veränderungen ein volles Genüge that. Die Verwundung im Feldzuge von 1813 zeigte nach vollen 25 Jahren ihre Nachwirkung dadurch, daß sich ein Knochensplitter löste und eine Entzündung hervorrief, welche die Abnahme der großen Zehe nöthig machte. In Folge dessen war er in späteren Jahren mehr oder weniger im Gehen behindert. Dessen ungeachtet pilgerte er jährlich an dem Todestage seines verehrten Führers, des Majors von Arnim, zu dessen Denkmal hinaus, um daselbst einen Kranz niederzulegen. Er betheiligte sich mehrseitig an städtischen Angelegenheiten. Schon 1828 war er Schüttingsältermann. 1832 zum großherzoglich Mecklenburg-Strelitz'schen Consul ernannt, wurde er 1837 zum „Aeltesten" und 1842 zum „wortführenden Aeltesten" der Schonerfahrer-Gesellschaft erwählt. In demselben Jahre war er Aufsichtführender über die Knabenschulen der Armenschulen, später Vorsteher der Spar- und Anleihekasse u. a. m. Er hatte ein warmes Interesse für die Familienangelegenheiten, wie er auch langjähriger Verwalter der Familienstiftungen war. Er starb am 15. Februar 1859. Seine Nachkommen sind im Falle der Hülfsbedürftigkeit berechtigt, eine Unterstützung zu beanspruchen aus der Familienstiftung des Theodor Heinrich von Schröder, welche Stiftung mit einer Summe von 1 Million Rubel begründet ist, deren Zinsen nach Maßgabe, jedoch so vertheilt werden sollen, daß jedes Kind mindestens 500 Rubel erhält. Die Verwaltung der Stiftung hat ihren Sitz in Riga. Dieselbe ist verpflichtet, sich jährlich am 2. Januar zu versammeln und über die Austheilung zu beschließen.

Der jüngste der vier Brüder, Johann Jacob, hatte den Weinhandel in Lübeck erlernt und war dann im Jahre 1825 nach Nörrköping in Schweden ausgewandert, woselbst er eine Anstellung in dem großen Weinhandelgeschäfte Stake Lagerqvist erhielt. Später gründete er daselbst eine eigene Handlung (J. J. Tesdorpf), welche anfangs ein Zweiggeschäft der brüderlichen Firma Gebrüder Tesdorpf in Lübeck war. Er verheirathete sich am 18. Februar 1833 mit Catharina Louise Hamlin, welcher Ehe ein Sohn, Peter Jacob, und vier Töchter entsprossen. Er besaß das reizende Landgut Bogstens, in der Nähe Nörrköpings, woselbst er am 14. November 1863 starb.

Die Brüder:

Friedrich Jacob (Linie Tesdorpf-Rücker), 1781—1862, Kaufmann und Oberalter in Hamburg und

Johann Christoph (Linie Tesdorpf-Meyer), 1785—1857, Landwirth in Holstein.

Sie waren die Söhne des Rathsherrn, bezw. Bürgermeisters Peter Hinrich Tesdorpf in der Aegidienstraße, welcher Maria Margaretha, geborene Bolten, zur Gattin hatte.

Der älteste der beiden Brüder,

Friedrich Jacob,

geboren am 17. November 1781, verdankte der von seiner geistreichen und vielseitig gebildeten Mutter fast allein geleiteten Erziehung eine vielleicht etwas zu reiche Ausbildung des Gemüthes, aber er verdankte eben dieser Erziehung ein vollendetes Gleichgewicht der Seele, welches ihn in keiner Lage des Lebens verließ und welches ihn befähigte, alle die Schicksalsschläge, welche ihn trafen, mit Fassung und Ruhe hinzunehmen und auch noch im Unglück dankbar des vielen Guten zu gedenken, das ihm geblieben. Seine im tiefsten Innern wurzelnde Gottesfurcht war ihm dabei eine kräftige Stütze. Gleich der Mutter huldigte er dem sogenannten Rationalismus; er las die Schriften eines Georg Joachim Zollikofer und Franz Volkmar Reinhard mit Eifer.

Bereits im 15. Lebensjahre wurde er in die Lehre des großen lübeckischen Handelshauses Pauli Söhne gegeben. Nach Beendigung der vierjährigen Lehrzeit siedelte er (im Jahre 1800) nach Hamburg über, woselbst ihm die Verwandten mütterlicherseits, die Bolten, Sillem, Doormann, Bartels u. a. eine herzliche Aufnahme bereiteten. Er fand Anstellung in dem englischen Handelshause Hutchinson und Morewood, einem Geschäfte, welches hauptsächlich den Austausch der Waaren mit dem Mutterlande betrieb. Napoleons Bestrebungen, Englands Handel zu zerstören, brachten dem Geschäft empfindlichen Schaden. Als aber Hamburg am 19. November 1806 von den Franzosen in Besitz genommen und das Verbot, mit England Handel zu treiben, erfolgt war, als schließlich sogar alle von französischen Truppen betroffenen Engländer für Kriegsgefangene erklärt und deren Waaren beschlagnahmt wurden, legten die Herren Hutchinson und Morewood die Leitung ihres Geschäftes in die Hände ihrer treuen Angestellten J. Hagemeister und F. J. Tesdorpf und schifften sich nach England ein, um daselbst besserer Tage zu harren. Aber die Bedrückungen von Seiten der Franzosen währten länger, als man erwartet hatte. Auch nach Jahren war immer noch keine Aussicht auf baldige Aenderung der Verhältnisse zu erblicken. Als nun Friedrich Jacob, welcher sich zu verheirathen beabsichtigte, den Wunsch aussprach, Selbstständigkeit zu erlangen, entschlossen sich die Herren Hutchinson und Morewood auf die Rückkehr nach Hamburg zu verzichten, ließen ihre Besitzthümer veräußern und übergaben das ganze Geschäft den bisherigen Mitarbeitern Hagemeister und Tesdorpf für eigene Rechnung, welche dasselbe unter dieser letzten Namensverbindung fortführten.

Das Jahr 1810 war ein für den Handel wie für Hamburg überhaupt Verderben bringendes. Kaum war das junge Handelshaus in Thätigkeit getreten, als am 12. October die ungeheuerlichen Tarifsätze für die nach den Hansestädten bestimmten Waaren bekannt gemacht wurden. Dieselben legten den Handel vollständig in Fesseln. Inmitten dieser schweren Zeit fand am 18. October 1810 die eheliche Verbindung Friedrich Jacob's mit Dorothea Rücker statt. Sie war die Tochter des Kaufmanns und späteren Oberalten Siegmund Diedrich Rücker.[153] Die zu Ende October zur Ausführung gebrachte Verordnung, welche die Wegnahme und Verbrennung aller englischen Waaren befahl, trotzdem die Kaufmannschaft durch eine hohe Abfindungssumme sich das Eigenthumsrecht ihres Besitzes erkauft hatte, fügte Friedrich Jacob auf's neue beträchtlichen Schaden zu, bis endlich mit der Einverleibung Hamburgs in das französische Kaiserreich (am 20. December 1810) auch der letzte Rest des Handels zu Grunde ging. Eine kurze Zeit des Aufathmens erfolgte, als die aussaugenden Fremdlinge am 12. März 1813 abzogen. Allein sie kehrten schon am 30. Mai wieder, noch beutegieriger, noch schonungsloser als vorher. Nun wurde die friedliebende Stadt befestigt und die Bevölkerung gezwungen, sich für sechs Monate mit Lebensmitteln zu versorgen. Düster sah man in die Zukunft, und als nun in den ersten Tagen des December die Vorhut des verbündeten Heeres wirklich in der nächsten Umgegend Hamburgs erschien, flüchteten die geängsteten Bewohner, welche eine Einschließung oder gar Erstürmung der Stadt befürchteten, in Schaaren zu den Thoren hinaus, um außerhalb der Mauern der Stadt die Tage der Noth und Gefahr zu verbringen. Unter den Fliehenden befand sich auch Friedrich Jacob Tesdorpf mit seiner Gattin und Kind. Er begab sich hinter die Linie der Verbündeten auf das Gut Weeden im Lauenburgischen, welches sein Bruder Johann Christoph (Linie Tesdorpf-Meyer) in Pacht hatte. Daselbst blieb er, bis die Franzosen endlich am 25. Mai 1814 abgezogen waren. Er hatte wohlgethan, Hamburg zu verlassen; denn die Entbehrungen, welche die innerhalb der Mauern Verbliebenen zu erdulden gehabt hatten, waren die denkbar härtesten gewesen.

Nach dem Friedensschluß hob sich der Handel bald wieder zu ansehnlicher Höhe. Doch wenn auch der Umfang des Geschäftes Friedrich Jacob's in der Folge wesentlich zunahm, so fiel doch ein nicht unbeträchtlicher Theil des Verdienten mannigfachen Verlusten an Waaren und an anderen Werthen wieder zum Opfer. Ueberall in seiner Familie mußte er der Hülfespendende sein. Seinem alten Vater half er mit einer größeren Summe Geldes, um ihm das fernere Verbleiben im Rath zu ermöglichen, und auch

---

[153] Siegmund Diedrich Rücker, der „unermüdete Bürger", wie auf der von Rath und Kammer zu seiner 25jährigen Oberalten Feier geschlagenen Denkmünze steht, bekleidete viele öffentliche Aemter. Er wurde 1808 Oberalter, 1814 als einziger der Oberalten von der Bürgerschaft in die Reorganisations-Deputation, 1815 in die Deputation für die Notariats-Ordnung, 1818 in die Deputation für die Organisation des Oberappellations-Gerichtes gewählt u. a. m. Er war verheirathet mit Anna Elisabeth, der Tochter des „edlen" Erbauers der kleinen Michaelskirche Rathsherrn Joachim Caspar Voigt. Buek's Oberalten und Zeitschrift des Vereins für Hbg. Geschichte.

sein Bruder Johann Christoph war nicht im Stande, die Pacht des Gutes Sehlendorf anzutreten, bevor der gute, liebevolle Bruder ihm die nöthige Betriebssumme geliehen hatte, eine Summe, welche niemals zurückgezahlt werden konnte. Trotz solchen schweren Geschickes, trotz solcher trüben Erfahrungen verlor Friedrich Jacob seine gleichmäßige Ruhe, seine heitere Zufriedenheit nicht. Seine Gattin dagegen wurde durch das viele Mißgeschick, welches ihren Gatten traf, erregt und betrübt. Es war ihr nicht entgangen, daß ihm die eigentliche Beanlagung zum Kaufmann fehle. Seine Herzensgüte, sein menschenfreundliches Wesen gegen andere schätzte sie doch, aber sie erkannte auch die Gefahren, welche daraus erwuchsen. Im vollen Bewußtsein des Ernstes ihrer Verhältnisse, verzichtete sie willig auf alle Genüsse des Lebens außerhalb ihres Familienglücks und suchte durch eine verständige Sparsamkeit dasselbe möglichst ungetrübt aufrecht zu erhalten.

Eine Wendung zum Besseren trat erst ein, als der älteste Sohn, Adolf (der spätere hamburgische Rathsherr), im Jahre 1834 aus England heimkehrte. Nunmehr zog sich der alte Hagemeister vom Geschäfte zurück und der junge, unermüdlich thätige Adolf trat an seine Stelle. Der Name des Handelshauses wurde in F. J. Tesdorpf und Sohn umgeändert Inzwischen fiel Friedrich Jacob eine nicht unbeträchtliche Summe Geldes aus der Erbmasse des Oberalten Rücker zu, welche der neuen Firma eine sichere Grundlage gab. Friedrich Jacob, die Fähigkeiten seines Sohnes erkennend, überließ diesem mehr und mehr die eigentliche Leitung des Geschäftes, während er selbst sich vornehmlich mit der inneren Beaufsichtigung begnügte. Die Grundsätze der strengen Ehrenhaftigkeit und des unermüdlichsten Fleißes trugen mit den Jahren gute Früchte, und es gelang den vereinten Kräften, das Handelshaus zu einem der bedeutendsten Hamburgs zu erheben.

Obwohl Friedrich Jacob nicht in Hamburg geboren war, so nahm er doch lebhaften Antheil an den inneren Angelegenheiten der Stadt. Er war in den verschiedensten Verwaltungszweigen thätig. Im Jahre 1811 wurde er Adjunct, 1814 Subdiaconus, 1816 und 1818 war er Steuerbürger, 1817 an das Waisenhaus gewählt, 1819 an das Niedergericht, 1824 an die Zoll- und Accisen-Deputation, 1828 Diaconus, 1829 Jurat, 1830 an die Feuerkasse und das Krankenhaus, 1847 Oberalter für St. Jacobi und 1851 Leichnamsgeschworener.[185])

Zwischen Friedrich Jacob und seinen Söhnen bestand ein überaus inniges Verhältniß. Mit den in der Ferne weilenden unterhielt er einen regen, brieflichen Verkehr. Um so schmerzlicher traf ihn der Verlust seines hoffnungsvollen Sohnes Alexander, welcher in Manchester in Folge eines

---

[124] Dr. Buek's Oberalten.
[185] Als Oberalter bezog er ein Gehalt von 2000 Rthlr. Species. Das Collegium der Oberalten, welches den vergangenen Einrichtungen der hamburgischen Verfassung angehört, wurde aus dem Collegium der Sechziger der Bürgerschaft im Beisein des Rathes gewählt. Die Oberalten hatten einen theils kirchlichen, theils bürgerlichen Wirkungskreis, so z. B. lag ihnen die Eincassirung und Vertheilung der in der Kirche und von der Currende gesammelten Gelder ob; mit Diaconen und Rath zusammen waren sie die höchste Behörde in kirchlichen Angelegenheiten, auch hatten sie die Klöster und Schulen zu beaufsichtigen. Mit der Zeit waren sie zu selbstständig dastehenden Vertretern der erbgesessenen Bürgerschaft geworden und nahmen als solche an der Gesetzgebung und der Beaufsichtigung über die Aufrechthaltung der Gesetze thätigen Antheil.

Unglücksfalles eines jähen Todes verblich. Rührend schreibt der Vater darüber unter dem 28. Mai 1839 an einen Freund seines Sohnes Edward:

„Bereiten Sie unseren geliebten Edward vor, das Schrecklichste zu erfahren; denn das Kleeblatt der Söhne, die unser Stolz und unsere höchste Freude war — durch deren Besitz der Allgütige uns so unaussprechlich beglückt hatte — es ist durch die Hand des Unerforschlichen, unter welcher wir uns in tiefstem Schmerze aber in Demuth beugen — es ist zerrissen, und nur das Andenken an seine unendliche Liebe und seine Tugenden, deren Inbegriff er war, und die Hoffnung einer dereinstigen Vereinigung mit ihm bleibt uns."

Das Verhältniß der Mutter zu den Söhnen war ein nicht minder herzliches. Der Sohn Adolf rief seiner geliebten Mutter am Sarge nach:

„Das ganze innere und äußere Leben der theuren Dahingeschiedenen war ein aus der reinsten Religiosität entspringendes, seltenes Streben nach treuester Pflichterfüllung. Voll kindlichen Gottvertrauens, voller Demuth und Liebe, dachte und wirkte sie fast nur für andere und gewährte ein schönes Beispiel der aufopfernden Kindes-, Gattin- und Mutterliebe. Mit dem zunehmenden Leiden eines langen und ungewöhnlich schmerzreichen Krankenlagers schien ihre geistige Kraft, ihre Gottergebenheit und ihre Liebe womöglich noch zu wachsen, bis die sanfte Dulderin ihre Seele übergab in die Hände des Gottes, des Heilandes, der ihre Zuversicht im Leben, ihr Trost auf dem Todeslager war." Sie starb am 6. September 1844. 18 Jahre später erlag ihr Gatte Friedrich Jacob den Folgen einer Lungenentzündung. Bis in sein hohes Alter hatte er sich die Zufriedenheit des Gemüthes und einen regen Geist bewahrt. Seinen menschenfreundlichen Sinn bethätigte er auch noch dadurch, daß er in dem Garten der Hackmann'schen Stiftung 21 Freiwohnungen (in zwei Häusern) für Frauen auf seine Kosten errichten ließ.¹⁵⁴)

Fünf Jahre früher war sein Bruder

Johann Christoph (Linie Tesdorpf-Meyer)

zu Itzehoe in Holstein zu Grabe getragen. Derselbe war gleichfalls in der Jugend fast ausschließlich von seiner Mutter unterrichtet worden, hatte später das Gymnasium zu Lübeck besucht, dasselbe aber schon im 15. Lebensjahre verlassen, um sich der Landwirthschaft zu widmen. Er machte die Lehrjahre auf dem Gute Ritzerau bei Nusse in der Nähe Lübecks durch. Später war er Verwalter auf Groß-Thurow bei Ratzeburg. In der Nähe dieses Gutes lag der schöne Hof Behlendorf, Eigenthum eines Amtmannes Böhme, welcher ein großer Lebemann war und den geselligen Verkehr mit der Nachbarschaft hochhielt. Zu seinen häufigen Gästen zählte Johannes Meyer,¹⁵⁵) der reiche Pächter des großen Gutes Culpin, sowie auch dessen Tochter Louise, eine kleine zierliche Erscheinung, welche sich durch ein liebliches, feines Antlitz, anmuthige Bewegungen und übersprudelnde Lebendigkeit auszeichnete. Die schelmischen,

---
¹⁵⁴) „Die milden Privatstiftungen in Hamburg" Seite 51.
¹⁵⁵) Sein Vater war Peter Hinrich Meyer, königl. preußischer Amtmann zu Eldenburg, Rgbz. Potsdam.

grau-blauen Augen strahlten Lebenslust. Ihre Mutter war bei der Geburt dieses, ihres einzigen Kindes gestorben. Sie hatte auf dem Sterbebette ihrem geliebten Gatten das Kleinod in den Arm gelegt und ihn herzinniglich gebeten, dasselbe mit sorgsamer Hand zu behüten und zu beschützen, ihm die fehlende Mutter zu ersetzen, und seit der Zeit kannte der schwergeprüfte Mann keine andere Sorge als die, den letzten Wunsch seiner heißgeliebten Gattin zu erfüllen und das Lebensglück seines einzigen Kindes zu sichern, zu fördern.[187] Die Jugenderziehung vertraute er den Händen einer alten Französin an, Demoiselle Jeannette Locher, welche es verstand, Herz und Gemüth des Kindes zu entwickeln. Die letzte Weihe sollte die Erziehung erhalten durch einen mehrjährigen Aufenthalt im Hause des Predigers J. H. B. Dräseke zu St. Georg bei Ratzeburg, einem geistig hochbedeutenden, sorgsamen Manne. Derselbe vermochte indessen nicht, den kleinen, lebenslustigen Wildling auf die Bahnen der Gründlichkeit und des tugendsamen Ernstes zu lenken, und Louischen verließ sein Haus, ohne die Weihe empfangen zu haben, welche er gewünscht hatte; die ernsten Ermahnungen, welche er ihr als Wegweiser für's Leben in das Stammbuch schrieb, zierte sie mit Frage-, Ausrufungszeichen und Gedankenstrichen aus. — Zu Anfang des Jahres 1806 kehrte sie in das väterliche Haus zu Culpin zurück. Die ausgelassene Lebendigkeit und Offenherzigkeit ihres Wesens machte sie bald zum allgemeinen Liebling. Der Vater liebte seine kleine Louise, das Ebenbild der Mutter, über die Maßen; sie konnte thun und lassen, was sie wollte und wurde verwöhnt, wie nur das einzige Kind eines reichen Mannes verwöhnt werden kann. Dennoch verlor sie ihr liebenswürdiges, anspruchsloses Wesen nicht, wie die Ergüsse der Liebe und Freundschaft, welche ihre Freundinnen in Briefen und auf Stammbuchblätter niederschrieben, beweisen.[187a] Sie alle preisen die Zeit des Zusammenseins mit ihr als die schönste Zeit ihres Lebens: „Unsere kleine, liebe Louise, die so manchen tollen Streich ausführte," heißt es wieder und wieder. Es ging hoch her auf Culpin. Die hohen Herren der Nachbarschaft verkehrten dort häufig, und fuhr man über Land, so war es immer in prächtigem Viergespann. Der herrliche Friede des Landlebens wurde zuerst durch die Ereignisse des November 1806 gestört. Die Kriegsfurie wälzte sich auch über Culpin. Das Gut wurde von den an- und abziehenden Feindesmassen mehrmals heimgesucht und am Viehstande wie auch an den Getreidevorräthen schwer geschädigt. Als Lübeck dann erstürmt worden war, und die unglückliche Stadt und ihre Umgebung eine übergroße Zahl von Truppen beherbergen und ernähren mußte, wurde auch Culpin mit einer starken Besatzung belegt. Auf dem schönen Gute gefiel es den Herren Franzosen vortrefflich, und sie verließen dasselbe nur ungern, obwohl der reiche Pächter Johannes Meyer, welchem als geborenem Preußen ein angestammter Franzosenhaß innewohnte, aus seiner Trauer über den Niedergang der deutschen Sache kein Hehl machte und sich sehr zurückhaltend bezeigte. Indessen seine lustige, lebensfrohe kleine Tochter, welche damals erst 15 Jahre zählte, fand ein

---

[187] Er war ein sehr frommer Mann, welcher es liebte seinen Gott und Schöpfer in Versen zu preisen.
[187a] Zu ihren treuen Freundinnen zählte u. a. auch die bekannte Schriftstellerin Emma Amalie Schoppe, geborene Weise.

großes Gefallen an den schöngekleideten, stattlichen, französischen Offizieren, welche gegen sie wie auch gegen die alte Demoiselle Lochet ein besonders liebenswürdiges Benehmen zur Schau trugen. Einer dieser Messieurs hatte schließlich sogar die Kühnheit, um Louisens Herz und Hand zu werben. Jedoch der alte Vater verstand den Spaß gar übel; er gab dem fremden Herrn eine derbe Zurechtweisung und sperrte seine tiefbekümmerte Tochter zur Besinnung in ein abgelegenes Zimmer, bis die Franzosen abgezogen waren. Schon damals trug Johann Christoph eine stille Neigung zu ihr im Herzen. Ihr Vater schätzte den jungen Mann hoch, dessen ernstes, biederes Wesen ihm wohlgefiel, und dessen rührige Thätigkeit und Tüchtigkeit als Landwirth er anerkannte. Gerade einen solchen Mann wünschte er sich als Schwiegersohn; an der Seite eines solchen Mannes glaubte er seine allzu leichtlebige Tochter vor allen Gefahren gesichert, und als Johann Christoph ihn um Fürsprache bei derselben bat, nahm er den jungen Mann mit offenen Armen auf. Aber seine Tochter wies die Werbung zurück und war nicht zur Umkehr zu bewegen Inzwischen gab Johannes Meyer dem Zurückgewiesenen dadurch seine Hochachtung zu erkennen, daß er ihn zum Verwalter des Gutes Weeden (in der Nähe Culpins) machte, welches Gut er im Sommer 1806 für einen theuren Preis erstanden hatte. Jahre gingen über's Land. Noch immer trug Johann Christoph die Liebe zu dem ihm in jeder Hinsicht ungleichen, aber lieblichen Mädchen im Herzen. Ein Zufall führte Vater und Tochter nach Lübeck, während sich Johann Christoph zum Besuche seiner Eltern in der Stadt aufhielt. Mehrmals trafen sie sich daselbst in gesellschaftlichem Kreise, und der glühend verliebte, junge Mann wagte eine neue Vorfrage. Er erreichte das, was er als höchstes Lebensglück betrachtete, ihr bindendes Jawort, aber sie gab es ihm auch jetzt noch, mehr der Vernunft und dem Zureden ihres Vaters gehorchend, als der Stimme ihres Herzens. Am 10. März des Jahres 1809 fand die Hochzeit statt. Das junge Paar zog bald darauf auf das Gute Weeden ein, welches Johann Christoph nunmehr in Pacht erhalten hatte. Dasselbe war ein herrlicher Landsitz. Um das große, stattliche Wohnhaus, welches in allen Räumen ausgebaut und schön ausgestattet war, lagerte sich der weite Gutshof, während sich an die Rückseite ein großer Park anschloß, welcher in einen ausgedehnten Tannenwald überging. Die verwöhnte, kleine Frau gefiel sich hier recht wohl und that ihr Bestes, ihren ernsten, strebsamen Gatten, der sie mit aufopfernder Liebe behandelte und behütete, zu beglücken.

In Erinnerung an einen Aufenthalt daselbst zu dieser Zeit schreibt eine Freundin in Louisens Stammbuch: „Gedenk ich dein, du stilles, freundliches Weeden, mit deinem vertraulichen Schatten, deinen reizenden Blumenparthien, deinem fröhlichen Leben voll wilder Freiheit, wo überall die Liebe und Freude ihre unsichtbaren Arme ausstreckte, um mich Glückliche zu umfangen, o Wohnung des Glücks, der Freude, der Liebe, des Friedens, gedenk ich deiner, wie ergreift mich da Sehnsucht nach dir, wie möcht' ich so gern noch einmal unter deinem Dache ruh'n!"

Wiederum waren es die wüsten Horden der Franzosen, welche das Glück dieses ländlichen Friedens zerstörten. Gleich Heuschreckenschwärmen

ergossen sie sich in den Jahren 1811—13 über das Land, alles plündernd,
alles raubend, was sie vorfanden. Johann Christoph büßte sämmtliches
Vieh und seine ganze Ernte ein, und als er nichts mehr besaß, riß man
ihm das Zeug vom Leibe und mißhandelte ihn. Aber seinem armen
Schwiegervater Johannes Meyer auf Culpin erging es noch weit schlimmer.
Dessen französenfeindliche Gesinnung war ruchbar geworden, und man strafte
ihn nun nicht allein durch gänzliches Ausplündern seines Besitzes, sondern
man legte ihm auch noch die Zahlung unerschwinglicher Summen auf und
drohte ihn zu erschießen, als dieselben nicht sofort bezahlt werden konnten.
Johannes Meyer wurde in dieser Zeit aus einem reichen zu einem armen
Manne; er mußte Culpin verlassen, Weeden verkaufen und sich auf eine
kleine Pachtung, Stresow in der Priegnitz, zurückziehen, woselbst er mehr
und mehr verarmte. Johann Christoph sah sich aller Mittel zur Uebernahme einer neuen Pachtung beraubt. Er mußte in der Folge, als er im
Sommer 1816 Weeden verlassen hatte, vorläufig erwerblos mit seiner Familie
nach Stockelsdorf bei Lübeck übersiedeln. Von dort aus reiste er Umschau
nach einer neuen Pachtung. Er fand eine solche erst nach zwei Jahren,
nachdem sein liebevoller Bruder Friedrich Jacob ihm die erforderlichen
Mittel zur Uebernahme derselben zur Verfügung gestellt hatte, in dem
schönen Gute Sehlendorf bei Lütjenburg, welches dem Grafen von Platen
Hallermünd-Weißenhaus gehörte. Mit den schönsten Hoffnungen zog
Johann Christoph daselbst ein; allein unvorhergesehene Veränderungen
in der Landwirthschaft fügten ihm wie allen Landwirthen Deutschlands
in den Jahren 1818—1823 unermeßlichen Schaden zu. Durch die damals
neuerfundene Mergelung der Aecker wurden in den genannten Jahren so
bedeutende Ernten erzielt, daß das Getreide sich zusehends entwerthete, ja
vielfach überhaupt nicht zu verwerthen war. Es galt die Tonne Hafer
28 ß Crt., die Tonne Weizen zwei Rthlr. Johann Christoph vermochte
nicht, solche Zeiten zu überstehen; er mußte sich mit dem Grafen von
Platen abfinden und Sehlendorf verlassen. Von allen Mitteln entblößt,
außer Stande, seinem geliebten, treuen Bruder die geliehene Summe, deren
derselbe selbst sehr bedurfte, zurückzuzahlen, entschloß sich Johann Christoph,
eine kleine Pachtung in schlechtester Gegend zu übernehmen, bei welcher
keine Aussicht vorhanden war, mehr als das für ein äußerst bescheidenes
Leben Erforderliche zu erarbeiten. Es war dies der Hof Bücken bei
Itzehoe, ein kleiner Heidehof, welcher zu der Grafschaft Breitenburg gehört. Im Mai 1823 fand der Umzug von Sehlendorf nach Bücken statt.
Während Johann Christoph mit schwerem Herzen und dem Bewußtsein,
daß es harte Arbeit und wenig Freude geben werde, das neue Heim betrat,
begrüßten seine Kinder jubelnd die braune Heide mit den maigrünen
Moorstellen, den vereinzelten Tannenholzungen und dem aus der wüsten
Umgebung freundlich herausleuchtenden Bücken, und seine Gattin, um
welche er sich bei dem jähen Wechsel ernstlich besorgt hatte, bewies ihr
allezeit zufriedenes, lebensfrohes Gemüth auch in diesen veränderten Verhältnissen. Sie entsagte allen Ansprüchen, freute sich der Gegenwart und
genoß den Augenblick, wie er sich ihr bot. Von dem Ernst des Lebens,
welcher ihren Gatten fast darniederdrückte, empfand sie nichts. Sie war

nicht gewohnt, eine sparsame, haushälterische Frau zu sein, und so sehr sie
sich auch bemühte, eine solche zu werden, ihrem ehrenwerthen Gatten eine
Stütze zu sein, sie brachte es nicht fertig; immer wieder riß sie die Lebens
lust hin und ließ sie ihre sorgenvollen Verhältnisse völlig vergessen. Eine
Lebensbedingung für sie war geselliger Verkehr, und so wenig auch das
entlegene, einsame Bücken dazu geeignet schien, sie verstand es doch, innerhalb weniger Jahre sich daselbst einen ausgedehnten geselligen Kreis zu
schaffen, wie er anspruchsloser, herzlicher und heiterer nicht gedacht werden
kann. Daß aber dieser Verkehr auch in seiner Einfachheit mit beträchtlichen Kosten verknüpft war, welche nicht im Gleichgewicht zu der traurigen
Vermögenslage standen, achtete sie nicht, und die Klagen, welche ihr gewissenhafter Gatte wieder und immer wieder aussprach, wenn sie ihm
unerwarteter Weise das Haus voller Gäste geladen hatte, verhallten unge-
hört. Indessen war Johann Christoph selbst ein großer Freund des traulichen
Verkehrs, wie ihn seine kleine Louise zu schaffen verstand, und war
er erst unter den Gästen, so vergaß er die drückenden Sorgen und war
der Vergnügtesten einer.

Bücken, in der Nähe des jetzigen Artillerielagers in der Lockstedter
Heide gelegen, hatte nur einen Bestand von acht Pferden und 50 Kühen.
Das Wohnhaus mit hohem, strohbedecktem Dach glich im Aeußern einem
gewöhnlichen Landhause, aber im Innern war es vollständig durchgebaut,
geräumig und wohnlich. Eine lange Diele trennte die Zimmer in zwei
Reihen. In den Wohnräumen sah es sehr behaglich aus. Das Besuchs-
zimmer zierte außer dem großen, blankpolierten Sopha mit Pferdehaar-
bezug und dem großen, runden Mahagonitisch ein breites Tafelklavier,
dessen andauernde Verstimmung die muntere Hausfrau nicht abhielt, demselben die lustigsten Tanzweisen zu entlocken. In diesem Zimmer stand
auch der mit kunstvoll ausgelegter Platte gezierte Spieltisch, an welchem
in den langen Winterabenden stundenlang ein aufregendes Whist oder
Boston gespielt wurde. Eng um das Haus herum entfalteten junge
Lindenbäume ihr frisches Grün. Sie gaben dem Lieblingssitz der Familie
vor der Hausthür genügenden Schatten. Dort wurde nach dem Mittagmahl der Kaffee gereicht und der frohen Stimmung freier Lauf gelassen.
Von diesem Platze aus übersah man den ganzen, geräumigen Gutshof,
sowie den Teich zur Seite des Hauses, auf welchem sich die Enten tummel-
ten und die daranstoßende, frischgrüne Bleicherwiese mit der alten blitz-
gehöhlten Esche bis weit hinaus über die braune, im Sonnenglanz
flimmernde Heide zu den fernen Waldungen, welche in blauem Schimmer
den Sehkreis umgrenzten. Zur anderen Seite öffnete sich ein lieblicher Blick
in den fruchtbaren Obst- und Gemüsegarten, dessen buschige, lauschige Wege
manch' verborgenes Plätzchen boten für die zarten Geständnisse der schüch-
ternen Liebe. Die übrigen Seiten des Hofes umschlossen das Landhaus,
die Scheunen, Backhaus, Hühnerhof und Schafstall. Etwas weiter ab
lagen die einträglichen Karpfenteiche.

Der kleine Fleck grüner, fruchtbarer Erde, auf welchem der Hof lag,
glich einer Oase inmitten der Wüste. Dürre Heide ringsum, Heide überall
da, wo des Pfluges Schaufel den Boden nicht kehrte. Es war eine mühe-

volle, undankbare Arbeit, den Boden zu bebauen; das Urbarmachen neuer
Flächen aber erforderte fast übergroße Anstrengungen. Dennoch entriß
der nimmer rastende Mann der Heide alljährlich größere Flächen Landes
und schuf sie in mäßig fruchtbare Aecker um. Aber das Unglück heftete
sich an seine Arbeit. Dürre und Nässe stellten oftmals die Ernte gänzlich
in Frage; Hagelschlag und Unwetter vernichteten die schönsten Hoffnungen,
und Krankheiten unter dem Vieh brachten unersetzliche Verluste.¹⁵³) Dies
alles suchte er durch unermüdliche Arbeit und Ausdauer auszugleichen.
Er war der Erste am Morgen im Stall, der Letzte am Abend auf dem
Felde. Ueberall legte er selbst mit Hand an. Er pflügte und säete selbst
wie der gemeinste Knecht. Gegen seine Leute war er strenge wie gegen
sich selbst, aber gerecht, und nichts konnte ihn mehr verdrießen, als wenn
seine oftmals achtlose, kleine Frau denselben nicht immer ganz und voll
das gab, was ihnen gebührte. Ihr Geist war meist mit anderem beschäftigt, als mit den Pflichten in Küche und Keller. Die überließ sie
möglichst ganz der Haushälterin, während sie sich mehr oder weniger ausschließlich dem Verkehr mit den vielen Hausfreunden widmete, welche aus-
und eingingen. Selbst für die Erziehung ihrer Kinder hatte sie nur wenig
Zeit übrig, und dieselben wurden meist der Obhut des Hauslehrers überlassen, ungeachtet sie an ihren Kindern mit der rührendsten Liebe hing.
Von nah und fern war ihr alles herzlich willkommen, was nur irgend
Hang zu gemüthlicher, lustiger Geselligkeit hatte.¹⁵⁴) Keiner schied, der
nicht mit Sehnsucht nach baldiger Wiederkehr erfüllt war. Oftmals hatte
die Kleine, zum Einladen immer bereite Frau so viele Gäste zusammen-
geladen, daß sie selbst die Zahl der erwarteten nicht mehr wußte, und
die ganze Familie wie sie selbst in Angst und Sorge gerieth, wenn immer
noch mehr Eingeladene eintrafen, obwohl das Haus schon längst gefüllt
war. Dann reichte auch das eigene Tischgeräth nicht mehr aus, und man
mußte den nahen Lohmüller um leihweise Aushülfe bitten. In solchem
Gewühle von Gästen fühlte sich Louischen aber erst recht wohl; da zeigte
sie sich überall als die liebenswürdige, lustige Wirthin, deren einzige Sorge
war, ihre Gäste zu erheitern. Dazu trug schon an und für sich ihre übersprudelnde Lebhaftigkeit ein Wesentliches bei. Aus dieser Lebhaftigkeit,
welche mit häufiger, kurzer Zerstreutheit gepaart war, gingen die scherz-
haftesten Auftritte hervor; aber sie ließ gern über sich lachen und erfreute
ihre Gäste immer wieder durch drollige Einfälle.

So gingen die Jahre im Wechsel von Sorge und Vergnügen hin.
Johann Christoph wurde alt und sehnte sich nach Ruhe. Es wurde ihm

---

¹⁵³) In einem Sommer starben 400 Schafe an der Drehkrankheit. Die ganze Ernte des Jahres 1839, welche als eine reichliche galt, betrug nicht mehr als 90 Fuder Heu, 115 Fuder Roggen, 200 Fuder Hafer, 70 Fuder Erbsen und 20 Fuder Buchweizen. Die Pachtsumme des Hofes betrug 1600 Rthlr. Crt.

¹⁵⁴) Zu den beliebtesten Gästen des Hauses zählte der damalige Rittmeister Charles von Torp, vom königl. dänischen Leibregiment leichter Dragoner zu Ingehoe. Seine älteste Tochter Freya Adolphine Caroline wurde später die Gattin von Johann Christophs viertem Sohne Theodor Ferdinand, geboren 1816, Kaufmann zu Hamburg. Am 27. August 1869 brachte die National Tidende folgenden Nachruf: Der Generalmajor Carl von Torp ist am Mittwoch plötzlich im 71. Lebensjahre verstorben. Er war seiner Zeit einer der angesehensten und tüchtigsten Offiziere der dänischen Cavallerie. 1848, als er mit seiner Schwadron in Ingehoe lag, weigerte er sich der provisorischen Regierung den Eid abzulegen und wurde deshalb bis zum Waffenstillstand gefangen gehalten. 1849 nahm er als Chef der zweiten Cavallerie-Division am Gefecht bei Kolding und an der Schlacht bei Friedericia, und 1850 als Chef des Garde-Husaren-Regiments an der Schlacht bei Idstedt mit besonderer Auszeichnung Theil. Im Jahre 1853 nahm er seinen Abschied. Er war Ritter hoher Orden.

mit den Jahren immer schwieriger, sich mit seinen Leuten zu stellen und in die veränderten Verhältnisse der Landwirthschaft hineinzufinden. Fast 30 Jahre hatte er Bücken in Pacht. Daß es ihm in dieser langen Zeit auf dem kleinen Hof immer noch gelungen war, allen Anforderungen gerecht zu werden, verdankte er einzig und allein seiner unermüdlichen Thätigkeit, Sparsamkeit und Tüchtigkeit. Mittlerweile waren seine Kinder erwachsen und verheirathet, seine Söhne zu strebsamen, tüchtigen Männern geworden, und sie thaten, was in ihren Kräften stand, den Lebensabend ihres ehrenwerthen, lieben Vaters freudvoll zu gestalten. Auch sein treuer, liebevoller Bruder Friedrich Jacob that das Seinige, indem er ihn von der drückenden Sorge betreffs Rückzahlung der s. Z. geliehenen Summe dadurch befreite, daß er ihm dieselbe schenkte. Bald darauf verließ Johann Christoph (im Jahre 1852) Bücken und zog mit seiner Gattin nach Itzehoe. Daselbst lebte er in bescheidenen Verhältnissen während der letzten Jahre in einem Hause mit schönem Garten, welches ihm die Söhne geschenkt hatten. Mit dem zunehmenden Alter stumpfte Johann Christoph mehr und mehr an Geist und Körper ab. Er fand am 15. October 1857 ein jähes Ende durch Gebrauch eines falschen Arzneimittels, welches einen Gedärmbruch hervorrief. Seine Gattin erfreute sich noch vieler Jahre der rüstigsten Gesundheit, geliebt und verehrt von einer großen Zahl treuer Freundinnen und Bekannten, mit denen sie einen lebhaften, geselligen Verkehr unterhielt, und in herzlichem, brieflichen Verkehr mit ihren Kindern und zahlreichen Enkelkindern, denen sie mit zärtlicher Liebe zugethan war. Bis an ihr Lebensende bewahrte sie sich ein zufriedenes, heiteres Gemüth. Sie entschlief sanft am 15. April 1872 nach kurzem Krankenlager und wurde, von einem zahlreichen Gefolge zu Grabe geleitet, auf dem Kirchhof zu Itzehoe zur Seite ihres Gatten bestattet.

Vierter Theil.

Kurze Mittheilungen über die weitere Nachfolge in den fünf Linien bis auf die Gegenwart

I. Linie Tesdorpf-Roeck.

Der Ehe des Franz Bernhard Tesdorpf, 1784—1865, mit Catharina Maria Caroline, geborene Roeck, entsprossen drei Söhne;

1. **Franz Hinrich**, geboren in Lübeck am 27. Juli 1816. Er erlernte den Weinhandel in Lübeck, fand später Anstellung in dem Geschäfte seines Onkels Johann Jacob Tesdorpf (Linie Tesdorpf-Hamlin) zu Nörr-Köping in Schweden, gründete 1844 in Gefle ein eigenes Geschäft, kehrte 1850 nach Nörrköping zurück und betrieb daselbst bis zum Jahre 1874 ein Weinhandelsgeschäft unter eigenem Namen. In letzterem Jahre wurde er zum Geschäftsführer der „Nörrköpinger Ausschenkungs-Gesellschaft" (eine Actiengesellschaft, welche die Befugniß des Branntwein-verkaufs ausnutzt) erwählt. In dieser Stellung verblieb er bis an sein Lebensende. Er starb am 27. Juli 1880. Am 31. October 1850 hatte er sich mit Christina Lowisea Wigert verehelicht. Der Ehe entsprossen eine Tochter und zwei Söhne. Der ältere der letzteren:

    a) **Franz Hermann** wurde geboren zu Nörrköping am 11. Juli 1853. Er erlernte den Handel daselbst, wurde 1869 in der scandinavischen Credit-Actiengesellschaft zu Nörrköping angestellt, verzog später nach Göteborg, war dort als Buchhalter und später als Kassenführer der Rosenlunds Spinnerei-Actiengesellschaft thätig und kehrte 1880 wiederum nach Nörrköping zurück, woselbst er die Stelle eines Kassenführers der Actiengesellschaft „Gripen" einnimmt. Im Jahre 1883 verheirathete er sich zu Nörrköping mit Magdalena Lindström, Tochter des königlichen Kämmerers Edward Lindström und Frau, geborene Hök. Sein Bruder:

    b) **John Jacob** wurde am 2. Juli 1867 zu Nörrköping geboren. Er besuchte die Schule daselbst. J. J. bereitet er sich für den Besuch der Hochschule vor.

2. **Peter Hinrich** wurde am 27. Juli 1818 zu Lübeck geboren, erlernte daselbst den Handel, fand später Anstellung im Geschäfte der Herren Georg Blohm & Cie. in La Guayra, Venezuela. Daselbst verheirathete er sich mit Lasthenia Perez-Bonaldo, der schönen, liebenswürdigen und

geistvollen Tochter des Secretärs an der Landeskammer zu Caracas, Juan Antonio Perez. Der Ehe entsprossen acht Kinder, welche im Glauben der Mutter katholisch erzogen wurden. Peter Hinrich (Heinrich genannt) war nur von zarter Gesundheit. Dieselbe verschlechterte sich mit den Jahren so sehr, daß er sich gezwungen sah, seine einträgliche Anstellung aufzugeben und nach Europa zurückzukehren. Im Jahre 1864 traf er mit seiner zahlreichen Familie in Hamburg ein. Seine Lage war eine ernste; aber sein treuer Freund Georg Blohm in Lübeck nahm sich seiner auch hier an. Derselbe gab ihm eine Anstellung als Vertreter seines Geschäftshauses in Hamburg und sorgte für ihn und die Seinen mit aufopfernder Hingebung, besonders auch, als bei Peter Hinrich mehr und mehr die Anzeichen einer beginnenden Gehirnerweichung hervortraten. Am 9. September 1865 endete ein sanfter Tod seine Leiden. Die Wittwe kehrte nach La Guayra zurück, woselbst sie am 2. August 1879 starb. Ihre Kinder beließ sie in Deutschland behufs Erziehung und Ausbildung. Die Söhne kehrten, nachdem sie in Deutschland den Handel erlernt hatten, ebenfalls wieder nach Venezuela zurück.

3. **Hermann Matthäus** wurde am 23. März 1823 in Lübeck geboren und daselbst erzogen. Am 16. April 1840 trat er als Lehrling in das Handelshaus Wwe. Minlos in Lübeck, wurde 1845 Buchhalter im Geschäfte des Herrn C. M. Sommer in Altona, schiffte sich 1847 von Hamburg über Lissabon nach Rio de Janeiro ein, woselbst er etwa vier Jahre später Theilhaber des Kaffeehandelshauses Klauser, Ribero & Cie. wurde. In Angelegenheiten seines Geschäftes kehrte er 1854 nach Europa zurück, verlobte sich am 25. Juni 1855 mit Louise Oppenheimer, der Tochter des Oberappellationsgerichtsrathes Dr. jur. Georg F. Ludwig Oppenheimer[1]) in Lübeck und heirathete dieselbe am 9. October 1855. Sieben Monate später entführte der Dampfer „Tay" von Southampton aus das junge Ehepaar nach Rio de Janeiro. Die Ungunst der Zeiten verursachte am 10. September 1862 die Stockung des Handelshauses Ribero, Tesdorpf & Cie. In der Folge nahm Hermann Matthäus am 1. Januar 1863 eine Anstellung als Buchhalter in dem Geschäfte der Herren Pacheco & Gill an. Im folgenden Jahre gründete er daneben noch für eigene Rechnung ein Droguengeschäft, welches den Namen Hermann Tesdorpf führte. Die angestrengte, zweifache Thätigkeit, welcher nur durch unermüdliches, bis über die Mächte sich erstreckendes Arbeiten Genüge gethan werden konnte, zerrüttete mit der Zeit seine Nerven und wurde Ursache seines Todes. Er starb am 13. Februar 1868 im Hotel Bennet in Tijuca und wurde begraben auf dem Cimeterio Ponta de Caju. Die Wittwe kehrte nach Europa zurück, lebte mehrere Jahre in Jena und ließ sich später in Lübeck nieder. Sie zeichnete sich mehrfach als Schriftstellerin aus (unter dem Namen Gabriel Strand). Es

---

[1]) Geboren zu Hamburg 15. November 1805. Er erwarb sich in seiner Thätigkeit daselbst als Rechtsanwalt eine bedeutende Rundschaft, verheirathete sich 1833 mit Johanna Buchholz aus Lübeck, der Tochter des Syndicus Carl August Buchholz und seiner Ehefrau Louise Eleonore Catharina, geborene Tesdorpf (Base von Hermann Matthäus). 1842 wurde er zum Oberappellationsgerichtsrath in Lübeck ernannt legte 1853 das Amt nieder und lebte bis zu seinem Tode im Jahre 1885 daselbst. Er that sich durch mehrere rechtswissenschaftliche Schriften hervor.

erschienen von ihr u. a. im Jahre 1880 die Novelle „Mimose" und der Roman „Atalanta", letzterer mit einem Vorwort von Emanuel Geibel (im hamburgischen Correspondenten abgedruckt, letzterer auch in der Collection Spemann), 1881 im IX. Jahrgang der Zeitschrift „Die Erziehung der Gegenwart" der Aufsatz: „Die Phantasie in der Erziehung", welcher vom Dresdener Erziehungsverein mit einem freiwilligen Preise ausgezeichnet wurde. 1880 bezw. 1882 erschienen von ihr in der „Allgemeinen Modenzeitung" die Novellen: „Im Schatten von St. Marien" und „Kein Entrinnen"; 1885 im hamburgischen Correspondenten die Novelle: „Adonis" und bei Max Schmidt in Lübeck: „Hadrian", eine Tragödie in fünf Aufzügen u. a. m. Von ihren sieben Kindern erreichten nur drei Söhne das erwachsene Alter:

a) **Franz Ludwig**, geboren am 29. Juli 1856 in Rio de Janeiro, weilte von 1861—1868 in der Erziehungsanstalt Schnepfenthal in Sachsen Coburg Gotha, besuchte 1868—1872 die Realschule in Jena, kam darauf zur Erlernung der Präcisions-Mechanik in die Lehre zu Carl Zeiß, war von 1876—1879 ausübend thätig in Freiburg in Sachsen und in Berlin, besuchte vom November 1879 bis April 1881 das Polytechnikum zu Karlsruhe und wurde im Mai 1881 Geschäftsführer des mathematisch-mechanischen Instituts Gebrüder Zimmer in Stuttgart, welches Geschäft er im Juli 1882 für eigene Rechnung übernahm. Im Jahre 1883 verheirathete er sich mit Dorette Helene Haas, der Tochter des Professors Theodor Haas in Stuttgart. Der Ehe entsprossen zwei Söhne: **Ludwig Hermann Theodor**, geboren 15. Mai 1884 und **Paul Hermann Ernst**, geboren den 24. August 1885.

b) **Paul Hermann**, Dr. medic. in München, dessen eigene Schilderung seines Lebens hier eingefügt sei:

(Geschrieben München, August 1885.)

„Wie wir im fremden Lande, in fremder Stadt über die Straße gehen und von Menschen und Dingen, die uns begegnen, nur weniges kennen, weniges verstehen, so kann es uns im eigenen Leben ergehen, wenn wir im fremden Lande geboren sind und auch in dem Lande, das uns zur Heimat wurde, auch unter den Menschen, die uns zu Mitmenschen wurden, uns einsam fühlen.

Ich bin aus Rio de Janeiro und jetzt Deutscher; ich war Protestant und bin confessionslos; ich studierte Medicin und treibe Mathematik.

Ich wurde am 23. März 1858 nicht weit von der Stätte geboren, wo mein Vater zehn Jahre später seinem Leben und Leiden ein Ende machte. Er war Kaufmann, und es war sein Beruf wohl, der den Grund zu der Verzweiflung seines Lebensendes gelegt hat. Ich selbst weilte, als er starb, schon in Deutschland. Meine Eltern hatten, um meine Erziehung besorgt, mich mit dem neunten Jahre dorthin gegeben und der durch körperliche wie geistige Pflege gleich ausgezeichneten Anstalt Schnepfenthal anvertraut. Ich denke mit Dankbarkeit an die zwei Jahre zurück, die ich dort harmlos verlebte. Der Sinn für die Natur, der von meinem Vater in mir geweckt, durch die Tropenwelt, in der ich aufwuchs, und das Weltmeer, das ich durchfuhr, genährt war, wurde in jenem in Thüringens Bergen gelegenen Asyle weiter gepflegt und bildet noch jetzt den Hauptinhalt meines Lebens. Als mein Vater gestorben war, kam meine Mutter in seine und ihre eigene Heimat, nach Deutschland, und ich kehrte, zusammen mit meinem älteren Bruder, der allein bis dahin mein Leben geteilt hatte, heim in mein Mutterhaus.

Wir waren drei Brüder und dies, sowie der rege Geist meiner Mutter, und daß sie Jena zu unserem Aufenthalt wählte, machte möglich, daß wir das Trübe vergaßen, dem wir unser Zusammensein dankten. Mein guter Vater! Er war es im Grunde, der in mir lebte. Die Sammlungen, die er auf seinen Reisen aus den verschiedensten Ländern zusammengetragen, förderten mein Interesse an der Natur. Die Familienerinnerungen, die er pietätvoll gesammelt und aufbewahrt hatte, weckten in mir den Familiensinn und die Sehnsucht nach Lübeck, seiner norddeutschen Heimat, zu deren Wohlstand und Gesittung seine Vorfahren beigetragen. Unsere Mutter nährte die Anregungen, die unser Vater hinterlassen hatte und fügte dazu ihre eigenen: ihren poetischen und geselligen Sinn und die Liebe auch zu ihrer Familie. Die Poesie, die später ihr Beruf ward, war ihr, was anderen die Religion ist und ward so für mich das Seelische meines Lebens. Außer Hause sorgte die Schule und die Stadt selbst mit ihren vielen Erinnerungen und dem geistigen Leben, das überall herrschte, für Anregung. Es kam die französische Kriegszeit, in welcher ich mir der Zugehörigkeit zu Deutschland vollends bewußt ward. Dann folgte im Herbste 1872 die Trennung von Jena und von dem Mutterhause.

Ich war Obertertianer, und da die Schule in Jena nicht weiter ging, überließ meine Mutter mich ihrem Vater in Lübeck, wo ein Gymnasium auch der oberen Klassen bestand. Mein Leben ward mit diesem Umzug ein anderes. Im Hause meines Großvaters waltete ein streng religiöser Sinn, der mir bis dahin fremd gewesen, und in der Schule fehlte der lebendige Geist, wie er in Jena zu Hause war. Trotz des ausgedehnten Familienkreises, der mich von Vater- und Mutterseite in Lübeck umgab, ward ich mehr und mehr abgeschlossen, und in der inneren Einsamkeit, die ich fühlte, steigerte sich meine Liebe zu meinem Vater, von dem ich gleichwohl niemals zu sprechen wagte. Denn im Gegensatz zu dem Wohlstande, der bei meinem Großvater herrschte, hatte mein Vater nur weniges hinterlassen und nicht genug, als daß nicht alles, was ich in Lübeck erhielt, mir von meinem Großvater geworden wäre. Ich fühlte obendrein, daß ich in der Schule nicht vorwärts kam, und da auch die Confirmation mich innerlich leer gelassen, mußte es zum Abschiede kommen. Daß es ein Truggewebe gewesen, durch welches ich meinen Abgang von der Schule herbeiführte, wurde mir erst viele Jahre später klar, als ich auch das Gute hatte erkennen lernen, das mir in Lübeck geworden war. Für Mathematik, Kunst und den Geist der Alten hat mein Großvater meinen Sinn geweckt, und durch seine sittliche Strenge wurde er mir das Vorbild männlicher Tugend. Die zwei Jahre, die ich bei ihm im Hause war, lebte er für meine Erziehung; denn er unterließ sogar die Reisen, die er bis dahin jährlich gemacht hatte, und die ihm seit seinem Rücktritt als Oberappellationsgerichtsrath zum Bedürfnisse geworden waren. An seiner Seite waltete seine Lieblingstochter, die unvermählt geblieben war und warme Freude daran fand, an mir Mutterpflichten zu üben.

Es war ein herber Schmerz, als mein Großvater im September 1874 mich meiner Mutter zurückgab. Diese entschied für das Gymnasium in Eisenach. Es war eine glückliche Wahl, aus der ich noch jetzt die Einsicht meiner Mutter erkenne. Im Hause eines der wackersten Männer, des mir unvergeßlichen Lehrers Stauch und in der Schule unter Leitung des edlen Directors Weniger erholte ich mich von der Verstimmung, in die ich gerathen war. Meine geistigen Kräfte nahmen zu; mit ihnen wuchs der Drang zum Lernen; ich gewann Freunde und neue Lebenslust. Mit einem guten Zeugniß versehen, verließ ich im März 1877 die Schule, und nun war es mein Großvater, der wieder für mich sorgte und der mich studieren ließ.

Als Student zog ich in Jena bei meiner Mutter ein. Aber noch beherrschte mich der Ideengang der Schule, und trotz der Begeisterung, mit der ich meinen Wunsch, Medicin und Naturwissenschaft zu studieren, erfüllt sah, konnte ich die Neigung zu geschichtlichen Studien nicht bannen. Auch in Tübingen, wohin ich schon im zweiten Semester zog, ließ mich diese Neigung nicht ruhen. Daß meine ältere Liebe, die zur Natur, endlich siegte, verdanke ich mehr als meinen Lehrern meinem Freunde Gregor von Vielrose. Aus Riga hatte ihn sein Drang zu studieren nach Jena getrieben, und hier fand ich ihn und lernte mit ihm die Begeisterung für Büchner's „Kraft und Stoff" theilen. Zwischen Büchner's und Heinrich Heine's Werken tranken wir Brüderschaft. Die Erinnerung an diese Freundschaft giebt noch jetzt meinem ersten Semester vor allen anderen den Vorzug. Erst in Tübingen trat der volle Ernst des Studiums an mich heran. Ein treuer Freund meines Vaters, der seine Freundschaft auf mich übertrug, sandte mich dem Vorstand der Tübinger Poliklinik, Professor Jürgensen, mit den wärmsten Empfehlungen zu, und dieser nahm sich meiner an und gab meinem Studium die mathematische Richtung. Auf seinen Wunsch hörte ich neben den medicinischen und naturwissenschaftlichen Fächern, die zum medicinischen Vorexamen nothwendig waren, Differential- und Integral-Rechnung. Die Gedanken, welche dieses Gebiet in mir wachrief, ließen mich nicht mehr ruhen. In den physiologischen Vorträgen Professor Vierordt's fand ich den mathematischen Gedankengang wieder, und im chemischen Laboratorium Professor Hufner's waren es neben den chemischen Fragen mathematische, die mich beschäftigten. Aber es blieb bei der Anregung. Auch in München, wohin ich mich im Herbst 1879 nach in Tübingen bestandenem Physikum wandte, fand ich zu mathematischen Studien keine Zeit; ja der ärztliche Theil der Medicin, den ich hier kennen lernte, ließ die Anregung zu mathematischem Denken oft sogar fehlen. Erst die Vorträge Professor Pettenkofer's, die ich zum Schlusse meines Münchener Studiums, nachdem ich neuerdings zwei Semester in Tübingen zugebracht, hörte, gaben mir die Ueberzeugung von neuem, daß mathematisches Denken die Grundlage der Medicin bilden müsse. Der Geist dieses Mannes und seine Persönlichkeit, seine Richtung selbst und der Erfolg, den er nach jahrelangem Mühen durch Vollendung seines hygienischen Instituts erzielt hatte, zogen mich zu ihm. Im Besitz eines kleinen, mir von meinem Vater gewordenen Vermögens beschloß ich, mich der Hygiene zu widmen. Daß ich vorher im Besitz mathematischer Vorkenntnisse sein müsse, stand bei mir fest, auch dann noch, als das medicinische Staatsexamen und meine Doctorarbeit, zu der ich eine menschliche Mißbildung wählte, es mir beinahe zur Pflicht machten, bei der Medicin zu bleiben.

Von München, wo ich im Januar 1883 das Staatsexamen bestanden, im August den Doctor erworben hatte, eilte ich heim nach Lübeck, wo mittlerweile auch meine Mutter ihren Wohnsitz genommen hatte. Hier fühlte ich, vom Widerspruche gequält, der zwischen den religiösen Anschauungen im Hause meiner Mutter und in dem meines Großvaters herrschte, daß ich entschiedene Stellung zur Kirche zu nehmen habe. Ich wollte und konnte den Druck nicht mehr tragen, der seit meiner Jugend auf mir gelastet hatte und erklärte im Frühjahr 1884 meinen Austritt aus der protestantischen Kirche.

Die Güte, welche mir in meinem Studium der nunmehr verstorbene Professor Philipp von Jolly erwies, — die Liebe, die mir von einer noch lebenden Freundin zu Theil ward, sind das Versöhnende in der auf meinen Austritt folgenden Zeit."

c) Carlos Ernesto wurde am 26 April 1865 in Rio de Janeiro geboren, besuchte von 1871—1878 die Schule in Jena, darauf bis 1874 das Gymnasium in Lübeck und erlernt z. 3. die Kunst des Lichtdruckes in der Anstalt von Joh. Heinrich Franz Nöhring in Lübeck.

II. Linie Tesdorpf-von Schröder.

Der Ehe des Peter Hinrich Tesdorpf, 1793—1859, mit Henriette Wilhelmine, geborene von Schröder, entsprossen sechs Söhne:

1. **Theodor Hinrich**, geboren am 4. December 1828 in Lübeck, starb daselbst unverehelicht am 22. November 1859, nachdem er längere Jahre im Geschäft seines Onkels Johann Jacob Tesdorpf (Linie Tesdorpf-Hamlin) in Nörrköping und später im Geschäfte der Herren J. F. Rawicel & Cie. in Riga thätig gewesen war.

2. **Peter Hinrich** wurde am 27. Juni 1830 in Lübeck geboren, widmete sich der Landwirthschaft, übernahm am 1. Juli 1856 das adelige Gut Gamsau im Regierungsbezirk Königsberg für eigene Rechnung, verkaufte dasselbe indessen 1864 wieder und zog in der Folge mit seiner Familie für einige Monate nach Königsberg. Inzwischen pachtete er das Gut Kirpehnen im Kreise Fischhausen (Regierungsbezirk Königsberg) auf 25 Jahre und bezog dasselbe im Jahre 1865. Daselbst starb er in der Blüthe seiner Jahre nach 14tägiger Krankheit am Typhus am 25. December 1868. Er war seit dem 28. Mai 1857 verehelicht mit Marie Wilhelmine Henriette Feldmann, Tochter des Kaufmanns Friedrich Wilhelm Feld-

mann und dessen Ehefrau Catharina Elisabeth, geborene Tesdorpf, Tochter des Bürgermeisters Johann Matthäus Tesdorpf. Die Wittwe führte mit Unterstützung ihres Bruders Georg Friedrich Feldmann die Pachtung noch weitere acht Jahre fort, bis der Besitzer des Gutes im Jahre 1877 die Verwaltung selbst übernahm. Nun zog die Wittwe nach Königsberg, sich daselbst gänzlich der Erziehung ihres Sohnes widmend. In der Folge blieb sie daselbst dauernd wohnen. Ihrer Ehe mit Peter Hinrich waren zwei Söhne entsprossen, von denen jedoch der ältere bereits im ersten Lebensjahre starb. Der zweite Sohn

Georg August Wilhelm wurde am 15. Mai 1860 auf Gamsau geboren, besuchte seit 1873 das Kneiphöfsche Gymnasium in Königsberg, legte im Herbst 1880 sein Abiturium ab, bezog die Hochschule zu Königsberg zum Studium von Geschichte und Geographie, weilte ein Semester (von Ostern 1882 bis Michaelis 1883) in Bonn, darauf zwei Semester in Berlin und studierte schließlich wieder auf der Königsberger Hochschule, von welcher er am 1. October 1885 zum Doctor philologiae ernannt wurde auf Grund seiner Dissertation: „Der Römerzug Ludwigs des Baiern 1327—30". Am 31. October 1885 bestand er das Staatsexamen pro facultate docendi, war von October 1885 bis October 1886 Candidatus probandus am Kneiphöfschen Gymnasium und ist zur Zeit mit der provisorischen Verwaltung der ersten Oberlehrerstelle an der städtischen höheren Töchterschule in Königsberg betraut.

3. **George Wilhelm**, geboren am 10. April 1832. Er verließ frühzeitig das Catharineum zu Lübeck, um die Schiffbaukunst zu erlernen. Er war von 1850—1853 praktisch thätig in Rostock, darauf in Glasgow und endlich in Hamburg (Reiherstieg Schiffswerfte). In der Folge gründete er in Rostock eine Schiffswerfte, war später Subdirector der Rostocker Schiffsbau-Actiengesellschaft, welche sich nach einigen Jahren auflöste, und wurde 1881 zum Experten des Bureau Veritas in Rostock ernannt. In dieser Eigenschaft siedelte er im Mai 1886 mit seiner Familie nach Riga über. Er ist verheirathet seit dem 7. Juli 1859 mit Sophie Friederike Voß, Tochter des Kapitäns Voß zu Rostock. Der Ehe entsprossen sieben Söhne, von denen sich die ältesten: Peter Hinrich und Carl Heinrich dem Seemannsstande widmeten, in den Jahren 1883/84 bezw. 1884/85 als Einjährig-Freiwillige bei der kaiserlichen Marine in Kiel dienten und zur Zeit als Steuerleute in überseeischen Gewässern fahren; auch der Sohn Krafft erwählte sich diesen schweren Beruf, während sein Bruder Walther Wilhelm das Maschinenbauwesen erlernt.

4. **Johann Heinrich**, welcher am 30. November 1833 geboren wurde, besuchte das Catharineum, erlernte den Handel in Lübeck und später in Bremen, wanderte in der Folge nach Baltimore aus und gründete daselbst ein Handelshaus, welches den Namen Tesdorpf & Siebert führte. Er verheirathete sich am 24. Juli 1863 mit Betty Rosalie Mathilde Kremelberg aus Bremen. Er erlag einem Lungenleiden am 12. December 1865 auf der Insel Jersey im Canal, woselbst er Heilung gesucht hatte. Die Wittwe kehrte nach Bremen zurück. Sie verheirathete sich am

9. Juni 1869 in zweiter Ehe mit dem Kaufmann August Philipp von Harlessem in Bremen. Ihrer Ehe mit Johann Heinrich Tesdorpf waren zwei Söhne entsprossen. Der älteste derselben

   a) **John Friedrich**, geboren in Baltimore am 25. September 1864, besuchte bis 1881 das Gymnasium zu Bremen, erlernte daselbst den Handel und ging 1885 nach Baltimore, woselbst er im Geschäfte seines Onkels, J. D. Kremelberg & Co., Anstellung erhielt. Sein Bruder

   b) **John Henry**, geboren am 22. December 1865 auf der Insel Jersey im Canal, besuchte bis 1883 das Gymnasium zu Bremen, später die Handelsschule daselbst und lernt z. Z. den Handel in New-York im Geschäfte der Herren A. J. Marcus & Co.

5. **Carl Friedrich Wilhelm** wurde geboren am 26. December 1834, besuchte das Catharineum, erlernte den Weinhandel im väterlichen Geschäfte (Gebrüder Tesdorpf) und später in Elbing, reiste mehrere Jahre für das französische Weinhandelshaus Hasenklever & Co. in Nuits und gründete am 1. Januar 1859 in Lübeck ein eigenes Weinhandelsgeschäft unter dem Namen Carl Tesdorpf. In dasselbe nahm er im Jahre 1868 seinen Bruder Krafft als Theilhaber auf, und es gelang den beiden Brüdern, das Geschäft zu einem der ersten Weinhandelshäuser Lübecks zu machen. Carl Fr. W. verheirathete sich am 2. Mai 1861 mit Elisabeth Louise Eschenburg, Tochter des Kaufmanns und Rathsherrn zu Lübeck Joh. Dan. Eschenburg. Er bewohnte lange Jahre während der Winterszeit das Geschäftshaus in der Mengstraße Nr. 72 (das Lagerhaus befindet sich Alfstraße 33); im Sommer dagegen wohnte er vor dem Burgthor. Im Jahre 1885 bezog er ein schönes, ebendort (Marlistraße 12) gelegenes Gartenhaus, welches die Berliner Baumeister Kayser und von Großheim in seinem Auftrage erbaut haben.

   Im September des Jahres 1870 reiste er mit den von den Bürgern der Stadt gespendeten Liebesgaben für die Verwundeten und im Felde stehenden Lübecker nach Metz und abermals am 25. October nach Paris. 1873 erhielt er den Kronenorden 3. Kl. mit dem Kreuz auf weißem Felde für patriotische Leistungen und wurde 1883 zum Ehrenmitglied des Kriegervereins von 1870/71 ernannt. Im Mai 1886 erfolgte seine Ernennung zum Viceconsul des Königreichs Portugal. Als solcher hatte er die hohe Ehre, am 26. August 1886 Se. Majestät den König von Portugal in Lübeck bezw. Travemünde (welches Seebad kurz vorher in seinen Besitz übergegangen war) begrüßen zu können. Im December 1886 wurde er zum Chevalier des portugiesischen Christus-Ordens ernannt.

   Aus seiner Ehe mit Elisabeth Louise, geborene Eschenburg, entsprossen vier Söhne, von denen der jüngste bereits nach wenigen Wochen starb, während der älteste

   a) **Johannes Daniel**, geboren am 17. August 1863, bis Ostern 1882 das Catharineum besuchte, den Handel in dem Speditions- und Kommissionshause Tegtmeyer & Co. in Lübeck erlernte, 1883—1884 in dem gleichartigen Geschäfte des Herrn Carl Bauermeister in Hamburg thätig war, von 1884—1885 als Einjährig-Freiwilliger im 2. Garde-

Regiment zu Fuß in Berlin diente und zur Zeit in Hamburg eine Buchhalterstelle im Speditionsgeschäft des Herrn G. Herbst bekleidet. Sein Bruder

b) Carl Friedrich Wilhelm erlernt, seitdem er das Catherineum (welches der dritte Sohn c) Peter Hinrich 3. 3. noch besucht) verlassen, den Weinhandel im väterlichen Geschäft.

6. Krafft wurde am 12. April 1842 geboren, besuchte das Catharineum, später drei Jahre lang die Perri'sche Realschule. Er erlernte den Handel in dem Geschäfte August Lanckhals & Co. in Lübeck und später in Bordeaux bei Schröder und Schyler & Co. Im Jahre 1868 kehrte er nach Lübeck zurück und wurde daselbst Theilhaber des Geschäftes seines Bruders, Carl Tesdorpf.

Er verheirathete sich am 1. Dezember 1872 mit Maria Louise Albertine Staunau, Tochter des Gutsbesitzers J. E. J. Staunau auf Klein Strömkendorf in Mecklenburg. Nach siebenjähriger Ehe starb dieselbe mit Hinterlassung dreier Töchter. In zweiter Ehe verheirathete er sich am 16. Mai 1879 mit Anna Maria Wilhelmine Henriette Reichwald, Tochter des Oekonomieraths Albert Reichwald auf Zidderich in Mecklenburg. Von 1874—1885 besaß und bewohnte er das Haus in der Königstraße Nr. 56, welches dereinst Eigenthum des Bürgermeisters Johann Matthäus Tesdorpf gewesen war. Zur Zeit wohnt er in der Johannisstraße Nr. 52. Im Jahre 1880 wurde er in den Vorstand des Vereins der Weinhändler gewählt, 1883 zum Vorsteher des Waisenhauses ernannt; von 1883—84 gehörte er der Einquartierungs-Kommission an und wurde 1885 in die Central-Armen-Deputation und 1887 zum Vorsteher der Spar- und Anleihekasse gewählt. Am 1. Januar 1886 trat er aus dem Geschäft aus und lebt seither als Rentner. Er ist Mitverwalter der Tesdorpfschen Familienstiftungen.

III. Linie Tesdorpf-Hamlin.

Der Ehe des Johann Jacob Tesdorpf, 1799—1863, mit Catharina Louise, geborene Hamlin, entsproß außer vier Töchtern nur ein Sohn:

Peter Jacob, geboren am 19. Februar 1834 zu Nörrköping in Schweden, welcher sich anfangs dem Kaufmannsstande widmete, später aber Landwirth wurde und z. 3. auf seinem Hofe Bogsten in Södermannland unverheirathet lebt.

IV. Linie Tesdorpf-Rücker.

Der Ehe des Friedrich Jacob Tesdorpf, Kaufmann und Oberalter zu Hamburg mit Dorothea, geborene Rücker, entsprossen vier Söhne, von denen der zweite, Karl, im zarten Kindesalter und der jüngste Sohn, Alexander, in der Blüthe seiner Jahre in Folge eines Unglücksfalles zu Manchester starb. Der älteste Sohn

1. Adolf wurde am 7. August 1811 geboren. Er widmete sich, nachdem er die Marpsen'sche Realschule zu Hamburg bis zum Jahre 1827 besucht

hatte, dem Kaufmannstande, ging 1829 nach Liverpool, woselbst er 2½ Jahre als Angestellter eines großen Handelshauses thätig war und bereiste von 1832 ab England in Angelegenheiten des Geschäftes seines Vaters (Hagemeister und Tesdorpf), welches er durch seine Thätigkeit nicht unbedeutend hob. Nachdem sich der Theilhaber an demselben, Herr J. Hagemeister, in den Ruhestand begeben hatte, trat Adolf mit dem ersten Januar 1834 in das Geschäft ein und setzte dasselbe in Gemeinschaft mit seinem Vater unter der Benennung F. J. Tesdorpf und Sohn mit günstigem Erfolge fort. Neben seiner Thätigkeit im Beruf beschäftigte er sich eingehend mit den Wissenschaften und richtete dabei sein Augenmerk vornehmlich auf Volksbildung und Erziehung wie überhaupt auf alles zur Besserung und zum Wohle der Menschen Dienende. Er war mehrfach auf verschiedenen Gebieten schriftstellerisch thätig.[1])

Durch das Vertrauen seiner Mitbürger wurde er 1849 zum Mitgliede der „Constituante" erwählt, welche eine neue Verfassung für Hamburg ausarbeiten sollte. In dieser vertrat er, da die allgemeine Stimmung in derselben recht weit nach links ging, die gemäßigt conservativen Ansichten und befürwortete namentlich, daß eine gewisse Zahl der Mitglieder der künftigen Bürgerschaft von den bürgerlichen Deputationen gewählt werden sollte, was schließlich auch zur Ausführung gekommen ist. Am 8. November 1852 wurde er zum Rathsherrn von Hamburg erwählt, saß als solcher mehrere Jahre im damaligen Obergericht und wurde später Landherr der Geestlande, in welcher Stellung er sich insbesondere um Verbesserung des Schulwesens bemühte und sich allgemein durch eine wohlwollende Amtsführung beliebt machte. Als in späteren Jahren die Thätigkeit im Rath und die Leitung des schon recht bedeutenden Geschäftes seine Kräfte zu sehr in Anspruch nahmen, ersuchte er um seine Entlassung aus dem Rath und erhielt dieselbe am 31. December 1862. Fortan widmete er sich fast ausschließlich der Leitung seines Handelshauses. Es gelang ihm, dasselbe (sowohl unter Mitwirkung von Otto Berkefeld und Heinrich Michabelles, unter dem Geschäftsnamen J. F. Tesdorpf und Sohn, als auch später — vom 1. Januar 1866 ab — unter Theilhaberschaft von H. Fortlage in London und Robert Mestern in Hamburg, als A. Tesdorpf & Co.) zu einem der bedeutendsten und geachtetsten Hamburgs zu machen, indem er unter voller Entfaltung seiner hervorragenden, kaufmännischen Beanlagung trotz der ihm eigenen vorsichtigsten Ueberlegung stets die geeigneten Momente zu großartigen Handelsunternehmungen zu erfassen wußte. Am 1. Januar 1877 zog er sich von der geschäftlichen Thätigkeit zurück. Seit der Zeit widmet er sich

---

[1]) Schröder's Lexicon Hbg. Schriftsteller Bd. VII Seite 372. sagt:

„Außer der unten angeführten anonym erschienenen Schrift veröffentlichte er mehrere, besonders die hbg. Verfassung betreffende Artikel in den hbg. Tagesblättern u. v. a. m. 1851 veröffentlichte er: „Ernster Aufruf an Deutschlands Fürsten in einer ernsten Zeit oder Vorschläge zur Begründung eines deutschen Reiches."

Ferner erschienen aus seiner Feder:
1870. Von Deutschland gehaltene Rede Sr. Excellenz des preußischen Premierministers beim Schluß des Landtages 1875 Von einem Nicht-Preußen. — 1888: Rathschläge eines alten Mannes an seine Mitmenschen und alle Eltern

im Verein mit seiner gleichgesinnten Gattin einer sehr ausgedehnten, im Stillen wirkenden Wohlthätigkeit.

Seine Gattin, Therese, geborene Moenck, mit welcher er sich am 7. April 1838 verheirathete, wurde geboren am 30. März 1817 als Tochter des Kaufmanns und späteren Oberalten Diedrich Heinrich Moenck und dessen Ehefrau Caroline, geborene Bergstedt. Die angenommenen Kinder des kinderlos gebliebenen Ehepaares sind: Olga Mathilde Justine, geboren 1845 in Stendal, verheiratet mit dem Kaufmann Henry Louis des Arts in Hamburg und Elise Mathilde, geboren 1846 in Bern, verheirathet seit 1867 mit dem Rechtsanwalt und späteren Senator Dr. Johann Georg Mönckeberg in Hamburg.

2. **Edward**, geboren am 27. September 1817 zu Hamburg.

Ausführliche Lebensbeschreibung desselben in deutscher Sprache aus der Feder des bekannten Schriftstellers Wilhelm Biernatzki im „Quellwasser für das deutsche Haus", V. Jahrgang 1881 Nr. 27, Verlag von Wolf Lothar Gemler in Hamburg, in dänischer Sprache von L. Koch, in der „Illustreret Tidende" Nr. 1366, Kjøbenhavn 1880 (mit Bild).

Ferner widmeten ihm anläßlich seines 25jährigen Jubelfestes am 14. December 1885 als Vorsitzender der Königlich dänischen Landwirthschaftsgesellschaft die folgenden dänischen Tagesblätter längere und kürzere Aufsätze: Nationaltidende, Berlingske politiske og Avertissements Tidende und Dagen Nybeder 15. December 1885), sowie Dagbladet, Politiken und Morgenbladet (16. December 1885). Ausführliche Beschreibungen der Festfeierlichkeiten brachten die Nationaltidende (16. December 1885), Berlingske politiske og Avertissements Tidende (16. December 1885), Lollands Falsters Stifts Tidende (17. December 1885) und Landsmands Blade (Nr. 51 des 18. Jahrgangs). Der Aufsatz in der Nationaltidende vom 15. December 1885 sei hier in freier Uebersetzung mitgetheilt:

„Etatsrath Tesdorpf wurde gestern zum Vorsitzenden der dänischen Landwirthschaftsgesellschaft wiedererwählt. Er hat diesen ehrenvollen Platz ohne Unterbrechung 25 Jahre lang eingenommen, und wenn sich heute die Mitglieder der Gesellschaft und Landwirthe aus den verschiedensten Gegenden des Königreichs versammeln, um den Jubeltag festlich zu begehen, so geschieht dies nicht nur, um seiner Wirksamkeit im Dienste der Gesellschaft während der verflossenen Jahre zu gedenken, sondern vornehmlich, um in ihm den Mann zu ehren, welcher durch die auf seinen Gütern durchgeführte rationelle Landwirthschaft, sowohl in Ackerbau als Viehzucht, ein anregendes Beispiel gab, welches überall im Lande befruchtend gewirkt hat. Er hat dadurch einen entscheidenden Einfluß auf die dänische Landwirthschaft ausgeübt und in beträchtlichem Maße dazu beigetragen, daß dieselbe in den letzten Jahrzehnten so weit fortgeschritten ist, daß Dänemark eine hervorragende, allgemein anerkannte Stellung unter den ackerbautreibenden Ländern einnimmt.

Etatsrath Edward Tesdorpf ist am 27. September 1817 in Hamburg geboren, woselbst sein Vater, F. J. Tesdorpf, ein angesehenes Handelshaus besaß. Nachdem er sich drei Jahre lang auf holsteinischen Gütern[192]) in

---

[192]) U. a. auch bei seinem Onkel Johann Christoph Tesdorpf auf Bukken bei Ißehoe.

der praktischen Landwirthschaft ausgebildet hatte, wurde er Verwalter bei dem Pächter Wibel auf Gammelgard bei Nakskow auf Lolland, Dänemark. Schon im Januar 1840 kaufte er dem dänischen Gesandten in Brüssel, Baron Selby, das Hauptgut Ourupgaard mit Bauernhöfen (1040 Tonnen) ab, wozu die Höfe Kringelborg (300 Tonnen) und das sogenannte Bordfang (500 Tonnen) sammt sechs Königs- und drei Kirchenzehnten gehören. Im März desselben Jahres übernahm er die große Besitzung; aber die Verwaltung derselben trat er erst 1842 an, weil die Höfe bis dahin verpachtet waren. 1847 kaufte er hinzu: die Höfe Gjedsergaard mit Bauernhöfen (500 Tonnen), Frisenfeldt (300 Tonnen) und Moisomded (110 Tonnen) sammt zwei Königs- und Kirchenzehnten, welche Höfe sämmtlich auf der Insel Falster gelegen sind. In späterer Zeit kaufte er dann noch ferner hinzu die Höfe Saedingegaard auf Lolland (500 Tonnen), Ludwigsgave (200 Tonnen) und Pandebjerg (300 Tonnen) auf Falster, sowie Petersdal (125 Tonnen) auf Amager.

Etatsrath Tesdorpf entfaltete auf diesen vielen und großen Besitzungen eine außerordentliche Thätigkeit und Wirksamkeit. Einen Einblick in den Umfang derselben bekommt man, wenn man bedenkt, daß er seine Besitzungen sämmtlich selbst verwaltet mit Ausnahme von Saedingegaard auf Lolland und Petersdal auf Amager, welche, weil zu fern liegend, verpachtet sind. Arbeitsam, ausdauernd, willensstark und eifrig, beseelt von dem wärmsten Interesse für alles, was die Landwirthschaft betrifft, hat er alle Verbesserungen der Gegenwart auf seinen Gütern eingeführt und sie zu Musterwirthschaften und des Landes besten Höfen erhoben.

In den Jahren 1840—1842, ehe Tesdorpf selbst die Bewirthschaftung seiner Güter führte, war er eifrigst bemüht, den Zustand der Bauernhöfe zu verbessern. Sein Streben war darauf gerichtet, den Frohndienst aufzuheben. Durch gütliches Uebereinkommen bewirkte er, daß die alten Pächter zurücktraten und junge, tüchtigere Männer an deren Stelle eingesezt werden konnten. Diesen schenkte er Baumaterialien in reichlicher Menge, und es entstand bald ein neuer Hof nach dem anderen. Als er dann im Jahre 1842 selbst die Bewirthschaftung von Ourupgaard übernommen hatte, führte er auf diesem Gut, wie später auch auf seinen übrigen Besitzungen eine rationelle Landwirthschaft durch, welche alle praktischen Errungenschaften der Neuzeit sich zu nuze machte. Dahin gehörte vorzüglich eine durchgreifende Röhrenentwässerung[143]) seiner Besitzungen, tiefe Behandlung des Bodens, reichliche Anwendung von natürlichem und künstlichem Dünger u. v. a. m., wodurch die Tragkraft des Bodens bis zum höchsten gesteigert wurde.

Früh erkannte Tesdorpf, welch' Hebel und Haupterforderniß für nuzbringenden Ackerbau ein ausgezeichneter Viehstand ist, welcher ein kräftiges Futter lohnt und in dem hervorgebrachten Dünger ein unersezliches Hülfsmittel zur Erhaltung und Vermehrung der Tragkraft des Bodens liefert. Dementsprechend ist denn auch der Viehstand auf seinen Gütern ein vortrefflicher, besonders auf Ourupgaard, dessen Stamm rein angeler Zucht

---

143) Dieselbe, erst 1850 in England erfunden, war schon 1852 auf dem Gute Ourupgaard vollständig durchgeführt.

sich einer gewissen Berühmtheit erfreut.¹⁹⁴) In Folge der hervorragenden Beachtung, welche Tesdorpf der Zucht von Milchvieh schenkt, befindet sich die Meierei auf seinen Gütern ebenfalls in einem Zustande der höchsten Vollendung.

Bezeichnend für Tesdorpfs Thatkraft ist die Wirksamkeit, welche er bei Bötösang (trockengelegtes Land) entwickelte. Auch hier wurde ein neuer Hof erbaut und das neue Land in Ackerboden umgewandelt. Im Jahre 1860 trat dann eine Gesellschaft zusammen, um auch Bötö Nor einzudämmen. Das Vorhaben glückte, und es wurden 2300 Tonnen Land dem Meere abgerungen. Die Sturmfluth von 1872 durchbrach den Damm¹⁹⁵) und zerstörte große Flächen von bedeutendem Werth, aber Tesdorpf begann die Arbeit von neuem, und man dankt es ihm wesentlich, daß die Südspitze Falsters nun durch einen zwei Meilen langen Deich gegen die Meeresüberschwemmungen gesichert ist. Hier ließ Tesdorpf auch einen Wald anpflanzen als Schutz gegen den Wind. Es sei noch erwähnt, daß es Tesdorpf's Anregung wesentlich zu verdanken ist, daß die Zuckerfabrik bei Nyköping auf Falster errichtet wurde, welche Fabrik, auf Antheilen begründet, bereits in diesem Jahre (1885) in Betrieb gesetzt worden ist, und ferner, daß Tesdorpf schon gleich bei Uebernahme der Bewirthschaftung von Ourupgaard den Bauern Entwässerungsröhren zu billigen Preisen überließ und sich schon 1846 erbot, ihnen die Höfe zu billigen Bedingungen als Eigenthum zu überlassen. Aber dieses Anerbieten wurde ausgeschlagen, und erst im Jahre 1873, nachdem die Höfe neu aufgebaut, entwässert und mit gutem Viehstand versehen waren, wurden die meisten derselben verkauft. Ein großes Interesse hat er für die Arbeiterverhältnisse auf dem Lande bewiesen, indem er für die festangestellten Arbeiter gute Wohnungen erbaute und eifrig für die Errichtung von Kranken- und Altersversorgungskassen und von Vereinen zur Beschaffung billiger Lebensmittel wirkte.

Etatsraths Tesdorpf's Höfe werden häufig von Landwirthen des In- und Auslandes besichtigt. Sie sind viel begehrte und gern aufgesuchte Lehranstalten für junge Landwirthe, und es hat sich infolgedessen das Lehrlingswesen auf ihnen ganz besonders umfangreich entwickelt. Dasselbe ist von großer Bedeutung für das Land geworden, indem sich aus ihm heraus ein ganzer Stab tüchtiger Landwirthe über das Königreich ausgebreitet hat. Wie Tesdorpf viel von sich fordert, so stellt er auch an die jungen Leute große Anforderungen, und es ist eine strenge Schule, welche dieselben durchmachen. Der Tag geht mit Arbeit in Feld und Hof hin, und die Abende werden mit Lernen und Rechnungsführung zugebracht.

Sowohl in der wissenschaftlichen als auch in der rationellen Landwirthschaft ist Etatsrath Tesdorpf gleich tüchtig bewandert. Er verfolgt wie nur wenige die Geisteserzeugnisse auf dem Gebiete der landwirthschaftlichen Schriftstellerei des In- und Auslandes und vermehrt seine Kenntnisse mit ausdauerndem Fleiße. Als Zeichen, welche Bedeutung er wissenschaftlichen und sachgemäß geleiteten Versuchen beimißt, kann sein warmes

---

194) Im Jahre 1840 führte er das erste angeler Vieh in Dänemark ein.
195) 250 Jahre früher wurde der Vorfahre Eduard Tesdorpf's auf Neuwerk ebenfalls durch eine Sturmfluth schwer geschädigt, siehe Seite 12.

Interesse für Docent Fjord's umfassende Versuche auf dem Gebiete der Meierei, des Weizen- und Gerstenanbaues und v. a. genannt werden. Zu diesem allen gesellt sich noch eine gründliche Kenntniß der in- und ausländischen Handelsverhältnisse und deren eingreifenden Bedeutung für den Absatz und Umsatz der landwirthschafelichen Erzeugnisse, sowie der daraus folgenden Rentabilität.

Durch alle die ihm eigenen, hervorragenden Eigenschaften ist Tesdorpf's Wirksamkeit für die dänische Landwirthschaftsgesellschaft von grosser Bedeutung geworden, besonders in den letzten Jahren. Sein hauptsächlichstes Verdienst ist die Einführung einer geregelten Viehausfuhr nach Grossbritannien und die Anstellung von Konsulenten für Meierei, Hausthierzucht, Pflanzen- und Bodenkultur. Etatsrath Tesdorpf ist häufig bei den Versammlungen der Gesellschaft zugegen, hält wohl auch Vorträge oder betheiligt sich an den Verhandlungen nach den Vorträgen. Kann seine Form auch etwas weitschweifig sein, so versteht er es andererseits doch, Leben in die Verhandlungen zu bringen und auf neue Gesichtspunkte hinzulenken. Bei solchen Gelegenheiten tritt am deutlichsten seine grosse Einsicht und Umsicht, seine genaue Kenntniß und sein reges Interesse für die gesammte Landwirthschaft hervor.

Etatsrath Tesdorpf ist ganz und gar, mit Leib und Seele und seinem ganzen Sein und Wesen Landwirth. Zwar verdankt er die Erfolge, welche er erreicht hat, in nicht geringem Grade dem Vermögen, über welches er hat verfügen können, aber es muß hervorgehoben werden, daß diese Erfolge nicht erzielt worden wären, wenn das Vermögen nicht mit Ausdauer und grosser Thatkraft, mit besonderen Kenntnissen, Liebe für die Landwirthschaft und nimmer ermüdender Arbeitsamkeit zusammengewirkt hätte.

Zu den vielen Wünschen, welche Etatsrath Tesdorpf heute dargebracht werden, fügen wir noch den unsrigen hinzu: Möge er noch manches Jahr für die dänische Landwirthschaft erhalten bleiben, auf deren Entwicklung er so grossen Einfluss, für die er eine so grosse Bedeutung gehabt hat."

Auf dem Feste, welches die Landwirthschaftsgesellschaft zu Ehren Edwards am 15. December 1885 in der Königl. Schiessbahn zu Kopenhagen veranstaltete, wurde sein für den Sitzungssaal der Gesellschaft bestimmtes, durch Beiträge zahlreicher Mitglieder derselben gestiftetes Porträt in Oel, gemalt von Professor Jensen, enthüllt. Der König ehrte den Jubilar an dem Tage durch Ernennung zum Conferenzrath. Bereits 1860 war er zum Etatsrath ernannt worden. Er ist Commandeur des Dannebrog-Ordens und Dannebrogsmann. Er verheirathete sich am 10. Juli 1845 mit Mary Büsch, Tochter von Ernst Büsch und Frau, geborene Smith, zu Hamburg, einer Enkelin des berühmten, hamburgischen Professors Johann Georg Büsch.[197])

Der Ehe entsprossen sechs Töchter und zwei Söhne. Der älteste der letzteren:

    a) **Edward Friedrich Jacob**, geboren auf Gurrupgaard am 3. December 1854, wurde anfangs daselbst, später in der Schneekloth'schen

---

[196] Seine Wirksamkeit als langjähriger Vorsteher des Maribo Amts Oekonomie Vereins hat ebenfalls segensreiche Früchte getragen.
[197] Hanseatisches Magazin Bd. 5 u. a. m.

Realschule in Kopenhagen gebildet, erlernte die Landwirthschaft auf den väterlichen Gütern, weilte einundeinhalb Jahr im Auslande, wurde 1879 zum königlich dänischen Kammerjunker ernannt und ist seit 1882 Pächter des väterlichen Gutes Sädingegaard auf Lolland. Am 14. Juli 1883 siegte er im Gentlemenreiten des Rennens zu Kopenhagen und erwarb sich den von den Damen gestifteten Ehrenpreis. — Er verheirathete sich am 15. November 1884 mit Sophie Tutein, Tochter des Kaufmanns William Tutein und Frau, geborene Kirketerp. — Der zweite Sohn

b) **Adolf** wurde am 23. October 1859 auf Gurupgaard geboren und anfangs daselbst, später auf dem Catharineum zu Lübeck gebildet. Er erlernte die Landwirthschaft auf Rosendal, Seeland, wurde in der Folge Verwalter auf Roswang in Jütland, studierte zwei Jahre auf der landwirthschaftlichen Hochschule in Kopenhagen und bekleidet z. Z. die Stelle eines dritten Directors der Zuckerfabrik bei Nyköping auf Falster. Im Frühjahr 1887 wurde er zum Kammerjunker ernannt.

V. Linie Tesdorpf-Meyer.

Der Ehe des Johann Christoph Tesdorpf, 1785—1857, mit Louise Sophie Maria Meyer entsprossen fünf Söhne, von welchen der jüngste im zarten Kindesalter starb. Der älteste

1. **Hans Peter Friedrich** (Johannes genannt) wurde geboren auf dem Gut Weeden im Lauenburgischen am 25. October 1812; er lernte den Handel bei seinem Onkel Friedrich Jacob Tesdorpf in Hamburg, wanderte später nach Havanna aus und wurde daselbst im Jahre 1839 Theilhaber des Hauses Witt, Röver & Cie. Im Jahre 1843 kehrte er nach Hamburg zurück und gründete daselbst im Verein mit seinem Bruder Theodor Ferdinand Tesdorpf und seinem Vetter C. A. Fischer ein Handelshaus, welches anfangs den Namen Tesdorpf, Fischer & Cie. führte und später, nach Austritt des C. A. Fischer, Tesdorpf Gebrüder hiess. Am 19. Mai 1847 verheirathete er sich mit Antoinette Caroline, geborene Mohrmann, der hinterlassenen Wittwe des Kaufmanns Amandus Abendroth. Am 1. Januar 1868 zog er sich vom geschäftlichen Leben zurück und starb nach langen Leiden am 26. April 1881 in der Villa Lavendecker bei Blankenburg am Harz. Seine Gattin folgte ihm im Jahre 1885 im Tode nach.

Der Ehe entsprossen ausser einem todtgeborenen Sohn, zwei Töchter, von denen die älteste, Ebba, sich dadurch um ihre Vaterstadt verdient machte, dass sie ihre künstlerische Begabung zum Zeichnen in ausgiebigstem Masse zur Aufnahme der interessantesten Gassen, Häuserwinkel und Gebäudetheile des dem Zollanschluss Hamburgs weichenden alten Stadttheils verwerthete und eine Auswahl ihrer Zeichnungen zum Vortheile von Wohlthätigkeitsanstalten in Lichtdruck veröffentlichte.

2. **Wilhelm** wurde 1812 auf Weeden geboren, erlernte die Landwirthschaft im Holsteinischen und Mecklenburgischen, war auf verschiedenen Gütern

Verwalter (u. a. auch 1842 auf dem Gute Gurupgaard, dem Besitze seines Vetters Edward Tesdorpf) und pachtete später den Hof Aalstrup in Jütland (500 Tonnen). Er verheirathete sich am 27. Dezember 1848 mit Maria Henriette van Scherpenberg, Tochter des Kaufmanns Johann Franz van Scherpenberg in Hamburg.

Nach Ablauf der einträglichen Pacht des Hofes Aalstrup kaufte er das Gut Saedingegaard auf Lolland (500 Tonnen), welches er im Jahre 1870 an seinen Vetter Edward Tesdorpf verkaufte. Bereits bald nach dem am 3. März 1867 erfolgten Tode seiner Ehegattin zog er mit seiner Familie nach Lübeck, woselbst er den vor dem Mühlenthor gelegenen, sogenannten Elwigshof bewohnte, welchen er gekauft hatte. Später verkaufte er denselben und zog in die Stadt. Daselbst verheirathete er sich im Mai 1874 zum zweiten Male mit Laetitia Romalina, geborne Jocobi, der hinterlassenen Wittwe des Kaufmanns Büsch zu Lübeck, welche indessen schon am 6. März 1875 starb. In der Folge zog Wilhelm nach Hamburg. Seiner Ehe mit Marie Henriette, geborene van Scherpenberg entsprossen sieben Töchter und vier Söhne, von denen der jüngste im zarten Kindesalter starb. Von den Söhnen erster Ehe besuchte der älteste

a) Alfred, geboren am 30. März 1850 zu Hamburg, die Schule daselbst und später zu Kiel, wurde 1867 Kadett der königlich preußischen Marine, 1868 Seekadett, machte den Krieg 1870/71 an Bord Sr. M. Schiff „Arkona" außerhalb der chinesischen Gewässer mit (Gefecht bei Culeta), erhielt die Kriegsdenkmünze für Kombattanten 1870/71 an Kombattanten-Bande, 1871 Unterlieutenant, 1875 Lieutenant zur See, 1880 zum Kapitain-Lieutenant ernannt, 1887 Korvetten-Kapitain z. D., Bibliothekar und Kustos an der Marine-Akademie und Schule, sowie Bureauchef und Lehrer beim Bildungswesen der Marine. Er erhielt im Jahre 1883 das Ritterkreuz des dänischen Dannebrog-Ordens.

Er verheirathete sich am 14. Mai 1878 mit Lisette Louise Adolphine Marie Ibn, Tochter des dänischen Consuls Carl Ibn und Frau, geborene Paepke zu Wismar.

b) Wilhelm, geboren auf Aalstrup in Dänemark am 28. October 1853, besuchte die Schule zu Hamburg, erlernte daselbst den Handel und gründete in der Folge ein Handelshaus, welches den Namen Oeser & Tesdorpf führte. Später wanderte er nach Amerika und endlich nach Australien aus.

c) Adolf, geboren in Altona am 26. December 1861, besuchte das Catharineum in Lübeck von Ostern 1867 bis Ostern 1878, darauf das Gymnasium zu Eutin bis Ostern 1880, woselbst er das Maturitätsexamen ablegte. Darauf bezog er die Universität Leipzig von Ostern 1880 bis Michaelis 1882 und später diejenige zu Göttingen bis Ostern 1884. Am 1. August 1884 bestand er daselbst das Examen eines Doctors der Rechte und wurde zum Referendar ernannt, diente als Einjährig-Freiwilliger im 2. hessischen Infanterie-Regiment Nr. 82 zu Göttingen vom 1. October 1884 bis 30. September 1885, arbeitete als Referendar am Amtsgericht Northeim bis 1. Mai 1886, sowie am Landgericht Göttingen bis 1. November 1886, siedelte in der Folge nach Berlin über, wo selbst er Anstellung bei der Aachener und Münchener Feuerversicherungsgesellschaft nahm. Er verheirathete sich daselbst am 29. Januar 1887 mit Hedwig Bachmann, Tochter des Kapellmeisters Robert Bachmann zu Greiz. — Der Sohn aus zweiter Ehe

d) John Daniel, geboren am 1. März 1875, besucht z. Z. noch das Realgymnasium zu Lübeck. — Der dritte Sohn Johann Christoph's

3. **Peter Dinrich**, 1814—1835, zeichnete sich durch körperliche Schönheit und besondere geistige Fähigkeiten aus — er dichtete mit vielem Talent. Er erlag im 21. Lebensjahre der Auszehrung, welche er sich durch einen kalten Trunk nach scharfem Laufen zugezogen hatte.

4. **Theodor Ferdinand** wurde am 29. Juli 1816 auf dem Gut Weeden geboren, erlernte den Handel in dem Geschäfte seines Onkels, F. I. Tesdorpf und Sohn in Hamburg, wanderte 1838 (an Bord der Brig „Marie", welche 87 Tage zur Ueberfahrt gebrauchte) nach Rio de Janeiro aus, war daselbst drei Jahre in Comptoiranstellung, später zwei Jahre lang in Geschäften in den Vereinigten Staaten thätig und kehrte nach fünfjähriger Abwesenheit nach Hamburg zurück. Daselbst gründete er am 1. April 1845 mit seinem Bruder H. P. F. Tesdorpf und seinem Vetter C. A. Fischer ein Handelshaus, Tesdorpf, Fischer & Cie. und reiste in Angelegenheiten desselben nach den Vereinigten Staaten zurück. Als er nach Verlauf von zwei Jahren wieder heimgekehrt war, löste er die Theilhaberschaft mit seinem Vetter und gründete am 1. Januar 1848 allein mit seinem Bruder H. P. F. Tesdorpf ein neues Handelshaus unter dem Namen Tesdorpf Gebrüder. Er verheirathete sich am 21. Mai 1850 mit Freya Caroline Adolphine von Torp, Tochter des damaligen Rittmeisters und späteren dänischen Generalmajors der Kavallerie Charles von Torp und dessen Ehefrau, geborene von Bülow.

Im Jahre 1856 wurde er Steuerbürger, 1861 in das Waisenhaus-Collegium gewählt und 1862 auf kurze Zeit zum Handelsrichter ernannt.

Seiner Ehe mit Freya Caroline Adolphine, geborene von Torp, entsprossen drei Söhne:

a) Gustav Theodor, geboren am 18. Februar 1851 zu Hamburg, besuchte daselbst die Realschule von Dr. Wichard Lange. Anfangs für den Kaufmannsstand bestimmt, widmete er sich später dem Studium, legte das Maturitätsexamen im Gymnasium zu Eutin ab, bezog 1873 die Hochschule zu Heidelberg, 1874 diejenige zu Leipzig, erlangte daselbst Ostern 1877 die Würde eines Doctors der Rechte und bestand das Staatsexamen zu Lübeck. Er ließ sich in Hamburg als Rechtsanwalt nieder, erlangte am 1. Januar des Jahres 1879 daselbst Anstellung als Polizeianwalt, im Herbst desselben Jahres als Staatsanwaltsgehülfe und wurde 1882 zum Amtsrichter ernannt. Er verheirathete sich am 16. März 1886 mit Helene Therese Berkefeld, Tochter von Otto Berkefeld und dessen Ehefrau, geborene Abendroth zu Hamburg.

b) Albert Charles, geboren am 23. Januar 1852, gefallen als Portepéefähnrich der preußischen Garde-Artillerie am 1. September 1870 in der Schlacht bei Sedan (siehe Schluß).

c) **Oscar Louis** wurde geboren zu Hamburg am 4. Juli 1854, besuchte die Realschule von Dr. Wichard Lange, erlernte den Handel im Geschäfte seines Vaters und später in London, diente 1875/76 als Einjährig Freiwilliger des Hannoverschen Husaren-Regimentes Nr. 15 in Wandsbeck, wurde 1877 zum Lieutenant der Reserve des Regiments ernannt, 1878 Theilhaber an dem väterlichen Geschäft und verheirathete sich am 20. October 1881 mit Marie Elisabeth Wenzel, Tochter von Adolph Emil Wenzel und Frau, geborene Bieling, zu Hamburg. Im Jahre 1883 trat er in die Landwehr-Kavallerie über; im October 1885 wurde er zum Handelsrichter ernannt.

Seiner Ehe mit Marie Elisabeth, geborene Wenzel, entsprossen eine Tochter und zwei Söhne:

Oscar Theodor geboren am 21. November 1882 und Hartwig geboren am 12. August 1886.

Albert Charles Tesdorpf, 1852—1870.

Albert und sein Vetter Alfred Tesdorpf, derzeit Seekadett in der königlich preußischen Marine, waren die beiden einzigen unseres Geschlechtes, welche in dem ruhmreichen Kriege von 1870/71 in den Reihen der Kämpfer wider die auf's neue das deutsche Vaterland bedrohenden Franzosen fochten.

Es war Albert nicht vergönnt, die Erfolge der großen Waffenthaten zu schauen; ein frühzeitiger Tod endete sein junges Leben auf dem Schlachtfeld von Sedan am Morgen vor jenem denkwürdigen Tage, an welchem der Kaiser Napoleon sich mit den Trümmern seines Heeres dem übermächtigen Sieger ergab. Albert fiel als ein Opfer seines Berufes, den er mit begeisterter Leidenschaft ergriffen hatte.

Der Weg, welcher ihn, den Sohn eines hamburgischen Kaufmanns, in die militärische Laufbahn führte, war auf mannigfache Weise vorgezeichnet. Zunächst war der Umstand von hervorragendem Einfluß auf seine Berufswahl, daß seine Mutter einer Offiziersfamilie entstammte; dann trugen aber auch ferner die Zeitumstände, welche Hamburg im Jahre 1864 in Kriegsnähe brachten und nach dem Jahre 1866 allmählich einen völligen Umschwung zu Gunsten des preußischen Militärwesens hervorriefen, wesentlich dazu bei.

Die ersten militärischen Eindrücke empfing Albert schon in der Vorschule von Fräulein Marianne Prell, welche er seit dem sechsten Lebensjahre besuchte. Die ehrenwerthe Vorsteherin dieser Schule lebte noch völlig in den Erinnerungen an die Schrecknisse, Entbehrungen und Leiden der Franzosenzeit, deren sie in ihrer Jugend Zeuge gewesen war. Es war der ausgezeichneten Frau aber nicht allein mit dem Erzählen aus der Zeit der Knechtung, des Aufschwungs und der Befreiung vom fremden Joche Genüge gethan, sondern sie bestrebte sich auch, in ihren kleinen Schülern den militärischen Sinn frühzeitig zu entfachen durch häufiges Exerzieren mit kleinen Gewehren und gelegentliche Ausflüge unter Bewaffnung, gerade so, wie ihr Vater, der um Hamburgs Bürgerbewaffnung verdiente

Oberst Prell, es seiner Zeit im Großen geübt und für die Erziehung der Jugend zur Sicherung Deutschlands für nöthig befunden hatte. Auch später, sowohl in der Realschule von Dr. Richard Lange, in welche Albert nach Verlauf von zwei Jahren übertrat, als auch außerhalb derselben, boten sich vielfache Gelegenheiten zu Hinweisen auf die große Zeit, welche überhaupt damals jung und alt ebenso viel beschäftigte, wie uns heutigestags die Ereignisse von 1870/71, welche das Frühere mehr oder weniger verdunkelt haben.

Das 50jährige Jubelfest der Schlacht bei Leipzig wurde auch in Hamburg unter mehr oder weniger erregter Stimmung gefeiert; die Gemüther waren erhitzt durch die Uebergriffe Dänemarks gegen die schleswig holsteinischen Stammesbrüder. Als bald darauf der dänische Krieg ausbrach, war Hamburg lange Zeit der Durchzugsort für österreichische wie preußische Truppen, von denen damals allerdings nur die ersteren beachtet und mit Jubel empfangen wurden.

Auf Albert's regen Geist blieben die so empfangenen, vielseitigen, militärischen Eindrücke nicht ohne nachhaltigen Einfluß. Das äußerte sich in allem, was er that. Mit unermüdlicher Leidenschaft lag er dem Spielen mit Bleisoldaten ob; die bedeutungsvollen Schlachten wurden durchgefochten, Festungen regelrecht belagert und erstürmt und dabei den sachkundigen Unterweisungen des Großvaters, Generalmajor von Torp, ein aufmerksames Ohr geliehen. Von den Büchern, welche ihm zu Gebote standen, las er mit Vorliebe diejenigen, welche die großen Kriegshelden und ihre Zeiten schilderten. Julius Cäsar und Friedrich der Große waren seine Lieblinge; Napoleons I. welterbeherrschende Kraft erfüllte ihn mit Bewunderung; in Theodor Körner fand er später sein Ideal.

Albert zählte frühzeitig zu den besten Schülern. Er war ein verständiger und kluger, für Sprachen wie Mathematik gleichmäßig und vorzüglich beanlagter Knabe. Diese Gaben paarten sich mit einem emsigen Fleiß und einem inneren Stolz, der es ihm selbstverständlich erscheinen ließ, überall der Beste zu sein, ohne daß seine Bescheidenheit im geringsten darunter litt. In den Zeugnissen aus den mittleren Schuljahren heißt es: „Er erfreut uns ununterbrochen durch tüchtige Leistungen; in den Stunden ist er außerordentlich schlagfertig." „Er ist ein Schüler, den man mit Vergnügen vor sich sieht." „Er ist wahrhaft felsenfest im Guten."

Die letzten Schuljahre gestalteten sich für ihn wie für alle Schüler außerordentlich anstrengend. Die Ereignisse, welche dem Kriege von 1866 nachfolgten, hatten die Anforderungen an die Schule völlig verändert. War der Unterricht bisher einzig und allein von dem Gesichtspunkte aus geleitet worden, die Knaben in den für den Kaufmannsstand Nöthigen und Förderlichen angemessen zu unterweisen, so bildete jetzt das Bestehen des Einjährig-Freiwilligen-Examens das Ziel aller Schulbestrebungen. Albert überwand die aus dem veränderten Lehrplan erwachsenden Schwierigkeiten verhältnißmäßig leicht; indessen war das Examen für ihn bedeutungslos geworden, weil er sich inzwischen entschieden hatte, den militärischen Beruf zu erwählen.

Albert's Eltern waren durch diesen Entschluß auf das schmerzlichste überrascht. Noch standen ihnen die Kriege von 1864 und 1866 mit ihrem Blutvergießen frisch im Gedächtniß, und bereits schien sich ein neues Unwetter zusammenzuziehen. Sie glaubten einer derartigen Berufswahl um so mehr mit allen zu Gebote stehenden Mitteln entgegenwirken zu müssen, als ihres geliebten Sohnes vorzügliche Eigenschaften auch in jedem anderen Beruf eine glänzende Zukunft gewährleisteten. Man sah nicht ein, weshalb gerade er sich einem Stande widmen solle, welcher nach der damals in Hamburg vorherrschenden Ansicht einem geistig hochentwickelten Menschen kein Genüge bieten könne, und welchem man auch noch nicht die ihm gebührende hohe Achtung zu Theil werden ließ, weil man ziemlich allgemein an der veralteten Ansicht festhielt, daß der Offizier mehr oder weniger das Leben eines schön geputzten Faullenzers führe.

Ein weiterer Abneigungsgrund lag darin, daß Albert den Wunsch ausgesprochen hatte, in das preußische Militär zu treten. Hatte man auch die blinde Begeisterung für alles Oesterreichische und besonders für das österreichische Militär bereits als einen Irrthum einsehen gelernt, so war man in Hamburg Preußen damals (1868) dennoch nicht allseitig sympathisch gesonnen; man traute ihm nach wie vor die Absicht zu, gelegentlich der Selbständigkeit des kleinen Freistaates ein Ende machen zu wollen und hatte sich nur mit großem Widerwillen in die allgemeine Wehrpflicht gefunden, deren Einführung namentlich die wohlhabenden Kreise der Bevölkerung vielfach einen etwaigen Austritt aus dem Staatsverbande hatte in Erwägung ziehen lassen. So schien es denn auch ganz natürlich, daß die Frage, in welches Militär Albert treten solle, nicht sogleich zu Gunsten des preußischen entschieden war, sondern einer eingehenden Prüfung unterzogen wurde. Für letzteres trat, außer Albert selbst, vornehmlich sein Großvater von Torp energisch ein, nachdem derselbe sich überzeugt hatte, daß sein für den militärischen Beruf begeisterter Enkel von demselben nicht mehr zurückzuhalten sei. Obwohl dänischer Offizier, war dieser ausgezeichnete Mann doch einsichtsvoll genug, die Bedeutung, welche das preußische Militär durch die Fortschritte und Erfolge der letzten Jahre erlangt hatte, voll zu würdigen. Seinem Einfluß gelang es, Albert's noch immer zögernde Eltern zur endlichen Einwilligung zu bewegen.

Inzwischen erfolgte seine Entlassung aus der Schule. Bei der Feier derselben trat die Liebe und Werthschätzung, welche die Lehrer für ihren in jeder Beziehung musterhaften Schüler im Herzen trugen, deutlich zu Tage. Dr. Wichard Lange sprach es rückhaltslos aus, daß Albert und ein gewisser Achenbach, welcher in den Jünglingsjahren einem Lungenleiden erlag, die besten Schüler gewesen seien, welche er in seiner langjährigen Thätigkeit als Schulvorsteher überhaupt gehabt habe. Er hob seinen emsigen Fleiß, seine treue Pflichterfüllung, seinen rechtlichen Sinn, der unbekümmert um das, was andere thaten, stets den rechten Weg zu finden wußte, rühmend hervor und lobte ihn wegen seiner Bescheidenheit und rücksichtsvollen Liebenswürdigkeit gegen seine Umgebung.

Aber nicht nur in der Schule, sondern auch im häuslichen Kreise als liebevoller Sohn und Bruder war Albert das Bild der Vollkommenheit. Sein reich entwickeltes Gemüths- und Seelenleben offenbarte sich oftmals in einer kindlich unschuldsvollen Weise, welche in seltsamem Gegensatz zu der schon frühentwickelten, mannhaften Festigkeit seines Charakters stand. Seiner Mutter trug er eine rührende Verehrung entgegen, und während der letzten Zeit, welche er im elterlichen Hause zubrachte, bevor er in die v. Grabowsky'sche Offiziers-Vorbildungsanstalt zu Berlin übersiedelte, wich er kaum mehr von ihrer Seite.

Nach einem gut bestandenen Fähnrichsexamen trat Albert im April 1869 in das Garde-Artillerie-Regiment zu Berlin ein, lernte die Freuden und Leiden des anstrengenden Dienstes von der untersten Stufe an kennen und bezog in der Folge am 1. März 1870 die Kriegsschule zu Hannover.

Das Verhältniss Frankreichs zu Deutschland gab derzeitig zu ernsten Befürchtungen keinen Anlaß. War der politische Horizont auch nicht wolkenlos, so glaubte man doch um so weniger an eine bevorstehende Störung des europäischen Friedens, als sich die Gefahren, welche denselben in den letzten Jahren bedroht, immer wieder verzogen hatten. Der Wirbel der französischen Kriegstrommel, welcher im Frühling 1867 wegen Luxemburg, im Herbst desselben Jahres wegen Nordschleswig und im Jahre 1869 in Veranlassung der belgischen Eisenbahnangelegenheiten sich mächtig hatte hören lassen, war ohne Nachwirkung verhallt, und die vielgewichtigen Worte, mit denen der Kaiser Napoleon auch das Jahr 1870 begrüßt hatte, waren so außerordentlich friedliche gewesen, daß man mit Recht der Hoffnung auf einen ungestörten Fortgang des Friedens vollen Raum gab.

Da zog plötzlich am politischen Horizont ein bedrohliches Wölkchen herauf. Spanien hatte gewagt, einem hohenzollern'schen Prinzen den Thron anzubieten. Das war zu viel für den gallischen Zahn. Er blähte sich mächtig auf und schrie nach Deutschland hinüber, Genugthuung fordernd für die spanische Angelegenheit. Der Justizminister Ollivier sprach am 6. Juli die hochtönenden Worte: „Die Regierung will den Frieden und zwar mit Leidenschaft, aber mit Ehre. Sie ist überzeugt, daß die Erklärung des Herzogs von Gramont eine friedliche Lösung herbeiführen wird; denn so oft Europa sich überzeugt hält, daß Frankreich seine legitime Pflicht mit Festigkeit vertritt, widersteht Europa dem Wunsche Frankreichs nicht." — Aber das „Prestige" Frankreichs war nicht mehr wie ehemals gebietend über Europa; Deutschland wies die Anmaßungen würdevoll zurück, nicht ohne seinen Wunsch und Willen kundzugeben, alles für die Erhaltung des Friedens Förderfame zu thun, soweit es von ihm abhänge. Bald wurde es jedoch klar, daß die spanische Angelegenheit nur als Vorwand für einen wohl überlegten Plan diente, dessen Spitze gegen Deutschland und besonders gegen Preussen gerichtet war; denn auch als am 12. Juli der Erbprinz von Hohenzollern die Annahme der spanischen Königskrone abgelehnt hatte und somit der Grund des Haders fortgefallen war, hörte Frankreich nicht auf, Deutschland zu schmähen und zu bedrängen. Als aber die Anmaßungen sich bis zur Forderung einer schriftlichen Abbitte des Königs Wilhelm an den Kaiser Napoleon verstiegen, drang ein lauter Schrei der Entrüstung durch das deutsche Land, und die Gährung erreichte eine bedrohliche Höhe. Trotzdem glaubte man noch nicht an die Unvermeidlichkeit eines Krieges, als plötzlich am 15. Juli, wie ein Blitzschlag zündend, unter das deutsche Volk die Nachricht fuhr: Frankreich hat den Krieg erklärt; das Vaterland ist in Gefahr! — Der Süden reichte dem Norden die Hand; wie mit Zauberkraft wuchsen die deutschen Heere aus dem Boden; Jünglinge und Männer eilten in Schaaren unter die Fahne, um Blut und Leben der heiligen Sache zu weihen, und wer nicht mitziehen konnte dem Feinde entgegen, der widmete sich daheim dem Dienste des Vaterlandes. Mit Donnerhall brauste das erhabene Lied: „Die Wacht am Rhein" über die Lande.

Auch Albert wurde in vollem Maße von der Begeisterung ergriffen, welche alle beseelte. Auf der Kriegsschule gab man sich der freudigsten Ausgelassenheit hin. „Es ging alles aus den gewohnten Fugen; schon die folgenden Tage brachten ein eiliges schriftliches Examen,¹) und fort ging es zum Regiment in der schönsten Stimmung, die ein junges Soldatenherz bewegen kann."¹)

Albert schrieb an die Seinen: „Es steht ja jetzt fest, daß ein Krieg mit Frankreich ausbrechen wird. Aengstigt Euch meinetwegen nicht. Hoffentlich komme ich ja wohl und vergnügt wieder. Bedenkt, daß ein solches Ereigniß zu meinem Beruf, dem ich mich gewidmet habe, gehört, und daß es für mich vom größten Vortheil sein kann. Es hat nicht jeder Militär das Glück, daß gleich zu Anfang ein Krieg ausbricht; viele müssen warten, bis sie alt und grau geworden sind. Für mich ist der Krieg nach jeder Richtung bin vortheilhaft und geeignet, in der einmal erwählten Laufbahn etwas Tüchtiges zu werden."

Albert wurde der fünften leichten Batterie, welche zur zweiten Garde Division gehörte, als Portepee Fähnrich zugetheilt und verließ mit derselben am 29. Juli früh morgens Berlin.²) Obwohl nun die Truppen gegen die Grenze geführt wurden, war dennoch vielfach die Ansicht verbreitet, daß es zu einem wirklichen Kampfe gar nicht kommen werde, und noch am 3. August schreibt Albert aus Offstein unweit Mannheim: „Wie ich eben höre, sollen Friedensverhandlungen im Gange sein. Das wäre aber traurig; denn jetzt, wo wir einmal so weit sind, müßte doch wirklich losgeschlagen werden" — Fünf Tage später überschritt die Batterie mit der Avantgarde der Division bei Uttweiler die Grenze und marschirte gegen die Mosel. Unaufhaltsam ging es vorwärts in's feindliche Land hinein: „Man sieht hier auf den Dörfern, so schreibt Albert an die Seinen, nichts wie wehklagende und weinende Weiber und Kinder, die alle denken, daß wir ihnen mindestens den Hals abschneiden wollen. Erst wenn sie sehen, daß wir nur etwas zu essen verlangen und

---

¹⋅¹) Am 20. Juli schrieb Albert an seine Eltern: Saak und ich haben das beste Offiziersexamen gemacht. Der Herr Oberstleutenant sprach uns beiden für unseren Fleiß eine Anerkennung im Namen sämmtlicher Lehrer aus. Ich habe 140 Points. 105 soll man haben

¹⋅²) Die im weiteren Verlauf dieser Schrift angeführten Einzelheiten sind zum Theil wörtlich der dem Verfasser mit liebenswürdiger Bereitwilligkeit zur Verfügung gestellten, beziglichen Darstellung eines treuen Freundes des Verstorbenen, des Hauptmanns im 2. Garde Feldartillerie Regiment, Graf zu Dohna, entnommen.

²⋅³) Auf der Parade vor dem Ausrücken in's Feld belobte ihn der Commandeur der Garde-Artilleriebrigade, Generalmajor Prinz zu Hohenlohe, wegen des guten Examens.

außerdem alles bezahlen, beruhigen sie sich etwas. Vom Feinde ist nichts zu erblicken." —

Am 17. August lag die Batterie im Quartier in Bonconville als um 2½ Uhr morgens Alarmsignale die Schläfer weckten. Nach wenigen Minuten stand die Truppe marschbereit, und fort ging es ohne vorher eingenommenes Frühstück und ohne Futter für die Pferde ununterbrochen bis zum späten Abend in weit ausholendem Flankenmarsch in der Richtung auf Metz. Der nächste Tag brachte die ruhmreiche Schlacht bei Gravelotte, in welcher ein Drittel der stolzen, schönen Garde den feindlichen Boden mit seinem Blute netzte.

Ueber die Schlacht selbst, in welcher die fünfte leichte Batterie in exponirtester Stellung grosse Verluste erlitt, schreibt Albert, wie folgt:

Issoncourt, den 24. August. „Wir hatten vielleicht 18 Bivuacs hintereinander durchgemacht, schliefen meist auf der Erde, oftmals in strömendem Regen, tranken fast jeden Tag Champagner, assen den einen Tag trockenes Brod, den anderen die schönsten Rinderfilets, Beefsteaks u. a. Ich amüsirte mich sehr schön und erwartete, wie alle unsere Offiziere nur mit Sehnsucht den Tag, an dem wir endlich mit den Franzosen zusammentreffen würden. Bis zum 18. August waren uns dieselben fortwährend ausgewichen. Nur zwischen unserer Kavallerie, dem ersten und zweiten Dragoner-Regiment und der ersten reitenden Batterie und französischen Chasseurs war ein Zusammenstoss erfolgt, bei welchem unsere beiden, schönen Regimenter der sechsfachen Uebermacht des Feindes zum Opfer fielen. Sie sind fast gänzlich aufgelöst und haben eine Unzahl Offiziere verloren.

Am 18. morgens lagen wir, der Herr Hauptmann, die beiden Lieutenants und ich, ganz gemüthlich frühstückend im Chausseegraben, als sich in weiter Ferne Kanonendonner vernehmen liess. Zu gleicher Zeit erhielt das gesammte Garde-Corps den Befehl, sofort aufzubrechen. Im Eilmarsch begaben wir uns über Hannonville nach Mars la tour, überschritten das Schlachtfeld vom 16. August und nahmen die Richtung auf St. Marcel, Juaville, Habonville. Wir waren bald dem Feinde so nahe, dass bereits mehrere französische Granaten dicht vor unserer Batterie einschlugen. Sie richteten indessen keinen Schaden an.

Da meine Batterie einstweilen zur Reserve bestimmt war, stellten wir uns hinter einer Anhöhe auf und erwarteten die weiteren Befehle. Ich selbst ritt mit auf die Anhöhe hinauf, und hier sahen wir plötzlich das ganze Schlachtfeld in seiner vollen Ausdehnung vor uns. Die Franzosen hatten eine furchtbare, festungsartige Stellung inne, welche sie für uneinnehmbar hielten. Indessen fühlte ich in mir die feste Ueberzeugung, dass die Franzosen geschlagen werden müssten, und dieses war der Geist, welcher die ganze Armee beseelte. Ich übersah von meiner Stellung aus ein Artilleriegefecht, wie es wohl wenige bis jetzt gegeben hat. Tief unten stand die gesammte Corps-Artillerie des Garde-Corps unter Oberst von Scherbening und feuerte gegen die gedeckt stehende feindliche Artillerie; links war das zwölfte Armeecorps herangemarschirt, und von rechts tönte unaufhörlich der Kanonendonner des schon seit mehreren Stunden im Kampf befindlichen neunten Corps.

Jetzt nahte der Moment, wo auch wir vorgehen sollten (um 4 Uhr Nachmittags). Die feindliche Artillerie war durch die unsere zum Schweigen gebracht; unsere Infanterie rückte vor, und wir sollten den Angriff derselben unterstützen." —

Die Batterie trabte nun in den Bleimantel hinein, welcher den Höhenzug bei Amanvillers umschwebte. Das Getöse der Schlacht übertönte jedes Kommandowort. Das Schnellfeuer rasselte mit nie gehörter Heftigkeit. Der Himmel war in eine weiße Pulverwolke gehüllt, welche die Sonne verdunkelte; nur die brennenden Dörfer hoben sich manchmal aus derselben hervor, während das Aufblitzen der Schüsse den Eindruck machte, als wenn Himmel und Erde ein Flammenmeer wären. Erst allmählich vermochte man sich zu orientieren, wo der gefährlichste Gegner stand."*)

Als die Batterie auf 2000 Schritt hinangekommen war, überschüttete der Feind dieselbe mit einem Kugelregen ohne Gleichen. „Selbst die Leute, die 1866 mit waren, sagt Albert in seinem Brief, können sich eines solchen Infanteriefeuers nicht entsinnen. Nichtsdestoweniger protzten wir ab und begannen unsere Granaten in die feindlichen Kolonnen zu senden. Indeß war eine Anzahl feindlicher Tirailleurs in unserer Flanke erschienen und eröffnete ein mörderisches Feuer auf die Batterie. Schon beim Einrücken in die Position fielen verschiedene meiner Leute; jetzt aber stürzten Mannschaften und Pferde unaufhörlich. Von meinem einen Geschütz war in ein paar Minuten die ganze Bedienung und fünf Pferde weggeschossen. Die Kugeln pfiffen uns um die Ohren, streiften den Rock, schlugen oft wenige Zoll vor uns ein. Zwei Schritt von mir stand Lieutenant Roth, ein besonders liebenswürdiger Offizier, den ich sehr lieb gewonnen hatte. Er war der einzige von uns, der abgestiegen war, weil sein Pferd nicht stehen wollte. Plötzlich schreit er auf, er hat eine Kugel im Bein. Ich lasse ihn durch einen Trompeter zurückbringen. Kaum zehn Schritt weiter erhält er eine Kugel durch das Handgelenk und stürzt zu Boden. Als er sich nochmals aufrafft, erhält er eine Kugel durch's Herz. — Ihr könnt es Euch vielleicht nicht denken, geliebte Eltern und Brüder, aber ich sah alles dieses eigentlich ohne Empfindung. Man erwartete ja jeden Augenblick ganz dasselbe, und die ungeheure Größe der Gefahr, der die Ueberlebenden wie durch Gottes Wunder entgangen sind, stumpfte für alle derartigen Empfindungen vollständig ab. — Der Herr Hauptmann sah ein, daß die Batterie in dieser Stellung vollständig aufgerieben werden würde und beschloß, eine günstigere Position zu wählen. Gerade als das Kommando zum Aufprotzen gegeben war, stürzte mein Pferd unter mir zusammen, und in demselben Augenblick sank dicht bei mir der Adjutant des Artillerie-Kommando's, Hauptmann von Hadeln, todt vom Pferde. Ich stürzte mich sofort auf dessen Pferd und bestieg es. Unglücklicherweise war dies ein Schimmel. Ich wurde gewahr, daß die Kugeln mir jetzt in verstärktem Maße um die Ohren sausten; der Schimmel erhielt eine Verwundung auf dem Rücken, und es wurde mir klar, daß die Tirailleurs gerade ihn als willkommenes Ziel benutzten. Zum Glück waren wir in der Bewegung. Wir beschrieben nun einen weiten Bogen und fuhren hinter dem brennen-

nenden Gehöft Champenoy in der Weise auf, daß wir gegen das Flanken
feuer gedeckt waren und nur noch das frontale Feuer erhielten.²⁰¹)
     Dicht neben uns standen zwei Geschütze hessischer Artillerie ohne
Pferde, mit nur wenigen Mannschaften und einem Lieutenant. Sie hielten
ruhig im Feuer aus, obwohl sie nicht schießen konnten, weil sie keine
Munition mehr hatten. Der ganze übrige Theil der Batterie, alle Mannschaften, Offiziere und Pferde waren todtgeschossen. Wir gaben ihnen
einen Theil unserer Munition ab und begannen jetzt ein mörderisches
Feuer gegen die feindliche Infanterie beim Chateau Montigny la Grange.
Sobald wir in Position waren, sprang ich vom Schimmel herunter und
ließ denselben aus der Batterie jagen. Ich sah mich nach einem anderen
Pferd um, als plötzlich mein „Habicht" mit den tollsten Bocksprüngen auf
die Batterie zugerannt kam und ordnungsmäßig seinen Platz an der Stelle
einnahm, wo ich als Zugführer immer halte. Meine Freude war groß.
Das arme Thier hatte einen Schuß durch beide Kiefern bekommen und
war wahrscheinlich vor Schmerz und Schreck zusammengebrochen. Ich
bestieg ihn sofort wieder.
     Wir erhielten jetzt Befehl noch einige hundert Schritt weiter vorzu-
gehen; wir verloren jedoch so viele Mannschaften und Pferde dabei, daß
wir wieder in die alte Position zurück mußten. Ich selbst erhielt zwei
Kugeln gegen den Helm, wovon die eine abprallte, die andere nur den
Adler durchdrang. Lieutenant Freiherr von Tauchnitz wurde leicht verwundet; der Herr Hauptmann erhielt drei matte Kugeln.
     Wir beschossen jetzt den Feind noch so lange, bis sich die dicken Ko-
lonnen zum Rückmarsch anschickten. Auch die zurückgehenden Kolonnen
wurden noch stark beschossen. Es war auf die große Entfernung hin
sonderbar anzusehen, wenn die Granaten einschlugen. So eine ganze Ko-
lonne stürzte dann vollständig auseinander und sammelte sich erst allmählig
wieder. Bald darauf erhielten wir den Befehl, nicht mehr zu schießen,
weil unsere eigene Infanterie schon zu weit vorgegangen sei. Es war ein
Infanterie-Kampf, wie es Keinen bisher gegeben hat!
     Als es zu dämmern begann, gingen wir einige hundert Schritt zu-
rück, um aus dem Infanteriefeuer herauszukommen. Plötzlich fühlte ich
einen starken, stechenden Schmerz im linken Oberarm. Ich griff mit der
anderen Hand hin und preßte sie auf die schmerzende Stelle; dann ritt ich
zum Hauptmann, um ihm mitzutheilen, daß ich eine Kugel im Arm hätte.
Eben wollte ich schon zum Verbandplatz reiten, als mir die Kugel aus
dem Aermel fiel. Sie hatte nicht einmal das wollene Hemd durchdrungen!
     Die Sonne ging purpurroth hinter den blauen Gebirgen unter und
beleuchtete mit ihren letzten Strahlen ein Bild der Verwüstung und Vernichtung, des Jammers und des Elends, wie es sich nur derjenige vorstellen kann, der es mit eigenen Augen gesehen hat. Keine Feder ist im
Stande, es zu beschreiben, und ich will möglichst schnell über die Stunden
hinweggehen, welche dem blutigen Tage folgten und an welche man nur
mit Schrecken zurückdenken kann.

²⁰¹) Siehe Generalstabswerk, Heft 8 Plan 8a, woselbst die Bewegung der 5. leichten Batterie angegeben ist.

Nachdem wir eine kurze Rast gehalten hatten, welche dazu benutzt wurde, die Leiche des Lieutenants Roth aufzusuchen, gingen wir über das Schlachtfeld zurück, während die Infanterie noch die eigentliche Verfolgung in der Dunkelheit fortsetzte.

Die Sonne war untergegangen, nur noch einzelne, goldene Strahlen zuckten über das grausige Schlachtfeld, und in diesen letzten Strahlen sandten wir alle ein heißes Dankgebet zu Gott empor, daß er uns so gnädig beschützt hatte. — Im Scheine der brennenden Dörfer setzten wir unseren Weg über Leichen und Verwundete fort und bivouakirten eine Viertelstunde hinter dem Schlachtfeld zwischen dem Bois Dossemllons und dem Bois de la Cusse.

Unser Corps hat enorme Verluste erlitten. Aus fast allen Regimentern sind nur zwei Bataillone gebildet worden; eine Unzahl Offiziere ist gefallen. Das Garde-Schützenbataillon, welches in unserer nächsten Nähe stand, hat nur noch einen Offizier und auch dieser ist verwundet. Unser Regiment hat so viel an Offizieren und Fähnrichen verloren, wie die gesammte Artillerie im Kriege 1866 circa." —

Im Bivouac war an Lebensmitteln nur etwas Rindfleisch, Brod gar nicht vorhanden. Die Mannschaften aßen theils rohes Fleisch mit Salz, theils gar nichts. Wasser war nicht zu finden; die Pferde hatten schon 36 Stunden kein Wasser gehabt; den Mannschaften erging es nicht besser. „Todmüde wie alles war, schlief ein jeder, wo er stand", sagt das Kriegstagebuch der Batterie. Die Batterie hatte an diesem Schlachttage 375 Schuß abgegeben und 21 Mann und ebenso viel Pferde durch Tod oder Verwundung verloren, ein geringer Verlust im Vergleich zu dem verheerenden Feuer, welchem sie ausgesetzt gewesen war."')

Die Batteriechef aufgestellte Relation der Schlacht nennt Albert unter denjenigen, „die besonders hervorzuheben sind wegen ihrer Ruhe und Umsicht in Ausführung der dienstlichen Obliegenheiten im Feuer."

In dem Brief, welchen Albert am 25. August aus Bézeaux absandte, dem letzten Brief von ihm, welcher in die Heimath gelangte, schrieb er: „Die Garde-Artillerie ist von Sr. Majestät dem König mehrere Male belobt worden! Ich selbst bin zu meiner großen Freude vom Herrn Hauptmann zur Auszeichnung eingegeben worden, weil ich nach dem Tode des Lieutenants Roth auch dessen Zug in der Schlacht geführt habe. Allein es haben sich so sehr viele ausgezeichnet, daß es noch sehr fraglich ist, ob man als Fähnrich das goldene Verdienstkreuz oder das eiserne Kreuz überhaupt bekommt. Ich fühle mich sehr glücklich in meinem Beruf, den ich mir ja doch unter ganz anderen Verhältnissen wählte. Mit jedem Tage im Felde fühle ich mehr und mehr, daß ich gerade den für mich richtigen Stand ergriffen habe. Ich bin mit Leib und Seele Soldat und setze für meinen Beruf freudig mein Leben ein."

Der Marsch von Metz zuerst auf Paris und vom 25. August ab in nördlicher Richtung auf Sedan war für diejenigen, welche zu Pferde saßen nicht sonderlich anstrengend, wenngleich fast während des ganzen Tages marschirt wurde. Am 30. August stand das Corps bereits bei Beaumont, woselbst das vierte Armee-Corps den Feind angegriffen hatte. Die Garde blieb in Reserve, und so gelangte die fünfte Batterie erst spät abends auf das Schlachtfeld, wo sie zwischen Todten und Verwundeten biwakirte. Am Tage darauf setzte sie ihren Marsch auf Carignan fort, wurde unterwegs aus einem zerschossenen, französischen Eisenbahnzuge verpflegt und bezog spät abends Quartier in Messingcourt, hart an der belgischen Grenze. Am nächsten Morgen (1. September) riefen bereits um 5½ Uhr Alarmsignale die Truppen zu den Waffen; um 8½ Uhr stand die gesammte zweite Garde-Division kampfbereit in Rendezvous-Stellung bei Villers-Cernay. Das Garde-Corps erhielt den Auftrag, in das Gefecht bei Daigny und la Moncelle einzugreifen. Es war dies die Stelle, auf welche die Franzosen ihre letzte Hoffnung auf einen Durchbruch gesetzt hatten, nachdem es ihnen klar geworden war, daß sie von allen Seiten eingeschlossen seien. Um 9½ Uhr bekamen vier Batterien der Division den Befehl, Daigny in Brand zu schießen. Dies konnte jedoch nicht ausgeführt werden, weil der kleine Ort tief im Grunde durch Strauchwerk dem Auge völlig entzogen war. Die Batterien nahmen daher die feindliche Stellung jenseits des Grundes auf den Höhen westlich und nordwestlich von Sedan in Angriff. Sie fuhren bis auf 2000 Schritt in das feindliche Feuer hinein und hatten dabei viele Verluste. Die Wirkung der Granaten in der feindlichen Infanterie auf dem gegenüberliegenden Höhenzuge war furchtbar. Bei dem hellen, wolkenlosen Wetter ließ es sich genau beobachten, wie die Granaten den Boden umpflügten und die getroffenen Massen auseinanderstoben. Tausende sanken hier in den Tod; jeder Vorstoß des Feindes wurde zurückgewiesen. — So kam die elfte Tagesstunde heran. Aus der Ferne, der Garde-Aufstellung gegenüber, vernahm man dumpfen, ununterbrochenen Kanonendonner. Es waren die Batterien des Kronprinzen; der eiserne Ring begann sich zu schließen; ein jeder fühlte, daß die Entscheidung nahe sei.[202])

Seit 1½ Stunden stand die fünfte leichte Batterie im Feuer, den linken Flügel einnehmend. Da kam die fünfte schwere Batterie herangefahren, um sich neben sie zu stellen. Dies veranlaßte die erstere eine Rückwärtsschwenkung von circa 100 Schritt auszuführen. Bei dieser Bewegung, welche unter dem heftigen Feuer der französischen Schützen, die sich am jenseitigen, bewaldeten Abhange eingenistet hatten, ausgeführt wurde, traf Albert eine tödliche Kugel. Im Begriff sich auf sein Pferd zu schwingen, den linken Fuß schon im Bügel, sank er mit dem Ausruf: „Ach Herr Hauptmann" zurück und war todt. Die Kugel hatte ihm das Rückgrat zerschmettert. —

„Die Leiche blieb nun einige Zeit vor der Batterie liegen; erst später brachte man sie hinter dieselbe. Die Batterie stand noch bis zwei Uhr in dieser Position im Feuer; sie verlor todt und verwundet 16 Mann und ebensoviel Pferde und verschoß 417 Granaten. Als die Batterie nach Givonne aufbrach, woselbst sich die zweite Garde-Division vereinigte, wurde Alberts Leiche mit fortgeführt und im Bivouac in ein Zelt gebettet. Während des Abends wurde wieder alarmirt; die Batterien standen im Bivouac lange bereit, um Sedan zu beschießen, während noch vergeblich um die Kapitulation verhandelt wurde."

202) Die Preußische Garde im Kriege 1870/71 von Rud. Lindau.

„Der folgende Tag, der 2. September 1870, der wirkliche Sedan Tag begann mit starkem Regenwetter. Gegen Mittag klärte es sich auf. Albert's Leiche war an eine Stelle am Calvaire d'Illy gebracht worden. Hier wurde er gleichzeitig mit seinem gefallenen, geliebten Regiments Commandeure Oberst von Scherbening in feierlicher Weise zur Ruhe bestattet. Seine Kameraden hatten ihm einen Kranz geflochten mit ungeübten Händen und von den Zweigen des ersten besten Baumes; aber manche Thräne fiel während der Arbeit auf diesen nieder." —

„Albert war mit allen äußeren und inneren Vorzügen ausgestattet, wie selten ein Mensch; sein kindlich vergnügtes Wesen erwarb sich schnell aller Herzen, und doch mußte er sterben, so jung — aber so brav und ehrenvoll!" —

Was an Albert verloren ging, vermag nur derjenige zu ermessen, der ihn gekannt hat! Das sonderbare Spiel der Natur, welches in seinen Charakter dieselben hervorragenden Eigenschaften gelegt hatte, durch welche sich sein alter Vorfahre, der erste Bürgermeister Peter Hinrich Tesdorpf auszeichnete, offenbarte sich auch im Aeußeren. Das edle Antlitz des 18jährigen, schönen Jünglings zeigte denselben festgeschlossenen, willensstarken Mund, ein gleich entwickeltes Kinn und vor allem denselben ernsten, ruhigen, klaren Blick, welcher aus dem Bildniß des alten Peter Hinrich Tesdorpf hervorleuchtet. Auch Albert war gleich ihm zu den höchsten Ehren befähigt; auch er würde bei allen Erfolgen die Bescheidenheit im Denken über sich selbst, die wohlwollende Liebenswürdigkeit gegen seine Mitmenschen und das Streben nach höchster Vollkommenheit nicht verloren haben. Beide zeichnete ein unwandelbares Gottvertrauen aus.

Albert ist das Opfer unseres Geschlechtes für die große Zeit, welche Deutschlands Träumen und Hoffen von Einigkeit und Stärke ruhmreich verwirklichte und seinen Söhnen endlich das Gefühl des eigenen Werthes, des Stolzes auf das Vaterland wiedergab.

Schlußworte.

Die Wanderung durch 300 Jahre ist beendet. Viele Auf und Niedergänge hat unser Geschlecht in dieser Zeit durchlebt; in mannigfacher Weise haben unsere Vorfahren den Einfluß der großen, völkerbewegenden Ereignisse verspürt.

So verschiedenartige Wege die einzelnen Zweige aber auch wandelten, immer wieder traten bei einzelnen die guten Stammeseigenschaften bedeutsam hervor.

Möge das Gefühl der Zusammengehörigkeit in allen Mitgliedern unseres Geschlechtes neu erstarken und zu vollem Bewußtsein der daraus erwachsenden Pflichten gegen einander führen; möge sich die heranwachsende Jugend die Schwächen und Fehler der Vorfahren zur Mahnung dienen lassen, sich erbauen und erheben an dem, was die großen Charaktere erstrebt und erreicht haben und ihnen nacheifern; möge sie immer eingedenk bleiben unseres schönen Wahlspruches:

„Pie. Honeste. Temperanter."

Anhang.

I. Ueber die verschiedene Schreibweise unseres Geschlechtsnamens.

Es ist eine bekannte Thatsache, daß man in früheren Jahrhunderten die Geschlechtsnamen meist schrieb, wie man sie sprach. Die große Genauigkeit der Schreibweise, welche heutigestags vorherrscht, war früheren Zeiten unbekannt.

Die Umwandlung unseres Geschlechtsnamens von Tesdorp in Tesdorpf läßt sich an Hand der vorhandenen Urkunden nachweisen. Zuerst, unter dem Diensteid des Vogtes auf Neuwerk, kommt: Tesdorp vor. (Dorp ist die niederdeutsche Form für Dorf.) D und T wurden häufig verwechselt; Torp ist ebenso häufig wie Dorp, und so setzt 1629 der Rathsschreiber unter denselben Diensteid, welchen Peter Tesdorp leistete, die Worte: hoc juramentum praestitit Evert Testorp. Seinen Brief an den Rath von Hamburg unterzeichnet Evert dagegen selbst mit Teßdorp, während er in demselben Brief seinen „leiblichen Vater": Teßdorff schreibt und Evert's Bruder Johann 1634 seinen Diensteid mit: Teßdorff unterzeichnet, am Anfange der Urkunde aber selbst Teßtorff schreibt. In der Folge, als sich das Hochdeutsch mehr einbürgerte, verwandelte sich Dorp in Dorf. Im bischöflichen Paß von 1638 steht Johann Teßdorff; auch in der hamburgischen Bürgerliste von 1650 ist „Hartwig Teßdorff" geschrieben. Im nächsten Zeugniß von 1679 im Lübeckischen Niederstadtbuch wird Hartwig Testorff als Bruder von Johann Testorff genannt, während des letzteren Sohn Peter Hinrich das eine Mal Testorff, das andere Mal Tesdorff geschrieben wird. Dieser Peter Hinrich unterzeichnet sich dann noch am 20. October 1680 als Peter Hinrich Testorf, wie eine Urkunde zu Eutin beweist, während daselbst erhaltene Briefe von seiner Hand aus späterer Zeit wie auch sein letzter Wille und das Geheimbuch mit Tesdorpf unterschrieben sind. In gleicher Weise kommt der Name auch auf der Denkmünze von 1715 vor. Diese Schreibweise ist darauf zurückzuführen, daß man in der damaligen Zeit vielfach Dorpf für Dorf schrieb.

Wie ungenau man bei der Namensschreibung auch um 1720 noch war, beweist, daß Johann Heinrich von Seelen im Nachruf des Peter Hinrich: Tesdorf und Pastor von Melle an St. Marien: Teßdorff schreibt, während in den Gedichten zur Verherrlichung der Bürgermeisterwahl Peter Hinrich's die Schreibweise sogar vollständig aus den Fugen geht: da findet sich „Tesdorpff" neben „Teßtorpff"!

II. Ueber andere Familien gleichen Namens.

In Anbetracht der fünf mit unserem Geschlechtsnamen gleichlautenden Orte ist die Möglichkeit vorhanden, daß an mehreren, verschiedenen Orten der Name zum Geschlechtsnamen wurde, ohne daß ein Zusammenhang zwischen den Trägern desselben bestand. So z. B. ist kein Zusammenhang nachweisbar zwischen unserem Geschlecht und der im Mecklenburgischen, besonders in Rostock ansässigen Familie Tesdorff, deren Vorfahre der unter dem 2. Februar 1687 in die Rostocker Bürgerliste eingetragene Böttchermeister Friedrich Teßdorff ist.

In den Hamburger Bürgerlisten ist der zu unserem Geschlechte gehörige Hartwig Teßdorff der älteste des Namens (1650). Erst 43 Jahre später kommt ein Daniel Teßdorff vor, welcher als Fremder 40 Rthlr. Bürgergeld zahlte. Er wohnte im Zippelhaus, später in der Hänkenwiete und war Arbeiter. 1693 verheirathete er sich mit Jungfrau Maria van Drylen. Diese fünf Kinder hatten sehr zahlreiche Nachkommen, welche sich in den Kirchenbüchern von St. Catharinen und St. Jacobi verzeichnet finden. Dennoch scheint die Familie zu Ende des vorigen Jahrhunderts ausgestorben zu sein, wenn sie nicht auswanderte.

III. Nachweis, daß Evert, Hartwig und Johann Brüder waren, beziehungsweise, daß Peter Tesdorp unser Vorfahre ist.

In den Exequias tristes funeri Petri Henrici Tesdorfii des Io. Henr. a Seelen heißt es in Uebersetzung:

25

„Es traf ihn (Peter Hinrich)' aber und seine älteren Brüder Eberhard und Hartwig, die beide ohne Nachkommen gestorben sind, ein harter Schlag. Als unser Freund nämlich noch nicht drei Jahre alt war, wurde ihm sein liebevoller Vater durch den Tod entrissen."
Nun ist aber urkundlich (durch Peter Hinrich's letztwillige Verfügungen, betreffend die Tochter der Johanna Felicitas, und auch durch von Melle's Geschlechterbuch) festgestellt, daß Peter Hinrich nur eine Schwester, Johanna Felicitas, und keine Brüder besaß. Da gegen findet sich im Lübeckischen Niederstadtbuch von 1679, 49B folgendes Nächstenzeugniß:
Hans Heicke und Paul Runge Zeugen glaubwürdig fromme Männer vor E. h. b. w. Rath der Stadt Lübeck in gericht persönlich zugegen erschienen haben mit ausgestreckten Armen und erhobnen ihren leiblichen Fingeren zu Gott dem Allmächtigen, wie recht ist schwerend reteficiret und wahr gesaget d. Peter Hinrich Tesdorff von seinem Vater Johann Tesdorff nun mehr sehl. und desselben gewesenen ehelichen Hausfrauen Christina Heremanns seine Mutter so noch im Leben und recht aus einem ehelichen Brautbette zu Schwartau im hiesigen Stifft Lübeck belegen erzeuget und gebohren und thaten dem nach obgedachten Peter Hinrich Tesdorff zu sehl. Hartwig Tesdorff in Hamburg als voreremeldeten seines sehl. Vaters Bruder nachgelassenen Güthern so weit er rechtswegen dazu befuger hiemit negst Zeugen: Ohne geferde so wahr ihnen gezeugen Gott der Allmächtige helffen solle.
Actum d. 28. Martii 1679. Jussu consulatus.
Wir haben hier den urkundlichen Nachweis, daß Hartwig der Bruder unseres Johann war. Seelen berichtete also insofern falsch, als er sagte: „ihn und seine älteren Brüder Eberhard und Hartwig" anstatt: ihn und seines Vaters ältere Brüder Eberhard und Hartwig". Hartwig war Bruder Eberhard's (in Abkürzung Evert) und auch Bruder Johann's, also waren auch Eberhard oder Evert und Johann Brüder, woraus wiederum folgert, daß Peter Tesdorp Johann's Vater war und mithin unser Vorfahre ist.
Evert spricht in seinem Brief von 1528 übrigens auch von dem „auf uns Erben außgebenden schaden", und ferner machte im Jahre 1538, zu welcher Zeit Evert Vogt auf Neuwerk war, Johann eine Reise nach dem Amte Ritzebüttel um „seine daselbst habenden, rechtmäßigen Forderungen geltend zu machen", wie der bischöfliche Paß (siehe unter „Johann Tesdorff", meldet.

IV. Urkunde vom Jahre 1646, betreffend die Belehnung des Amtsschreibers Johann Tesdorff mit einem Hofe bei Renfefeld durch Bischof Johann von Lübeck.

(Actenkammer zu Eutin.)

Von Gottes gnaden Wir Hanns, Erwehlter Bischoff zu Lübeck, Erbe zu Norwegen, Herzog zu Schleswigk, Holstein, Stormarn und der Dithmarschen, Graffe zu Oldenburgk und Dellmenhorst, thun kundt und bekennen hiemit, für Unnß, Unnsern Successorn am Stifte Lübeck und sonst Jedermenniglich: Demnach Unnß der Ehebar Unnser Ambtschreiber zum Kaltenhoffe und lieber getrewer Johann Tesdorff, Zeit werender Unnser Regierungk, allemahl trew und aufwärtig gewesen, Unnd, nach besten seinen Vermögen gute Dienste geleistet, daß wir also Uf sein Unterthäniges bitten, Marcus Grambstorffen wüstes Erbe zwischen Hennigs Prawest unnd Harmen Westerman zum Renfefelde belegen, Ihm auß gnaden frei gegeben, Unnd damit belehnet haben, gestaldt wie Wir dan Ihme nochmalen hiemit benanntes Erbe in gnaden frey geben und damit belehnen, dergestalt und also, daß er, Und Ein seiner Erben nach Ihm, selbiges Erbe innen haben, besitzen und gebrauchen sollen und mögen, ohne abstatungk einiger Hove Diensten, contributionen oder anderen Zulagen wie die nhamen haben, außgenommen daß dem Pastoren sein deputat Dar Von solle gereichet werden, Da aber Er und Ein seiner Erben, nach Gottes willen würden mit Todt abgehen, sollen seine folgende Erben in das Kaltenhoffer Ambt, Register wie Vor diesem geschehen, Jährlich Dar Von Zwei und Zwanzigt marck Lübisch, zu entrichten, Unnd im übrigen wegen der allgemeinen Zulagen, dem Nachbar gleich zugeben schuldigk seyn. Zu Uhrkundt dessen, haben wir diese Begnadigungk mit Vnnsern fürstl. Handtzeichen, und auffgedruckten Cammer Sigell bekrefftiget.

So geschehen Uff Vnnser Residentz Eutin
Den I Martz Anno 1646   gez. Hanns.

Diese Belehnung wurde vom Domkapitel zu Lübeck bestätigt am 29. Mai 1647.

Die Befreiung von den Lasten und Abgaben wurde Veranlassung zu vielen Streitigkeiten, welche dahinführten, daß der Staat zum Zwecke der Aufhebung der Vergünstigungen den Hof im Jahre 1782 durch Ausübung des Vorkaufrechtes von dem Ururenkel des Johann Teßdorff, dem lübeckischen Kaufmanne und späteren Rathsherren Peter Hinrich Tesdorpf (Linien Tesdorpf-Rücker und -Meyer) für die Summe von 11,000 Mark C. erstand.

V. Empfehlungsbrief des Bischofs Johann von Lübeck für den Amtschreiber zum Kaltenhof, Johann Teßdorff „an den Greven im Lande Hadeln" von 1638.

(Urkundenkammer zu Oldenburg.)

Hannß ꝛc.

Unsern gnedigen grueß zuvor, Ehrenvester lieber besonder.

Eß hat Vns Vnser Ambtschreiber zum Kaltenhooff vnnd lieber getrewer Johann Teßdorff vnderthenig gepeten, Wir gerueten Ihn in gnaden vorbitlich an Euch zu verschreiben, damit er zu seinen daselbst habenden rechtmeßigen Forderungen, vmb so viel besser gelangen und kommen möchte. Alß Wir nun demselben wegen seiner getrewen Dienste zu gnaden wol gewogen, vnnd Ihn gern geholffen sehen mochten, So haben Wir Ihm solchs nicht zu versagen gewußt, vnnd ist vnser gnediges Ansinnen, Ihr wollet ohnbeschwert so viel Recht vnd billigkeit zulaßen, Ihm in seinen sachen beforderlich sein vnnd zu gewundschter endschafft damit verhelfen, Solchs sein Wir allemahl mit gnaden, damit Wir Ihm wol bey gethan sein vnd geneigten guten Willen zu erwiedern erbötig vnd wol geneigt, Geben vff vnser Residentz Eutin den 14. Jan. Anno 1638.

VI. Ueber die verschiedenen Darstellungsweisen des Geschlechtswappens.

Es kann der noch vielfach verbreiteten Ansicht, als sei die äußere Form eines Wappens ein für allemal feststehend und sclavisch nachzuahmen, nicht oft genug entgegen getreten werden. Die Darstellungsweise des Wappens ändert sich, wie sich die Kunstformen der verschiedenen Zeiten ändern. Bedingniß im vorliegenden Falle ist nur: der springende, goldene Hirsch im blauen Felde (Schild). Alles andere ist veränderlich je nach der Art der Darstellung.

In den Zeiten der guten Wappenkunst stellte man die Wappen ausnahmslos mit Helm, Helmzier und Helmdecken dar. In solcher Gestalt hat unser Wappen, wie die ältesten Siegel beweisen, als Helmzier einen aus einem Wulst herauswachsenden Hirsch zu tragen, während die blauen Decken goldenes Futter zeigen. Der Wahlspruch: „Pie, Honeste, Temperanter" kann hinzugefügt oder fortgelassen werden. Er steht in keiner unmittelbaren Beziehung zum Wappen; aber als Wahlspruch des würdigen, ehrenfesten Mannes, von dem alle jetzt lebenden Tesdorpfe abstammen, verleiht seine Hinzufügung dem Wappen einen höheren Werth und ein besonderes Unterscheidungszeichen von dem gleichen Wappen anderer Familien.

Zu Anfang dieses Jahrhunderts war es Gebrauch, Helm und Helmdecken fortzulassen und an deren Stelle allerlei Nebensächliches dem eigentlichen Wappen hinzuzufügen. Darauf ist die Darstellungsweise zurückzuführen, in welcher der Rathsherr und Bürgermeister Peter Hinrich Tesdorpf, 1751–1832, das Wappen führte: Der Wappenschild mit dem springenden Hirsch wird von einem mächtigen Löwen gehalten, unter welchem ein Lorbeerzweig liegt.

(Hier sei noch angefügt, was Professor Ad. M. Hildebrandt in seiner vorzüglichen, im Auftrage des Vereins „Herold" herausgegebenen Wappenfibel über bürgerliche Wappen sagt: Bürgerliche Wappen erscheinen bereits in sehr früher Zeit und lassen sich schon um 1300 nachweisen; sie unterscheiden sich in den meisten Fällen nicht von denen des Adels. Im 16. und 17. Jahrhundert war die Sitte, Familienwappen zu führen, eine ganz allgemeine, und es wurde ihr noch durch die von den Kaisern, bezw. in deren Namen von den Hof-Pfalzgrafen (Comites Palatini) ausgestellten Wappenbriefe Vorschub geleistet. Als die Heraldik zu einer todten Wissenschaft herabsank, verschwanden auch die bürgerlichen Wappen allmählich. Erst in neuester Zeit legen auch bürgerliche Geschlechter wieder Werth auf Führung von Wappen, dieser Zug der Zeit sollte kräftig unterstützt werden, da einerseits ein altes, eines Geschlechtes zugehöriges Familienwappen wesentlich zur Hebung des Familiensinnes beiträgt, andererseits auch Wappen in dekorativer Hinsicht von großem Werth sind, vorausgesetzt, daß sie zu stilgerechter Darstellung gelangen.)

VII. Urkunde vom Jahre 1714, betreffend den Kauf der Familien-Grabkapelle in St. Marien zu Lübeck.

Kirchenarchiv von St. Marien, Protokoll fol. 140. b. von 1714.

"Anno 1714 d. 18 Maji haben p. t. resp. Hn. Vorsteher dieser St. Marien Kirche, benandt Sr. Magnif. Hn. Johannes Weßten, Bürgermeister, Sr. Wohlw. Hn. Gerhard Ritter Rathsv. Hn. Jacob Hübens und Hn. Adolph Brünningk fürnehme Bürger, das, allhier in der so genandten Diaconen Capelle (weil solche Capelle sich die p. t. Diaconen bey austheilung der Aermengelder, mit Consens der Hn. Vorsteher, St. Alten Klappenbuche 14b sich bedienen sub. Nr. 451 belegene und der Kirchen bisanhero, laut Alten Klappenbuche fol. 14a zugehörig gewesene große gemauerte grab, Sr Wohlw. Herrn Peter Hinrich Testorpff Rathsv. als welches solches von Hochgedachten Hn. Vorstehern, um und für dreyzehn hundert Marck an Sich erhandelt, pleno Jure cediret und Erb und Eigenthümlich übertragen. Wenn denn solche Kauff Summe der 1300 ł von Hochgedachten Hn. Emtore heute baar wohl erhalten, als hatt selbiger obspecificirtes Grab von nun an und hinführo, für Sich und die Seinigen Erb und Eigenthümlich zu gebrauchen. Der Kirchen Jhre a parte gebühr wegen der umschreibung 10 ł: habe nebst obgedachter Kauff Summa zugleich wohl erhalten und solches in der 7 Woche nach Ostern berechnet".

Randbemerkung:

Anno 1720 d. 14 Maji haben Sr. Magnific. H. Peter Hinrich Testorph Bürgermeister: Dieser Kirche zu desto besserer unterhaltung der Capelle worinnen Sr. Magfi. Erb begrabniß belegen auch die Diaconi dieser Kirchen Jhre Austheilung haben, 300 ł d. Crt. verehret und zugleich dem Werckhause bezahlen lassen. Der höchste ersege diese güthe mit Zeitlichen und Ewigen Seegen, um Jesu Christi willen. Diese 300 ł sind berechnet in der 7 Woche nach Ostern dieses Jahr.

VIII. Brief von Johann Matthäus Tesdorpf an Gottfried August Bürger.

(Aus Bürger's Nachlasse.)

Lübeck, den 7. Februar 1776.

Liebster Bürger!

So süß und harmonisch war Deine Leyer wol nicht bey Deiner Mutter, als bey Deines Großvaters Grabe gestimmt. Das Gedicht ist und bleibt für mich noch immer das beste Leichen Carmen. Alle Leute, denen ich's zeige, rühret es. Und so wie Deine Gedichte bey mir immer einen vorzüglichen Werth behalten, so auch Deine Freundschaft. In dieser finde ich soviel süßes, erquickendes, ja in traurigen Stunden so viel trostreiches, welches ich um vieles nicht entbehren möchte. Ich rechne so oft die Möglichkeiten aus, wie wir uns wol einmahl wieder persönlich sprechen könnten; und dann wann mich alle Wahrscheinlichkeit dazu verläßt, so tröste ich mich mit der Hoffnung, daß unsere Wege jenseits des Grabes einmahl zusammen stoßen werden.

Deiner Mutter Todt mußte Dir natürlicher Weise im Anfange wol zu Herzen gehen. Aber sonst glaube ich, kannst Du nun doch wohl besser und bequemer leben wie sonst. Du sprichst von einer vortheilhaften Versorgung in Deinem Vaterlande; aber ach! mein bester B. möchten wir doch nicht nur noch weiter von einander kommen.

Boies Versorgung ist mir von Herzen angenehm. Denn Hungers zu sterben verdiente der gute Mann doch nicht, obgleich sein Studium ihn der Gefahr bloßstellte. Deiner homerischen Uebersetzung wegen will ich sein deutsches Musäum zu bekommen suchen. Du solltest Dir gar nicht vorstellen in was für eine Barbarey ich hier gerathen bin. Ich lese fast nichts neues mehr, kriege auch nichts von neuen Schriften zu wissen, weil ich keine Journale und gelehrte Zeitungen lese. Selbst die Göttingschen Anzeigen, die ich selbst halte, habe ich fast in einem halben Jahre nicht gelesen, so sehr bin ich mit Amts Geschäften überhäuft.

Biester ist freylich noch immer der gute brave Junge der er war, und ich liebe ihn von Herzen. Aber ein Jammer ist es, daß er für sich selbst so wenig sorgt, ja sich bisher noch immer weiter von seinem Glücke entfernt. Er scheint mir etwas böse geworden zu seyn, weil ich ihm neulich nicht mit einer gewissen Summe Geldes beystehen konnte um seine Schulden in Bützow damit zu bezahlen: Aber, Gott weiß! er thut mir Unrecht. Sein „reisender" Bruder von dem er so viel hielt, (Kielmannsegge wirst Du Dich erinnern, pflegte ihn den reisenden Bruder zu nennen) wird nun wohl endlich ausgereiset haben. Vor ein paar Monathen ist er zu Schiffe gegangen, um nach Ceilon oder Surinam zu segeln. Ach! eine traurige Geschichte. Von Cramern weiß ich sonst nichts; erzähle mir doch nächstens was von ihm.

Wegen des Heyraths Thema halte ich Dich an Dein Wort, mein liebster B. Ich erwarte viel wichtiges darüber von Dir zu hören; und Du mußt, da Du mir das Maul nun einmal wäßern gemacht hast, meinen Hunger auch bald stillen. Ich bitte Dich nochmahls recht inständig darum. Lebe wohl, und bleibe mein Freund, so wie ich ewig der Deinige seyn werde.

N. S. Neulich bey einem guten Stücke geräucherten Fleisches, erinnerte ich mich an den Appetit mit welchem wir weiland in Gött(ingen) ein ähnliches Stück Lübecker Fleisch verzehreten, und faßte sogleich den Entschluß meinen lieben B. einmahl wieder daran zu erinnern. Nun höre ich, soll es um 14 Tage fertig seyn, und sodann wirst Du es erhalten. Diese Nachricht deswegen zum Voraus, weil, wenn Du um die Zeit wie ich aus Deinem Briefe sehe, vereist seyn solltest, Du deswegen ordre in Deinem Hause stellen kannst.

(Dieser Brief ist abgedruckt in Adolf Strodtmann, Briefe von und an G. A. Bürger, Bd 1. Nr. 213.)

IX. Aus: „Traum und Würklichkeit", allegorische Dichtung mit Gesang von Ludwig Hiepe.

Zur Feyer des fünfzigjährigen Amts-Jubiläums Sr. Magnificenz des dirigirenden Herrn Bürgermeisters Johann Matthäus Tesdorpf. Lübeck 1823, Borchers'sche Buchdruckerey.

Dreyzehnter Auftritt.

(Freyer Plan bey Lübeck. In der Mitte einer Baumgruppe ist auf einem Piedestal die Büste des Jubelgreises aufgestellt. Auf ersterem ist die Inschrift zu lesen. Lübeck's Bürger ihrem Vater. — Das Ganze ist mit Blumenguirlanden ꝛc. ausgeschmückt.)

Vierzehnter Auftritt.

(Bewohner der Stadt und der Umgebung, jedes Geschlechtes und Alters, sind, festlich geschmückt, auf beyden Seiten gruppirt. Unter ihnen bemerkt man Nadir, Amida und Alidor, und die früher vorgekommenen Personen. Der Redner tritt — nachdem dreymal Trompeten und Pauken erschallten, in die Mitte der Versammlung.)

Der Redner.

Ihr, Lübeck's hochbeglückte Bürger, Brüder, Freunde —
Seyd hoch willkommen hier, seyd herzlich mir gegrüßt
In diesem Hain, der uns zum schönsten Fest vereinte.
Der neidenswerther Zeuge unsrer Wonne ist
O möchte dieser Raum die Menschheit all umfassen,
Könnt' ich sie in des Herzens Innern lesen lassen,
Und in der Thräne, die dem Auge mir entfließt! —

Was euch so schön beseelt, in Worte einzukleiden,
Dies macht mir eure Wahl zu einer süßen Pflicht;
Vermög' ich es — mein Loos, wer würd' es nicht beneiden?
Vergebens streb' ich dies; d'rum Freunde, zürnet nicht!
Der Redekünste Schmuck — ihr werdet ihn entbehren,
Doch, hoffe ich, jetzt Nachsicht gerne dem gewähren,
Was aus dem Herzen kommt und zu dem Herzen spricht.

Wo ein Gefühl nur all die Tausende beseelet,
Dasselbe, das des Redners Busen mächtig füllt,
Da wahrlich! gilt es gleich, was er für Worte wählet,
Wenn er nur ihre und die eig'ne Sehnsucht stillt,
Und ängstlich prüfend nicht, nur herzlich es verkündet,
Was dankerfüllet heute jedes Herz empfindet,
Wovon die Thräne zeugt, die manchem Aug' entquillt! —

Ihr Freunde blickt hieher! — Seht diese edlen Züge,
In denen Edelmuth sich unverkennbar malt;
Wo wäre wohl ein Herz, das dankbar ihm nicht schlüge,
Dem Edlen, dessen Bild uns hier entgegenstrahlt;
Wer würde nicht sein Fleh'n gern mit dem unsern einen,
Für unsers Vaters Wohl, und für das Wohl der Seinen,
Das heut' von Tausenden empor gen Himmel schallt!

Ein halbes Säculum — es ist dahin geflossen,
Seit seine Kräfte er dem heimathlichen Staat,
Dem Wohl der Bürgerschaft zu widmen sich entschlossen,
Und reich gebildet einst die schöne Bahn betrat.
Seit fünfzig Jahren seines thatenreichen Lebens
War jeder Tag ein Zeuge seines edlen Strebens,
Und zu der schönsten Ernte reifte seine Saat.

Auf keinem Monument kann es der Wand'rer lesen,
Was er uns Allen war, auf keinem Marmorstein;
Doch, daß er liebend stets ein Vater uns gewesen,
Grub tief sich in die Herzen seiner Kinder ein.
So lange aufrecht Lübeck's stolze Mauern stehen,
So lange wird sein Ruhm von Mund zu Munde gehen
Und Tesdorpf's Name noch den Enkeln heilig sein! —

Als trauernd wir in Deutschlands segensreichen Gauen,
Vom Vater Rhein bis an der Ostsee fernen Strand,
Der Franken siegreich Heer verheerend mußten schauen,
Als Zwietracht längst gelöst des Reiches schützend Band;
Als auch der Hansa Haupt zum Opfer auserkoren,
Zu Deutschlands Schmach der fremde Adler auf den Thoren
Der Vaterstadt, uns höhnend, aufgepflanzet stand;

Als Tyrannei der Bürger angestammte Rechte,
Die Schöpfer ihres Flores, kühn mit Füßen trat;
Und jede Schmach und Hohn zu üben sich erfrechte,
Da lebt er im Verborg'nen sich und unserm Staat;
Er zeigte seinen Bürgern, wo er konnte, Gutes;
Und manchem Opfer fremden Herrscher-Uebermuthes,
Hat er sich, Trost und Hülfe spendend, oft genaht.

Doch als die Völker nun von ihrem Schlaf erwachen,
Als die gemeine Noth die Fürsten fest vereint,
Als Deutschlands Söhne kühn die Sklavenfesseln brachen,
Das Vaterland befreiten von dem mächt'gen Feind:
Da riefen Lübeck's Bürger ihre Väter wieder,
Des alten, aufgelösten Rathes weise Glieder,
Und als nun Vater Tesdorpf wiederum erscheint;

Als aller Bürger Herzen ihm entgegen flogen,
Als sie in ihrer Wonne höchsten Taumel ihn
Mit tausendfachem Ruf zum Rathhaus jubelnd zogen,
Und ihn — o schöner Tag! — auf ihren Schultern hin
In der ihn liebenden Gefährten Mitte trugen,
Als jeder Mund ihn pries, ihm aller Herzen schlugen,
Und alle ihr Gefühl zu äußern sich bemüh'n;

Als mancher Segensruf entfernt und nah erschollen,
Die höchste Wonne strahlt aus jedes Bürgers Blick;
Und als aus seinem Auge Freudenthränen rollen,
Und er so glücklich ist bey seiner Bürger Glück —

Wer mußte da nicht ihn — und wer nicht uns beneiden?
Vergessen war die Noth, er brachte beß're Zeiten
Und neue Hoffnungen in unf're Brust zurück.

(Zu der Büste gewandt.)

Und so entschwanden Dir heut' fünfzig schöne Jahre,
Die Du dem Staate hast, der Bürger Glück geweiht;
O zürne nicht, daß hier am Vaterlands Altare
Dir ihre Liebe hat dies Kleine fest geweiht!
Vergönne mir, daß ich Dir offen möge sagen,
Wie mein und ihrer Herzen wonnevoll Dir schlagen
Im Hochgefühle unf'rer Lieb' und Dankbarkeit.

Allgütiger! erhöre deiner Kinder Bitte!
Entreiß' den Edlen lange noch den Seinen nicht!
Laß' ihn noch Jahre lang in seiner Treuen Mitte,
Gesund und heiter bis sein Vaterauge bricht.
Versage ihm am Abend seines schönen Lebens,
Zum segensreichen Lohne seines edlen Strebens,
Für seiner Bürger Glück des Herzens Wünsche nicht! —

In seiner Kinder Mitte möge froh er sehen,
Wie sich der Enkel Zahl durch Gottes Huld vermehrt;
Wie sie, gleich ihm, dereinst den Pfad der Tugend gehen,
Und treulich üben, was sein Beispiel sie gelehrt!
Es werde ihm durch unf're Liebe der Beweis,
Wie den stets für ihr Wohl besorgten edlen Greis
In seinen Enkeln noch die Vaterstadt verehrt!

Es möge niemals ihm der Freuden kleinste fehlen,
Es winde Liebe sie ihm zu dem schönsten Strauß!
Dies sind die Wünsche, welche innig uns beseelen.
D'rum rufet, Freunde, jetzt, mit mir vereinigt, aus,
Daß es empor zum Thron des höchsten Vaters schalle,
Daß es im tausendfachen Echo wiederhalle:
Hoch lebe Vater Tesdorpf, hoch sein ganzes Haus!

Schlußchor.

Auf! lasset jetzt der höchsten Lust,
Dem schönsten Fest uns weih'n
Und jauchzend stimmt aus voller Brust
In unsern Jubel ein!
Es werde künftig jedes Jahr
Dies Jubelfest erneut!
Wohl uns! der schöne Traum gebar
Die schönste Wirklichkeit!

www.ingramcontent.com/pod-product-compliance
Lightning Source LLC
Chambersburg PA
CBHW020824230426
43666CB00007B/1100